本书系中共北京市委党校，
北京行政学院学术文库系列丛书

为现代社会而拯救自然

卢梭的『自然学说』释义

潘建雷 著

上海三联书店

目录

导论　卢梭的思想体系及自然的位置 / 1
　　一、卢梭思想的精义 / 1
　　二、卢梭论自己的"思想体系" / 2
　　三、各种"主义"之争与"乌托邦"学说的简评 / 4
　　四、对卢梭思想"体系"研究者的回顾 / 7

第一篇　文人风化与人的变形

本篇导言：卢梭与巴黎文人社交生活的格格不入 / 3
第一章　科学艺术的复兴与"文人精神" / 6
　　一、"科学与艺术"的真假 / 6
　　二、文人：从"宫廷小丑"到"文化领袖" / 7
　　三、18世纪中叶的"文人精神" / 14

第二章　文人精神的"弥漫成风" / 19
　　一、文人精神弥漫成风的社会机制 / 19
　　二、"风化力"的作用效果：德性的败坏 / 21
　　三、卢梭与文人的交锋 / 26
　　四、再论《一论》的主旨：从文人到一切扭曲人性的社会体制 / 28

第三章　卢梭的"社会神义论" / 31
　　一、恶的来源：神学人类学、机械人类学与科学人类学 / 31
　　二、批判止于文明社会的"流毒" / 39
　　三、否定社会的自然正当、确立社会的"善恶同体"性质 / 41

四、卢梭的理想人格与理想社会是以自然为基础与模范、统合必然的社会要素 / 44

五、道理正当性与事实必然性的统一 / 46

六、小结："中正"的思想与"谨慎"的思想家 / 49

第二篇　自然人、剩余生产力与"善恶同体"的社会

本篇导言：自然与习俗之辨 / 53

第四章　卢梭的"自然人" / 63

一、自然人的"自我保全" / 63

二、偏斜、斗争与回归 / 69

三、作为自我保全的平衡力的"同情心" / 72

四、自然人"不害人"的好与总体和谐 / 78

第五章　生产力的增强与社会性的激发 / 80

一、人为何离开自然状态 / 80

二、惯性的打破与最初的生存"实验物理学"（采集） / 82

三、母子关系与社会性的激发 / 89

四、生产工具的革新与集体劳动的合力（捕猎） / 92

第六章　人类的"青年期"与"善恶同体"的社会 / 97

一、青年期的生产力水平：集体劳动创造了人 / 97

二、青年期的"社会状态" / 98

三、青年期的"社会状态"（续）：围绕性对象的争斗仪式 / 100

四、青年期与善恶同体的社会 / 104

第七章　"青年期"的败坏、财产与人的可完善性 / 106

一、平衡的再次打破与第二次"失乐园" / 106

二、剩余生产力的开发、社会评价体系的形成与人性的异化 / 108

三、财产：外物何以成为人的属性 / 112

四、"罪恶丛生"的人力平衡体系 / 115

五、人的可完善性（perfectibility）是一把双刃剑 / 120

第三篇　寄居社会的自然人

本篇导语 / 129
　　一、爱弥儿的理想人格是什么？/ 129
　　二、教育的纲要 / 133

第八章　"拟自然"的教育与个人自然的好 / 136
　　一、作为教育指南的自然与卢梭的"修复自然" / 136
　　二、必须打断既有的一切社会关系 / 140
　　三、体格的锻造(15岁之前：婴孩期到儿童期) / 146
　　四、感觉的引导与"痛"的忍受能力的培养 / 151
　　五、小结：保护与巩固"自然的好" / 155

第九章　物的教育、感觉的锤炼与个人德性的充实 / 156
　　一、体力与经验是孩子自由活动的全部工具与法则 / 156
　　二、"感觉-道德"：以感受物的必然性的方式感受人世（道德世界）的诸种
　　　　状态 / 162
　　三、正义在个人领域的初步确立：我的正当权利（财产）与不损害别人
　　　　（10—12岁）/ 165
　　四、训练感觉官能：个人德性必需的力量（12岁前后）/ 171
　　五、小结：成熟的儿童 / 184

**第十章　物的教育与个人德性的完满：相对剩余力、效用价值观
　　　　与判断力** / 185
　　一、人成为矛盾的正题："相对剩余力" / 185
　　二、塑造自然生成的、自为的"效用观念"作为力的使用的新法则 / 190
　　三、相对剩余力的作用方式或科学的学习方法 / 193
　　四、根据"物的效用"重估社会事物的价值：冷却"发烧"的社会 / 196
　　五、职业(occupation)：还"合作社会"的债、避"等级社会"的恶 / 203
　　六、小结：寄居社会的自然人或"城市中的野蛮人" / 207

思考：个人的正当权利与社会的正义 / 209

参考文献 / 218

导论　卢梭的思想体系及自然的位置

一、卢梭思想的精义

康德曾称赞卢梭是"人世的牛顿",他写道,"在前人只看到一片混乱和毫无关联之差异的地方,牛顿破天荒地觉察出秩序与守恒是高度简洁地结合在一起。自牛顿以后,彗星就沿着几何轨道运行。而卢梭是第一个在各种形形色色的人的本性形式之下,发现了深藏的人的本质与隐蔽的法则的人,卢梭的观察证实了天意与这些法则是一致的。"[①]200多年来,这一直都被视为是溢美之词。其实,康德的评价绝不只是恭维,实际上它道破了卢梭思想的精义。与牛顿对物理世界运行规则石破天惊般的洞察一样,卢梭的思想也揭示了道德世界(moral world;人世)的"万有引力定律"及其对人性的扭曲。卢梭的"思想体系"的主旨是试图以"自然的简约平衡体系"为基础与模范,融合"自然的优点"与"文明的优点",剔除文明社会的浮华,净化传统与习俗,克服功、名、利、禄对人的异化扭曲,造就一个理想的道德自由独处者与简约社会;并据此理想人格与理想世界引导现代文明社会的向善运动,至少停止滑向更恶。

这场人类自我救赎运动以自然原理为准绳,以"身体的痛"与"良知的悔过"为现代人行动的约束力,从独处个体、家庭生活、市民社会到政治国家一以贯之,各阶段的教育与改造互为条件与限度,力的平衡机制与平衡点亦随之改变,形成了一条颇具深度的、匀速运动的轨迹,塑造了一个从独处的自然人格、

[①] 康德,《片断》(第八卷),第630页;转引自卡西尔,2002:22。

健康的家庭生活、风化醇正的市民社会到道德法治国的社会体系,一个几近完美又危如累卵的"道德平衡体系"。卢梭的思想体系贯穿了一条基本的线索:大自然指引人们往好的方向运动,社会则引诱人们走上了邪道;然而鉴于社会处境之于人的必然性,要引导人们向善,唯一的方法就是"从毒药中寻找解药",依据自然原理匡正人心秩序与社会结构。

任何一个严肃的研究者都会承认,要在卢梭的思想体系中,找到一条"不偏不倚"的理解思路,是一项让人望而生畏的任务。这不只是因为卢梭本人在他的文本与生活中一直寻觅这样一个"中道"的运动轨迹,并为摆脱所谓的"奴役"与"控制"而痛苦不堪,更因为身处价值纷扰、物欲横流的现代社会,个人要想守持自己简单的生活世界与道德人格,犁出一条清晰、匀速、深刻的运动轨迹(存在状态)绝非易事,这必然是一次战战兢兢、如履薄冰、如临深渊的逆旅。

二、卢梭论自己的"思想体系"

在卢梭研究著作中,争论最激烈,也最难达成一致的问题,大约就是卢梭的思想是否前后一致?按彼得·盖伊教授的说法,根据对这一问题的回答,几乎就可以分割卢梭研究者的阵营。其中,多数的卢梭研究者都持否定看法,而且每一派都各有主张。[①] 至于这些主张的对错得失,暂且存而不论。本书以为,首先应当先听一听卢梭本人的说法。

(1) 1750 年,卢梭的《论科学与艺术》获得第戎学院的奖项之后,引起了学界与舆论的反响(更多是责难),卢梭自己也撰写了多篇文章与各方辩论,《纳尔西斯的前言》即是其中一篇。在这篇文章里,卢梭第一次提到了自己的"体系"[②]。卢梭在《忏悔录》中的回忆也证实了这一点,按他的说法,在这段时期内(大约是 1752 年),他就开始构思其思想的"庞大体系"了。[③]

(2) 在致马勒塞尔伯的第二封信(1762 年 1 月 12 日)中,卢梭明确说明了这一体系的主干:"在前往探望狄德罗的路上发现的真理,散布在我的三本主要著作里,即一论、论不平等与教育论文,这三本书不可分离,一起构成了一个

[①] Wright,1929:1,6.
[②] Rousseau,1997a:96.
[③] Rousseau,1995:309.

统一整体。"①随后,在1769年完成的《忏悔录》(第九卷),卢梭也表达了类似的观点,"《社会契约论》里的一切大胆言论,《论不平等》里早就有了;《爱弥儿》中的一切大胆言论,《于丽》里也早就有了。"②

(3) 1776年完成的《卢梭评判让·雅克：对话录》一书,应该是卢梭对自己的思想"体系"最明确、最具总结性的一次。在第三次对话中,卢梭借"法国人"之口宣称,自己的思想是"健康、简单(simple)"的学说,是一个"经过深思熟虑、一以贯之、毫无矛盾"的体系。③ 卢梭笔下的"法国人"说道："这个体系可能是错误的,但在发展这个体系的过程中,他以一种真诚的方式刻画自己,如此独具一格与明确,我是绝对不可能弄错的。"④他还进一步指出,自己所有的著作构成的这个全体,贯彻了"一项伟大的原则",即"自然让人快乐与善良,社会让人堕落与痛苦"。⑤

事实上,卢梭在世之时就已经有不少人指谪他"前后矛盾"、"言行不一",这让他深为苦恼。在晚年的三部自传作品中,卢梭无数次坦承,自己遇事总是犹豫不决。一方面,他试图坚持自己为人处世的原则;另一方面,"爱人的心灵"、"热情的社会精神",又总是导致他为周围的人所牵制,深受"舆论"所累。按卢梭自己的说法,自他踏入巴黎那一刻起,矛盾丛生的痛苦状态就如影随形;无数次的职业变化、三次改宗、社交生活的种种变故、与情人的纠结,际遇跌宕起伏,犹如戏剧一般。《忏悔录》的下卷,特别是第七、第八章的社交生活最能反映卢梭的无奈与痛苦。在临终前草创的《一个独处者的漫步遐思录》(简称《遐思录》)中,卢梭说道,他这个"最爱社会交往,最有爱心的人","根本就不适合在这个世界的旋涡中生活,在这里,我永远都不可能实现我的心灵所需的那种境界"⑥。直至1776年秋季(逝世前约两年),卢梭才在《遐思录》的第一次散步中提到,自己总算勉强解脱了这种纠结的状态,"我的心恢复了彻底的平静"⑦。

---

① Rousseau, 1995: 575.
② 卢梭, 1986: 503。
③ Rousseau, 1990: 209.
④ Rousseau, 1990: 212.
⑤ Rousseau, 1990: 212.
⑥ Rousseau, 2000: 1, 18.
⑦ 卢梭, 1986: 4。

那么，一个是"惶惶不可终日、无处栖身的灵魂"①，一个是一以贯之的思想体系，二者之间能没有影响与冲突吗？影响当然是有的。我们从卢梭著作激情澎湃的行文中就可以感受到这一点，他自己也曾告诫读者，应当小心剔除社交生活给他造成的感情波动与怒气。② 然而，我们不能据此就推论认为二者之间有本质的冲突。其实，自卢梭1750年誓言，要按照自己的"原理"生活，"超越运气与舆论"，做一个"自由的、有德性的、自给自足的人"开始，他就竭尽全力用自己的意志去贯彻之，尽管厄运与变故不断，但始终没有放弃过。按康德的说法，这种"诚恳坦荡"、"坚定如一"的意志是卢梭著作的灵魂。③ 研究者如果忽略了这一主线，而醉心于一些只言片语、细枝末节与奇闻轶事，那就本末倒置了。

三、各种"主义"之争与"乌托邦"学说的简评

1. "主义"之争

就卢梭的这些自我反省与评价，彼得·盖伊教授很感叹地说道："真正严肃对待卢梭的自我评价的研究者屈指可数。相反，多数批评者都在某一本或几本主要著作当中，或者一些灵光闪现的警句隽语中，寻找或者假装找到了'卢梭的本质'。"④换句话说，在很大程度上，关于卢梭思想统一性的争论及其否定意见，大多数是研究者们的发挥与创造；抓住一点，无视其余，衍生出了许许多多都宣称源自卢梭却截然对立的主义：理性主义和情感主义、个人主义和集体主义、无政府主义和极权主义、共产主义及其反动、新教主义、天主教主义和无神论、法国革命及其倒退；人们总是时不时地认为，所有这些东西都是卢梭著作的观点，或者源自卢梭的著作，或者是卢梭的著作强化了它们。⑤

至于这些让人摸不着头脑的主义的功过得失，彼得·盖伊教授在给卡西尔的《让-雅克·卢梭的问题》撰写序言时，做了充分的回顾与评论，这里不再

---

① Rousseau, 1995: 351.
② Rousseau, 1995: 536.
③ 这一评述见康德，《文集》，第624页；转引自卡西尔，2002: 8。
④ Peter Gay, 1989: 3-4. 据亨德尔的考证，1878年卢梭逝世100周年研讨会上就有"卢梭的本质"或者说"正宗的卢梭"之类的说法。*Citizen of Geneva*, Charles William Hendel edited, 1.
⑤ Hawthorn, 1987: 19.

赘述。在他看来,研究者之所以胡乱肢解卢梭的思想,主要有三个原因[1]:首先是法国大革命给卢梭涂抹了太多的颜色[2];其次是卢梭自己激情四溢的写作风格与夸张的用词,给研究者造成了错觉,常常掩盖了他的本意;三是"卢梭的生平让其解释者的想象力和批评能力走火入魔"。或许是因为卢梭的传奇生涯让一些有文艺气息的人青睐有加,所以第三种理解方式的市场行情比较好。这一路数中名声最响的欧文·白璧德(Irving Babbitt)也是批判卢梭最积极的。在《卢梭与浪漫主义》一书中,白璧德对卢梭的解读,几近偏执地遵从"什么样的人选择什么样的哲学"的原则。实际上,白璧德的误读远不止盖伊教授所批评的"只关注传记"、"乱用传记"[3]而已;他是想说明,"一种伟大的文明从某种意义上说只是一种伟大的习俗",然而卢梭及卢梭主义者却强烈反对"对人性法则的适应",鼓吹放纵无边无际、捉摸不定的欲望,由此导致了现时代人的道德沦丧。一句话,是卢梭及其追随者"让人丧失了人性"[4]。

总而言之,我们很难期待从卢梭研究的这些"主义"中得出什么共识与启迪,对此恩斯特·怀特有一句精妙的总结:"这是因为我们不想发现它。我们只想荣耀他,或者,绝大多数情况下,只想中伤他。"[5]

2. "乌托邦"的误读

至于卢梭研究中的"乌托邦"学说,列奥·斯特劳斯学派的"古今之争"与斯卡拉的"人与公民"的解读是最负盛名的。大体来说,两路人的解读是殊途同归。他们都认为,卢梭构筑了自然状态、黄金时代(人类社会的青年期)与斯巴达的公民状态等三个乌托邦来否定现代文明社会。用斯特劳斯的话说,卢梭第一次引发了现代性的危机,并试图返回古典思想之中寻求解决方案。[6]鉴于列奥·斯特劳斯派在卢梭问题上引发的似是而非的混乱,我们就以列

---

[1] Peter Gay,1989:13-15.
[2] 盖伊教授认为,丹纳的《旧制度》是卢梭学说引发大革命的论调的源头。其实,英国首相柏克也功不可没,他是主张卢梭思想直接导致大革命的第一人。柏克在1791年致友人的信中写道,法国大革命的领袖是革命者中"最像卢梭的人。确实,他们全部像卢梭。……在这位虚荣伦理学的道德说教者的倡导下,他们在法国试图重建人的道德。……我确信,卢梭的著述会直接导致这种可耻的罪恶"。柏克,2001:196—202。
[3] Peter Gay,1989:16.
[4] 白璧德,2003:231—233。
[5] Wright,1929:5-6.研究者攻击卢梭的思想"矛盾"、"前后不一",甚至"疯狂"的具体观点,Gustave Lanson,2006:11-13;Peter Gay,1989:4-8,13-16;Wright,1929:1-6.
[6] 列奥·斯特劳斯,2006:257。

奥·斯特劳斯及其弟子布鲁姆、吉尔丁、普拉特纳等人的解读作为靶子来说一说。

大体而言,列奥·斯特劳斯派对卢梭的解读可以归纳如下:"哲学家的任务是弄清楚人的真正本性是什么,并且在此基础上界定出好的政治秩序的条件。"[1]卢梭的进路就是"对过去的崇拜",他以"自然状态"与"斯巴达城邦"两大古典观念否定现代社会的正当性,"复燃了古代人与近代人之间的争论",而卢梭思想的张力则是来自"返回自然状态"与"返回城邦"之间的冲突。[2] 因此,在这一阵营之中,有人认为,卢梭学说是要直接建立一种"自然国体"[3];也有人主张"希腊城邦与罗马最好地满足了自由社会的诸需要,尽管它们也并非是完善的,卢梭的最终解决办法是要对它们进行改进"[4]。

斯特劳斯学派对卢梭的解读只取了卢梭思想的一半;用哈贝马斯的话说,是适合美国"世界主义"与"普遍人权"的意识形态的一半。[5] 其实,斯特劳斯派所谓的"古今之争"根本不是卢梭的一个核心问题。卢梭在《二论》与《爱弥儿》中曾经就自己思想"体系"的意旨各做了一次精辟的总结。这两次总结是批判"乌托邦"的理解路数的最佳证据:

> 因为我有幸生长在你们中间,所以在思考大自然在人与人之间确立的平等与人类自己设置的不平等的时候,我如何能不思考其中的深邃智慧,这种智慧,在这个国家里快乐地结合了自然的平等与人为的不平等,以最接近自然法、最有利于社会的方式,促进了公共的秩序与个人快乐的维持?[6]

> 在一个共和国之中,把自然状态与公民状态的全部优点结合起来,把让人免于一切恶性的自由与提升人达到德性境界的道德结合起来。[7]

---

[1] 布鲁姆,1993:645(载于列奥·施特劳斯、约瑟夫·克罗波西主编,《政治哲学史》)。
[2] 列奥·斯特劳斯,2006:258—260;普拉特纳,2009:104。
[3] 吉尔丁,2006:1—2。
[4] 布鲁姆,1993:647。
[5] 哈贝马斯,2003:5。
[6] Rousseau, 1997a: 114.
[7] Rousseau, 1979: 85.

四、对卢梭思想"体系"研究者的回顾

到 20 世纪初期,随着法国大革命的恐怖和政治流毒逐渐淡化,卢梭研究有了相当的起色。不少人开始提倡以一种整体的视野来把握卢梭的思想;其中,古斯塔夫·朗松、恩斯特·怀特、卡西尔对卢梭思想体系的研究,一直都是卢梭研究中的奠基之作。

1912 年卢梭诞辰 200 周年之际,朗松发表了一篇卢梭研究的重要论文:《让-雅克·卢梭思想的统一性》。这篇论文虽然简要,却是卢梭的"思想体系"研究的开山之作。在这篇文章中,朗松指出,卢梭无疑是一个极端敏感、富有想象力的人,他跌宕起伏的情感状态也确实渗透到了其"思想体系"之中。正因此,朗松才要求研究者放弃以一种纯粹哲学推理的视角来看待卢梭的"体系",因为根本就没有"严格的方法论结构"与纲目清明的体系,也不要纠缠于卢梭夸张的"文字表述"与无关紧要的"细枝末节",更要在作者与他的作品之间拉开适当的距离。[①] 朗松主张,应该"尝试着以一个整体的卢梭来看待每一本著作或每一次发展"[②]。他认为,要理解卢梭的"体系",首先要把握住卢梭的总问题:"在既不返回自然状态,也不拒斥社会状态的优点的情况下,文明人(civil man)是否可能恢复自然人的好(goods)、纯真无邪(innocence)与快乐(happiness)。"[③]

可以说,朗松的这一精辟论断切中了卢梭思想的神髓。在这一主题的观照之下,我们就能比较清晰地理顺卢梭思想的框架。按照朗松的观点,《一论》力主批判,批判文明社会腐朽的风化对人的败坏;《二论》主张"社会是一个应受谴责的、却也必要的状态",准确地说,社会是人类应对自然压力、保全自身的好东西,同时也是败坏人的坏东西。在《二论》中,卢梭也清楚说明,现代人必然是"生活在社会之中,并借助社会生活"。因此,卢梭的改革方案就是:以自然状态的人作为理想,实现个人的私人意志到普遍意志的全面改造。具体地说,《爱弥儿》与《新爱洛伊丝》主导私人意志的改造。前者的主要任务是如

[①] Gustave Lanson, 2006: 15, 26.
[②] Gustave Lanson, 2006: 14-15.
[③] Gustave Lanson, 2006: 19.

何确保与巩固人的自然的好,后者是"个体的内心生活"、财产制度与"家庭生活"的革新。至于《社会契约论》,首先是"公民教育",而"国体的计划"(plan of constitution)尚在其次。因为要让"人民的意志"变成"理想的普遍意志"(ideal general will),唯一的社会基础就是"好的个体意志"或者说有德性的公民。简单地说,"《社会契约论》补全了《爱弥儿》"①。

怀特与卡西尔继承了朗松的开创性研究,他们肯定了朗松对卢梭的核心问题的把握,也都主张以一种统一的视角把握卢梭的著作与思想,并鉴于郎松研究失之宏观的问题,拓展了朗松研究的深度,深入讨论"通过何种方法"实现"自然状态的好"与"文明状态的好"的结合。②

怀特也认为,《爱弥儿》是卢梭全部著作的核心,其中的人性改造工程贯彻了一个总方针,即"必须根据人的理性(reason)来完善人,并始终与他的自然本性保持和谐,这一观点贯穿卢梭的全部著作,赋予了它一种统一性"③。在怀特看来,卢梭的"自然的好"绝不仅仅是"动物欲望的引导",自然之所以"是正确的(right),是因为自然不止是欲望,良知与理性也是它更好的部分,而且我们会发现,良知与理性的职责就是约束欲望"④。更重要的是,理性有"引导其他一切的高级职责"⑤,它已经规划好了人性的目的;用怀特的词汇说,是"路线"(itinerary)⑥,分为必然自由、公民自由与道德自由三个阶段,在每一个阶段,内在的理性都能教导人们正确使用某种可以"充实自己的艺术"(art),保存自己的自然状态,即"生存的艺术"、"权利与义务的艺术"、"正义与法的艺术"。最后人能够达到一种"完全服从理性的法"的终极自由状态,即"我们的意志能够自主地与原理相一致"⑦。

所以,卢梭教育全部都是自然的教育,"要成为自然的,就是不要迷路;而教育的职责就是防止我们迷路"⑧。一方面,导师要彻底贯彻"消极"教育,另一方面在理性规定的阶段,适当执行"积极教育",为自然的有序发展提供条

---

① Gustave Lanson,2006:22.
② Wright,1929:5,32;卡西尔,2002:31—32;卡西尔,2009:35,47—49。
③ Wright,1929:32.
④ Wright,1929:7.
⑤ Wright,1929:22.
⑥ Wright,1929:22.
⑦ Wright,1929:29.
⑧ Wright,1929:34.

件,爱弥儿就能成为"我们今天的自然人",他"继承了前人所有的、与之太初的本原(primal principle)相和谐的文化,并避免了一切偏差"①。

必须承认,怀特准确地把握住了卢梭思想的目的。卢梭确实要求爱弥儿达到与"自然状态的纯一"一样的"道德自由状态"或者说"伦理的自然状态";而且,怀特的三个阶段也是爱弥儿所要经历的。然而,怀特的理解路数的康德式"目的论"色彩过于浓厚了,似乎"大自然的恩典"已经为人类的前进道路做好了全部的预备工作,人只要沿着这个路线走就可以了。实际上,即便是康德的"人是大自然的目的",其中人也要克服各种对抗、压迫与无序②;而在怀特这里,这些问题似乎都隐而不现了。

其实,卢梭的"自然神意"只是赋予了人使用他的"潜能"进行自我改造的可能;他的"可完善性"并不意味着,爱弥儿有一套大自然内置的整全的"先验体系";也不意味着,他的思想中有"先天安排的世界历史"。卢梭只是认为,大自然赋予了人一种可好、可坏的"潜能"(capacity),作为一个"自由能动者的潜能"(capacity as a free agent)。这里 Capacity,是指一种敞开的、可塑的内在性能与力量,它需要外界悉心的引导与配置,才有可能发挥出最大限度的潜能。用怀特的词汇,"德性的种子"也是需要人精心培育的,方有可能长成"人格"③。换句话说,怀特没有充分注意到《爱弥儿》的教育其实是一种积极的"人对人的教育";因为人世的东西是需要人力去悉心构建的,大自然不为人的错误负责。

怀特的《卢梭的意义》(the meaning of rousseau)发表后不久,卡西尔的两本小册子,《让-雅克·卢梭的问题》与《卢梭·康德·歌德》也相继发表。在这两部著作中,卡西尔继承了朗松与怀特的研究思路,同时也敏锐意识到了怀特研究的"失衡"。卡西尔认为,卢梭的"悖谬"之处在于:人类社会是伤害人的"罪魁祸首",然而要治愈这些伤害,也只有依靠人类社会的自我改善。④ 卡西尔的这一"社会神义论"的论断抓住了卢梭思想的要害,是对朗松与怀特的重要突破,更是理解卢梭思想不可或缺的钥匙。

---

① Wright,1929:34.
② 康德,1990:5—6,11—13,65—67。
③ Wright,1929:35. 此处怀特引用了当时的政治家、思想家杜尔哥的一句话,"大自然已经在人的心中放入了所有德性的种子,我们要做的只是让他们生长而已。"
④ 卡西尔,2009:67。

卡西尔认为,卢梭解决"社会神义论"问题的全部希望,最终都归结到一句话,"一切根本上取决于政治"①。用卡西尔的话说,这个问题"只有在国家之中,并通过国家(in and through the state)才能解决"②;"救赎时刻的来临,就是打碎当前强制的社会形式,代之以政治与伦理的共同体的自由形式"③。所以,《爱弥儿》与《新爱络伊丝》都是在为《社会契约论》奠定基础,为"普世国体"(cosmopolitan constitution)的建立做准备。这也是卡西尔认定"革命的力量来自卢梭"的理由。④ 他写道:

> 我们的努力必须以人类目前的发展阶段为起点,否则就要流于空洞与虚幻,考虑到这一阶段的情况,我们如何能够同时抵制劫掠与败坏⑤,如何能够建设一个真真正正的人类共同体……回归自然状态的纯一与快乐之路已经封死,但是自由之路敞开着,我们能够,而且必须踏上这条路。⑥

实际上,在卡西尔看来,人的能动性与创造力,准确地说,人的"良知"与"伦理意志"是人类社会的最后救命稻草。人类必须使用自己全部创造力,在人类内部与外部,形成一种完美的平衡状态:"普遍法治的公民社会"⑦。这也是大自然赋予人类"可完善性"的最终目的,是大自然"隐蔽计划"的终点。这样,卡西尔就完成了,卢梭的思想"体系"与康德的法治国学说的接续统一。

本书的总体思路与问题意识得益于朗松、怀特与卡西尔三位学者的研究,尤其是卡西尔。确如盖伊教授所言,自卡西尔关于卢梭的著作发表以后,卢梭的研究提升到了一个全新的水平;但这里也要就卡西尔的观点提两点商榷意见:

首先,《爱弥儿》与《新爱络伊丝》并不只是《社会契约论》的准备。其实,卢梭的这些"建设性"的著作是一个整体,准确地说,个人"自然"的发展、健康的

---

① 卡西尔,2002:33;原文出自 Rousseau,1995:340。
② Cassirer,1989:82.
③ Cassirer,1989:76.
④ Cassirer,1989:69.
⑤ 此处卡西尔的意思是,穷人的劫掠与富人的败坏。
⑥ Cassirer,1989:54.
⑦ Cassirer,1989:82.

家庭生活、市民社会的醇正民风、道德法治国,都是卢梭"思想体系"不可或缺的要素,而且,每一个要素都有各自的力量与不可替代的作用效果,并同时构成了其他要素的条件与限度。这是卢梭苦心构筑的"道德世界的力学平衡体系"的精义所在。至于卢梭如何构筑这个平衡体系,如何确立一个让现代人当行则行、当止则止的、力的作用的"平衡点",正是笔者着力要讨论的问题。我们可以试着举两个非常重要的例子来证明这一点:

(1) "政治"与"风化"关系。卢梭明确指出,二者是一对互为约束、互为建构的社会结构要素,政治可以引导塑造道德风化,但社会层面的道德风化也在制约政治国家的走向。如卢梭所言,"政治与风化(morals)从来都是紧密相连的,那些试图分离政治与风化的人,就不可能理解其中任何一个"[1];"当伟大的立法者(lawgiver)似乎只把自身限定于特定的规章制度时,他还在秘密从事另一些法的工作,这些特定的规章制定只不过是拱门的拱肋罢了,而道德风化(morals),尽管形成得更慢,最终能成为不可动摇的拱心石。"[2]

(2) 国家法律的约束力的来源。卢梭的"道德法治国"的基础,必然是"法"成为每一个人内心遵从的"行动规则"(rule of action);然而,人们的社会行动之所以能"约之以一",其根源是"爱弥儿"在自然教育中对"力"的必然性的服从。用卢梭的话说,"各国的法律,如果能像自然法一样,具有一种不可弯曲性(inflexibility),没有任何人力能够克服,那么对人的依赖就会再次变成对物的依赖。"[3]反观卡西尔的主张,可以说康德倡导的法治国理念,似乎让他拔高了人的创造力与国家在卢梭思想体系中的位置,甚至有"斩断自然神的头颅"、"为自然立法"的嫌疑,因而偏离了卢梭要结合"自然状态的优点"与"文明状态(civil state)"的目的。所以,卡西尔笔下的卢梭更像一个"康德的卢梭",与其说卢梭是革命派,不如说康德是一个革命的"法哲学家"。

其次,如马克思所言,卢梭是不向现实做任何妥协的,但这不等于卡西尔所说的那样,卢梭完全忽视了"经验派社会学家"的问题。[4] 卢梭只是认为,"法"的问题与"事实必然性"的问题不能混淆,但也不能仅"执其一端"。在很大意义上,恰恰是卢梭对"社会事实"的重视与肯定,有力打碎了政治哲学鼓吹

---

[1] Rousseau,1979:236.
[2] Rousseau,1997b:78.
[3] Rousseau,1979:85.
[4] 卡西尔,2002:41;马克思。

的基于人的恒定自然的理性设计。① 至于卢梭如何处理法与"社会事实"的关系,即,如何在普遍的意义上,用法的原则来改造既有的"社会事实";如何在特定的问题上,在法的限度之内,尊重既有的社会事实。"社会神义论"一章还要就此问题做进一步辨析。

---

① 吴增定,2003:274。

第一篇
文人风化与人的变形

  "熊"与"人"有亲密的友谊。"熊"是一个人。"人"是一只狼。他们俩很合得来。狼的名字是那人给取的,人的名字大概是人自己取的;他既然认为"熊"这个名字对他合适,他就认为"人"这个名字对那个畜牲合适。①

——雨果

让我们赶紧使哲学大众化吧!②

——狄德罗

---

① 雨果:2002:4。
② 狄德罗,1983:85。

本篇导言：卢梭与巴黎文人社交生活的格格不入

《科学与艺术的复兴是否有助于纯净风化》（下文简称《论科学与艺术》或《一论》）是卢梭经历了三十年的"自然（乡村）生活"之后，进入巴黎"社交圈"（social circle）的一部重要作品。卢梭在《忏悔录》里坦言，这篇论文"尽管热情洋溢、雷霆万钧，却完全缺乏逻辑和次序"①。尽管如此，这篇论文的核心主题是很明确的，即"文人风化"（morals of men of letters）败坏了人的德性与人群的道德，让个人与社会都发生了形变（deformed）。

朗松认为，《一论》的主旨与语调与卢梭在巴黎的沙龙生活的境遇息息相关，这篇论文"是卢梭内心不适的爆发，表达了他没有能力适应巴黎生活的一种失衡"②。卢梭自己也承认，与其他著作相比，《一论》更多染上了他不能适应巴黎社交界的怒气③；所以为了更好理解《一论》的实质问题，有必要了解巴黎的社交生活到底给卢梭造成了怎样的伤害。

粗略地说，卢梭在巴黎社交圈遭遇的种种尴尬与委屈，就是巴黎的文人风化导致人的变形的最佳例子。正如卢梭自己所言，30岁之前，他一直都在瑞士乡下过一种"均衡的生活"（even life），"既无大德，也无大恶"，"即便有外来的振动，也立刻就能回复到原初的生活状态"。④ 巴黎却是一个截然不同的世界，这是一个有着自身规则的"名利场"，面对它强大的社会氛围，个人很难不堕入其中。尽管卢梭曾经多次调整自己与这个世界的风气相和谐，与埃皮奈

---

① Rousseau, 1995: 295.
② Gustave Lanson, 2006: 15.
③ 卢梭, 1986: 454, 620。
④ Rousseau, 1995: 233.

夫人、格里姆等社交人士交好，但他最终意识到，巴黎的文人风气是强迫他彻底变形，变成与格里姆一样的"社交人"(social man)。卢梭不愿意接受这种摆布，这也是他不为人接受(unacceptable)的原因。在《忏悔录》下卷(离开乡村之后)，卢梭开篇就说明了自己与社交生活的格格不入；"命运，三十年来一直关照我的自然倾向(inclinations)，然而后三十年却总是与之作对"①。可以说，《忏悔录》的下卷处处弥漫着卢梭"社交失衡"时的反抗与焦虑，这里试举两个例子。

1. 卢梭《一论》获奖后，计划以一种"自由的、有德性的生活"来对抗社交生活。

"我的第一部作品的成功，让我成为了时髦人物。我从事的职业又搅动了人们的好奇心：他们想认识这个官人，他不求人，除了以自己的方式过一种自由、快乐的生活之外，不在乎别的东西，这就足以让他不能过这样一种生活了。……当时我就感觉到，要过一种清贫与独立的生活，不一定就像想象的那么容易。我想自力更生；公众却不想让我这么做。"②

2. 卢梭在枫丹白露观看《乡村卜师》演出时的"焦虑"。"当灯光一亮，在这群全都打扮得花枝招展的人中间，自己却如此邋遢，我开始惴惴不安：我问我自己是不是坐对了位置(in my place)，穿着是否合适？在几分钟的焦虑之后，我以一种无畏的精神回答自己，没错，这种无畏，可能更多是因为我不可能脱身，而不是来自自己理性的力量。我告诉自己，'这个位置是我的……如果我开始在某一件事情上受到舆论(opinion)的奴役，不久我就要再次在所有事情上受到舆论的奴役'。"③

在经历了二十多年社交生活的折磨之后，卢梭十分享受晚年(1765年)在圣-皮埃尔小岛上短暂的、宁静的、独处的生活。其间，卢梭曾就自己和沙龙社交生活的派头(decorum)、礼貌的格格不入，做了一段精彩的反省与总结：

> 我不得不呆着不动，就好像钉在椅子上一样，或者就如木桩一样直挺挺地站在那里，既不能挪脚，也不能动手，既不敢跑，也不敢跳，

---

① Rousseau，1995：233.
② Rousseau，1995：309.
③ Rousseau，1995：317.

既不敢唱,也不敢叫,不敢在我想换换体态的时候换一下,甚至连梦都不敢做。极度无聊的闲逸、极度折磨人的约束,迫使我去关注那所有的你来我往的愚蠢评论与恭维,不停地绞尽脑汁,以免在轮到我的时候,丧失了胡说八道与说谎的机会。你们称之为闲逸吗?那根本就是强制劳动(forced labor)。[1]

事实上,根据卢梭在《忏悔录》中的说法,《一论》的写作与巴黎"强制的"、"非人的"的沙龙生活密切相关。《一论》之所以激情澎湃、它的批判之所以"祸及"到其他与"罪恶的巴黎"一样的各个文明社会、它的第二部分的次序与思路会走得那么远都源于此。因此笔者认为,要把握卢梭对"文明社会"总体批判的态度,首先要讨论卢梭对所谓"启蒙文人"及其造成的社会风气的批判;具体而言,则是巴黎的"文人风化"如何形成的,它又如何成为一种弥漫在人群中的"传染病",败坏了人的德性的。

---

[1] Rousseau,1995:536-537.

第一章　科学艺术的复兴与"文人精神"

一、"科学与艺术"的真假

卢梭的《一论》试图说明，科学与艺术的进步和道德风化的衰败"总是同步的，而且它们之间有必然联系"①。要理解这一"有悖常识"的命题，首先要把握《一论》批判的"科学与艺术"到底是什么。在这部著作中，卢梭区分了两种"科学与艺术"：为了真理的科学与艺术，为了"品味（taste）-品位（rank）"的科学与艺术。相应地，他也区分了两种其状相类、实则云壤的人："大自然的学徒"与"大众作家"（popularizer）。② 笔者以为，卢梭的这一区分是《一论》的要害，同时也是反驳列奥·斯特劳斯式的"隐微"/"显白"解读的有力证据，后者的解读方式贻害不浅。

卢梭当然不会否认科学本身具有的澄清事实、回归真理的内在宗旨和效用，如其所说，科学"本身是好的……获得知识、拓展见识（enlightenment）是人们参有最高智慧的一种方式"③。所以，"抽象而言，科学应该得到我们全部的敬仰"④。问题在于，"真理只有一种存在方式，错误却可以有无穷的组合"⑤。只有天生是"大自然的学生（disciple）"的人才能发现真理，而且"只有伟大的

---

① Rousseau, 1997a: 97.
② Rousseau, 1997a: 26 - 27.
③ Rousseau, 1997a: 33.
④ Rousseau, 1997a: 97.
⑤ Rousseau, 1997a: 16 - 17.

才能与伟大的德性相结合,才能让科学发挥好的用处"①。换而言之,对大多数人来说,寻求真理可能是一件非常危险的事,因为他们"没有智力对事物作出实事求是的判断",很容易受到"表面的迷惑随波逐流"②乃至堕入邪道。所以,仁慈的大自然才设置了重重的幕布,以阻止人们探究"知识",确保人类的安宁。③

确如列奥·斯特劳斯所言,卢梭是做了这样一种"少数人"与"多数人"的区分,但他并没有犹太智者那种"隐微"与"显白"的修辞技巧。④ 卢梭对两种人是一视同仁的,都依据德性来审视他们。在他看来,一个人,只要他绝对遵从大自然的教导,使用大自然赋予他的"光"(light)来观照他的本分(office),以此作为自己的处世原则,坚守自己的义务(duty),不学虚妄之人做虚妄之事,那他就是一个有德性的人,而且他也拥有了自己作为一个人必需的全部知识;而这才是真正的"科学"。卢梭在《一论》开篇直言:"我自谓我所攻击的不是科学,我是要在有德者的面前保卫德性。"⑤

既然科学与艺术是"源泉如此纯粹,目标如此值得赞扬"的事物,又怎么会衍生出"这么多不敬神的行为、这么多异端邪说、这么多错误、这么多荒唐的体系……"?⑥ 它们又是如何弥漫渗透整个法国社会的呢?

二、文人:从"宫廷小丑"到"文化领袖"

就前文的第一个问题,卢梭的回答与古代先知及蒙田、孟德斯鸠等前辈的判断是一致的。⑦ 简单说,人们对科学与艺术的追求是"源自人的恶性(vice)"⑧,是"虚荣心"或者说对"高人一头(distinction)"的渴望,诱使人们偏离了"永恒智慧"为我们规定的位置与义务。⑨ 按他们的说法,这种渴望"高人

---

① Rousseau, 1997a: 35.
② 蒙田, 2006: 2。
③ Rousseau, 1997a: 26.
④ Leo Strauss, 2006.
⑤ Rousseau, 1997a: 5.
⑥ Rousseau, 1997a: 33.
⑦ 蒙田, 2006: 103—126(《雷蒙·塞邦赞》第六章:"哲学是一首诡辩的诗");孟德斯鸠, 2006: 198—201。
⑧ Rousseau, 1997a: 16.
⑨ Rousseau, 1997a: 65, 97.

一头"恶性滥觞于"文人"群体,他们发酵了这种恶性,并通过各种社会交往的方式弥散到人群中间。这些"伊甸园的毒蛇",在人类创世纪时期就开始为非作歹了,到"文化与技艺最接近尽善尽美"的18世纪更是荼毒整个社会。

古往今来,思想领域的争论可以是风花雪月,但很多时候也常常导致流血漂橹。后世的知识分子之所以对所谓18世纪的启蒙运动充满幻想,一是羡慕当时文人的地位,二来是希望借此抬高知识分子的地位。据社会学视角仔细考察当时的实际情况,不难发现启蒙运动的重要线索之一是"文人"与"教士"的权位之争。

自人类群体产生政治支配以来,文人一直都是豪门贵族装点门面的必备物品,"这是一个古老的传统"。[1] 王宫权贵需要巧舌如簧的文人,为君王粉饰太平并做闲暇玩乐之用;文人们也需要用他们的诗歌、演说、高谈阔论取悦恭维君侯,以获得他们的资助。事实上,在过往的历史中,文人很多时候就是一群"小丑"而已。他们提供各种文娱作品,以为王侯与贵妇们做谈资、争辩之用,或者刺激他们的灵感,借此博得主人的欢喜,抬高自己的奴隶地位。

按卢梭的说法,自基督教占据正统地位以来,教父们一直都不遗余力地与这些"毒蛇"作斗争。尽管基督教世界曾一度深受其害,但终究是以两败俱伤的方式,"熄灭了科学的火炬",让欧洲进入了"文盲时代"[2]。一个有趣的现象就是,那些曾供养文人的国王们竟然成了"终其一生一个大字不识的乡巴佬"。[3] 随着君士坦丁堡的覆灭(1453年),一大批"贻害苍生"的文人落荒而逃,流浪到意大利的城市国家继续他们的"流毒"事业;欧洲的文艺复兴就此开始。到蒙田的时代(1533—1592),文人雅士(wits)的温文尔雅的礼貌与体面,仍只是"卖弄自己的想法和喋喋不休,从事着以当大人物的玩物为荣的勾当"。[4] 蒙田曾毫不留情地讽刺同时代文人的"丑态":

> 还有谁人不知,哪个不晓,她们(笔者按:哲学家)拿棉花毡片垫

---

[1] 乔治·索雷尔:2003:164。
[2] Rousseau,1997a:43.
[3] 韦伯,1997:31。
[4] Rousseau,1997:8-9.卢梭引用的这句蒙田的话没有注明出处,笔者也没有查找到,但在《蒙田随笔全集》(下卷)中有类似的话,此处译文仍以卢梭《一论》的引文为准。蒙田,1996:162。

在身上，装出丰乳肥臀，炫耀这种人工做作的美。①

然而，随着政治-经济状况的演进，文人在社会总体结构中的地位及其与传统权贵的关系也发生了微妙的变化。按乔治·索雷尔的观点，印刷术的发明与公共舆论的形成，日益壮大的第三等级与旧式权贵之间的社会-政治较量，是引发这种变化的两个最重要因素。它们与其他因素一起，逐步改变了整个法国(乃至欧洲)的社会-政治格局，为文人的异军突起提供了必要的"外部条件"。② 用托克维尔的话说，18 世纪前期，那些以大作家们为核心的文人团体借助文学塑造了他们的"文化领袖"地位，因而与现存的社会-政治制度剑拔弩张。教会与教士，不论他们的理论，还是他们的组织制度，都是阻止文人在"在世俗政府中树立原则"的最大障碍；同时也是最明显迫害他们的机构。因此，文人团体首先"拿教会开刀"。③ 若用一句话来总结伏尔泰、狄德罗、霍尔巴赫等卢梭的生死冤家与托克维尔所说的大作家的思想，那就是砍掉"神"的头颅，不管它是什么神；摧毁整个教士基层，不管它之于社会是否还有益处。

伏尔泰这位最后一代老式文人的代表，对教士与神学的漫骂与攻击是不遗余力的，整部《哲学辞典》都是为此而作。以争论了数百年的"神义论"为例，伏尔泰明确表示，基督教神学家利用"神义论"的诡辩，制造了各种"迷信"与"杀戮"，其目的无非是争夺教权政治的制高点罢了。

    人们看到神的心腹之间意见很少一致，世代互相咒骂，尽是名利熏心；回过头来再看一看世间充满罪恶和灾难，其中有不少是由这些灵魂大师们的争论而造成的……④

同样的论点在新一代的霍尔巴赫与狄德罗等人的著作之中，是有过之而

---

① 蒙田，2006：105。
② 乔治·索雷尔，2003：162—163，165—166。这一判断也散见于卢梭的文献之中，"正因为活字印刷术与我们的广泛引用，霍布斯与斯宾诺莎之流的危险遐想得以永久流传"；"君主总是出于自身的利益支持科学与艺术"，形成新的统治同盟。相对而言，卢梭更看重第一个因素，因为它与文人"高人一头"的扭曲心理更为契合。这一点下文有进一步的讨论。Rousseau, 1997a: 25-26, 51.
③ 托克维尔，1992：186—187。
④ 伏尔泰，1991：162—163。

无不及。这里仅引用几句还算"客气"的话：

> 每个人都会看到：神学真理的来龙去脉都是以僧侣为中心的。……宗教为神学家们所创造，它仅仅注意到它们的利益。①
>
> 神学给予我们的那些神的观念，常常都是混乱的、互不相容的，而最后必然要有害于人类的安宁。②
>
> 我在夜间迷失在一个大森林里，只有一点很小的光来引导我。忽然来了一个不认识的人，对我说："我的朋友，把你的烛火吹灭，以便更好地找到你的路。"这个不认识的人就是一个神学家。③

这些言论只表明一个目的，即，文人们要把教士与教会连根拔起，为自己的"政治理想"扫平一切障碍。④ 托克维尔注意到，与同时代的英国教士不同，18世纪的法国的教士阶层几乎毫无还手之力，"否定基督教的人声嘶力竭，而仍然相信基督教的人鸦雀无声"⑤。在打击教士的过程中，文人成功地与新兴的资产阶级联盟，并给旧式的权贵洗了脑，他们日渐得势；以至于到18世纪末期，"所有宗教信仰普遍威信扫地"。

霍尔巴赫在其《自然政治论》中对宗教的攻击，最清楚地说明了百科全书派的态度：彻底推翻一切神权政治（教权政治）。⑥ 换句话说，这场反宗教的运动根本上是一场政治运动。这也就注定了，伏尔泰、霍尔巴赫与狄德罗等文人领袖都或明或暗地倡导无神论；狄德罗道出了这群文人最心仪的想法："只有正直的人可以做无神论者。"⑦因此，就连那个时代最有可能重建人与世界和谐关系的自然神论，也被斥之为"难以名状的杂种和软弱无力的妥协，狄德罗说，自然神论从宗教的九头蛇身上砍下了八个脑袋，但这条九头蛇残存的一个

---

① 霍尔巴赫，1972：1—2。
② 霍尔巴赫，1999：72。
③ 狄德罗，1983：37。
④ 早在孟德斯鸠写《波斯人信札》之时(1721年)，文人对教士的"围攻"就已经火药味十足了。孟德斯鸠，2007：109—111。
⑤ 托克维尔，1992：190。
⑥ 霍尔巴赫，1994：84—89。
⑦ 狄德罗，1983：111。

脑袋上还会重新生长出另八个脑袋"①。按托克维尔的话说,他们是"怀着一股怒火攻击基督教,而未试图以另一种宗教取而代之"②。

到 18 世纪中叶,即,伏尔泰到狄德罗的时代,文人已经用"品位"与"教养"的幌子,与热衷"自由市镇"的资产阶级形成了联盟,给昏聩的传统贵族洗了脑,"迷惑"了整个第三等级,打击了教士阶层,最终翻身成为了社会潮流的"掌舵者"。简单地说,文人们是借着原有秩序的躯体,铸造了新的社会-政治等级,即,"文化的等级";正是通过引诱人们对科学和艺术的盲信,文人成就了自己的前所未有的社会-政治地位。更严重的是,他们充分发挥了这种日思夜想、来之不易的秩序塑造权,终究酿成了一场惊世骇俗的大革命。③

事实上,卢梭似乎早就觉察了他的时代蕴含着一种躁动不安的气氛。按他的话说,城邦时代已是历史遗迹,封建等级时代也即将成为冢中枯骨。18世纪的世界已经是一个流动的世界,时代精神躁动不安,人生际遇变化无常,以至于短短一代人的时间就足以让世界翻天覆地。④ 18 世纪,这个"有学识的哲学世纪",人们想当然地认为已经摧毁了宗教的"狂热盲信"(fanaticism)⑤。实际上,他们是狂热地投入了一种新的"效果不那么强制","但更加可爱"地支配秩序的怀抱,甚至就连那些搅动秩序的文人自己都"发烧"了。"今天最大胆的思想家与哲学家……若处在联盟时代也不外是些狂热的信徒罢了。"⑥卢梭的"学生"托克维尔,曾就这一时期的状况做了精辟的概述,到了 18 世纪中叶,文人已经成为了法国"事实上首要的政治家,而且确实是独一无二的政治家,因为其他人在行使政权,惟有他们在执掌权威"⑦。用卢梭的话说,这场持续了数百年的科学与艺术的复兴运动,它的主流一直是一帮"文人-哲学家"相互吹捧、相互取悦、渴求高人一头的社会运动。

> 人们一开始就感到了与文艺女神交易(commerce)的重要好处,

---

① 狄德罗,《论宽容》,第 292 页;转引自卡西尔,2007:124—125。
② 托克维尔,1992:185。
③ 乔治·索雷尔,2003:164。
④ Rousseau,1979:42.
⑤ Rousseau,1995:587. Fanaticism 一词本义是指一种对神殿与神庙的狂热,有执迷的信仰与狂热的精神状态两层意思,权且译作"狂热盲信"。
⑥ 卢梭,1963:3。
⑦ 托克维尔,1992:175—176。

这就是，通过值得人们彼此赞慕的作品来激发他们相互取悦的欲望，从而让人们更受人欢迎（sociable）。①

问题是，一群之前一直都只是"为他人逗乐"、没有任何政治经验、同时又极度渴望"高人一头"的人，在不到百年的时间里，竟然就成为了整个社会的枢纽。更有害的是，文人仅仅满足于做"文化领袖"，他们"从不卷入日常的政治"，而且尽管主张五花八门，但却有一个共同的目标，即鼓动人们相信，可以用简单、基本、"从理性法与自然法中汲取的"普遍法则，取代统治当前社会的传统。② 不得不说，这是何等危险之事！

根据上文的讨论，不难理解为何从蒙田、孟德斯鸠到卢梭都对复兴时代以来"科学是一切美德之母，任何罪恶都是无知的产物"之类的观点嗤之以鼻，卢梭的态度尤为坚决。按卢梭的意思，那些"最启蒙的、最有学识的、德性最高"的人的科学成就，不能给普罗大众带来真正的快乐和德性，正是因为这些文人"毒蛇"从中作梗、混淆视听。③ 对此，我们只能说，在卢梭的时代，文人们的喧嚣已经形成了一种"大众仰视文人"的社会氛围，近代欧洲文明的中心——巴黎，集中体现了这一转变过程与状态。那个时代的"大人物"达朗贝尔在写给孟德斯鸠的悼词中，有这样一句话："讲的那部分公众给听的那部分公众规定必须怎样思考和讨论。"④就启蒙时代而言，这句话可谓一针见血，当然达朗贝尔等人是以此为荣的。

凑巧的是，那个时代的另一位"大人物"，伏尔泰，曾在《百科全书》中撰写了一个词条"文人"。他对"文人"的解释淋漓尽致地展现了18世纪中叶文人显赫的"文化领袖"地位。伏尔泰是卢梭笔下的文人代表，没有比引用他的说法来论证这一点更合适了。

"文人"这个词与"语法家"这个词是意义相同的。在希腊与罗马人的心目中，所谓"语法家"，不单精通实际上所谓语法而已，而且对于几何学、哲学通史和专史也不是外行，尤其要求研究过诗和雄辩

---

① Rousseau，1997a：6.
② 托克维尔，1992：174—175。
③ Rousseau，1997a：17.下文还要就他们如何混淆视听做进一步的论述。
④ 孟德斯鸠于 1755 年逝世。这句悼词转引自乔治·索雷尔，2003：164。

学;符合这些要求的人正是今日的文人。……在今天,宇宙科学已非人力所能胜任;然而真正的文人,即使没法样样钻研,至少也要能够在这些领域之中涉猎一番。

以前在16世纪以及在17世纪初期,文人们很多从事于希腊作家和罗马作家语法上的批判;借了他们的工作,我们才有词典、优良的版本、古代杰作的注释。在今天,这种批评不太需要了,哲学精神代之而起:这种哲学精神仿佛构成了文人的特征;如果这种精神和高尚的兴趣结合在一起,那么,它就形成了一个完善的文人。

……我们这个世纪的伟大优点之一,乃是一批有学识的人……时代精神把他们中间大部分的人培养成既能周旋于上流社会,也能入阁执政:就在这点上,他们比前几个世纪的学者高明多了。直到巴尔扎克和瓦蒂尔时代,文人被摒弃于社会之外;可是,从此之后,他们变作了社会必需的一部分。他们中间许多人在他们的谈话中撒播了深入的、纯粹的理智,这多多教育并醇化了国人……他们的批评扫除了充满于社会中的全部成见……正是依赖了真正的文人,我们才能到此地步。

……他们是裁判者,而别人是被裁判者。[①]

据上所述,伏尔泰的文人词条明显是在为这个"充满智慧的文人世纪"助威呐喊,并宣称正是文人打碎了一切愚昧与偏见,启蒙了人类,担当了"真理的裁判者"。相比之下,卢梭正好背道而驰;《一论》的主张是文人非但没有驱除愚昧,反倒制造了更加难以摆脱的思想禁锢,他们是"意见的把持者",是新的"迷信"的制造者,所以他才疾呼要"正面反对今天人人都尊崇的一切事物……不汲汲讨好于高人雅士或者风头人物。"[②]

那么,文人是凭借着怎样的内在精神力量攀升到巴黎与法国的"文化领袖"的,他们对整个社会又产生了何种影响?笔者认为,卢梭思想的初始点正是拆穿"文人"与"启蒙世纪"的虚假面具,这也是他对整个扭曲的、不公正的文明社会进行批判的"序曲"。

[①] 伏尔泰,2005:130—131。
[②] 卢梭,1963:3。

三、18 世纪中叶的"文人精神"

18 世纪中叶是卢梭生活的时代,也是启蒙运动挟文艺复兴的余威如火如荼的时代,更是"文人"大放异彩的时代。《一论》的笔锋一开始就对准了他们,因为巴黎败坏的风气都源自其文化领袖:文人。《一论》采用了概括性的社会-历史分析,集中火力批判了"文人",其焦点是文人对科学与艺术的爱好,其实是为了"高人一头"(distinction)。卢梭认为,在一切科学与艺术大放异彩的国家与时代,主导着真理讲坛的往往总是"一群白白浪费国家粮食的、头脑混乱的作家与无所事事的文人"、"一群江湖医生"。[①] 这些心术不正的伪学者心怀"高人一头"的狂热,梦想建立自己的神坛,费尽心机驳倒一切约定俗成的传统与权威,取而代之成为真理的代言人。

这种诡异的气氛,若只是局限于王宫的高墙、权贵的沙龙与文人的社交圈之内,那人类就可以免除多数的苦恼与灾难。可是"高人一头"的激情,本就执拗于得到一切人的尊重;这种激情在外部社会-政治条件的纵容之下,在密集的社交生活的刺激与膨化之下,必然演变成不可遏制的炽热欲望;以至于粗通文墨的半吊子都认为自己是一个"世界公民"。用卢梭的死对头格里姆(Grimm)的话说,每个文人渴望被人列入"属于那些少数人的行列,他们以自己的才智和自己工作足以配得上人道的精神"[②]。这场旷日持久的科学与艺术的复兴运动,与文人们"高人一头"的欲望正好契合不过,所以卢梭才说,所谓启蒙运动是一次"看似奇怪,其实再自然不过的进程"[③]。

在卢梭看来,文人"高人一头"的激情本身就蕴含着一种极其扭曲的悖论。一方面,"对人类的持续反思,以及对人的持续观察,都教导哲学家以他们自己的价值来判断人们,人很难对自己鄙视的东西有很多的感情"[④],所以他们自认高人一等、与众不同。另一方面,他们的全部价值又来自他人的承认,他们渴望公众的吹捧;如果说之前是渴望得到大人物与同行的青睐,到了 18 世纪就要求得到大众的赞许。

[①] Rousseau, 1997a: 25.
[②] 格里姆,《文学通讯集》,第 IV 卷,69 页;转引自卡尔·贝克尔,2001: 39—40。
[③] Rousseau, 1997a: 6.
[④] Rousseau, 1997a: 99.

第一篇　文人风化与人的变形　15

> 凡是要培养合人心意的才华的人，都是想取悦他人，都想受人仰慕，事实上都想比其他任何人都受到更多的仰慕。公众的掌声成为了他的唯一：我想说，他做一切都是为了获得公众的掌声。①

在这一问题上，卢梭与他的前辈孟德斯鸠观点是一致的；后者在《波斯人信札》充分描述了18世纪的文人这种畸形心态与丑陋嘴脸。这里，不妨借用孟德斯鸠的精彩文字说明法国社交场中的文人的虚荣浮夸与曲意逢迎：

> 社交场合的人们，不惜一切，以求一逞。他们故作各种惊人之谈，并且见风使舵，顺则越说越远，逆则偃旗息鼓，故更容易取得成功。②
>
> 前几天，我到一所乡间别墅去，看到两位在此地享有盛名的学者。我觉得他们的性格相当奇特。第一个人的谈话语惊四座，可以归结为这么一句话："我所说的都是真的，因为是我说的。"第二个人谈的是另一回事："我没有说过的，都不是真的，因为我没有说过。"③
>
> 我不知道这究竟是怎么回事，不过这一切都跟我作对。三天多了我没有说过一句为我增光的话，每次谈话，我总是局促不安，语无伦次，根本引不起别人的注意，也没有人再跟我攀谈。有时我准备了几句妙语，好为我的谈吐生色，可别人从不给我说出这些妙语的机会。我很想叙述一个很动听的故事，可是当我正要扯到这上头来时，别人却不再谈这个话题，好像要有意避开似的。我有几句风趣的话，四天来在我脑子里已经陈旧不堪了，可一下也没能派上用场。长此以往，我相信我最终要变成傻子的……④

这些让人捧腹的表演与对话，淋漓尽致地展现了文人的"双面"脸谱（persona）。一方面，他们用自己独断的思维方式和诸种学说，来直言肯定或者武断否定，他们最大的乐趣就是用自己的"公众影响力"压制别人，他们自我

---

① Rousseau, 1997a: 99-100.
② 孟德斯鸠, 2006: 109—110。
③ 孟德斯鸠, 2006: 285。
④ 孟德斯鸠, 2006: 95—96。

成就的唯一方式就是比周围所有的人高明。另一方面，他们的价值已经蜕变成一种公众价格（public price），完全是由他人的目光与赞许构成。在这一点上，卢梭与霍布斯的判断是完全一致的："一个人的价值（value）或者说值多少（worth），就像其他东西一样，就是他的价格；也就是说，这取决于他的权力的用处，因此无绝对可言，只依赖于他人的需要与判断。"① 用他自己的话说，文人就是"一切都为了名声的人"，对公众承认的渴望，对成为"众人谈论的焦点"就是文人修养的全部动力与全部德性。② 孟德斯鸠曾把文人的这种集主人与奴隶于一身的品质，称之为风趣之士（wits）的"团体精神"③，这里不妨直接称之为"**文人精神**"。

如上文所言，文人"高人一头"的渴望源自内心的邪恶，到18世纪中叶，这种渴望已经到了疯狂的境地。对此时的文人群体来说，只要能高人一头，只要能扬名立万，何必真理，意见又何妨。卢梭在《爱弥儿》中借萨瓦牧师之口说道：

> 即便哲学家能发现真理，他们当中又有谁感兴趣？……任何一个哲学家，即使知道真理与谬误，也要坚持自己的谎言，而不愿采纳他人发现的真理。哪个哲学家不是为了自己的荣誉而乐于欺骗人类？哪个哲学家内心深处不是在暗暗筹谋高人一头？只要能高人一等，只要能胜过竞争者，他别无所求。④

因此，这些"文人"的脑袋里往往装满了各种模棱两可、混淆是非的理论，加上长期练就的一身如"魔术师变戏法"一样的雄辩才能与故作高深的伎俩，到处去搅乱人们的头脑，以达到招摇撞骗、抬高身价的目的。⑤ 实际上，这些"哲人"兜售的往往是谬误，卢梭讽刺这些顶着"学者"光环的人，认为他们"较无知者更远离真理。他们每学习一个真理，就衍生出一百个错误的判断。欧洲的学术团体只不过是撒谎的公开场所。我们可以拍着胸脯说，法兰西学院

---

① Hobbes, 1990: 72–73.
② Rousseau, 1995: 572.
③ 孟德斯鸠, 2006: 97。
④ Rousseau, 1979: 268–269.
⑤ 蒙田, 2006: 72。

比整个休伦族所犯的错误都要多"①。

进而言之,启蒙的主流,与其说是用"知识之光"扫除黑暗与迷雾、用科学取缔盲信,不如说它已经流变为一场文人的"庸俗"与"媚俗"运动。如研究者卡尔·贝克尔所言,除了个别人之外,那个时代的"哲学家们"并不是真正哲学家,他们著书立说的目的就是"供人阅读","热忱地"传播他们那些肤浅、躁动又愤世嫉俗的哲学信念,力图成为"风向标式的人物"。② 他们"每个人都站在广场的一角喊道:到我这边来吧,惟有我才是不骗人的"③;而他们全部工作就是,"鄙夷地嘲笑祖国、宗教这些古老的字眼,用他们的才华与哲学摧毁和玷污人世间一切神圣的东西"④,"教导人民鄙视自己的传统方式与法律"⑤,确立自己作为大众启蒙的"文化领袖"的地位。在《一论》发表后近二十年,卢梭的对手、启蒙运动的旗手之一,霍尔巴赫仍醉心于这类勾当。在后者看来,18 世纪能成为一个大众启蒙的时代,文人功不可没。霍尔巴赫在《袖珍神学,或简明基督教辞典》(1768 年)的序言中写道:

> 一切部类的学术,一切艺术,甚至轻松的生活领域都有许多小辞典。在我们的世纪里,有人花了不小劳动,使学术浅显化,使之为最广大的人群易于阅读与接近。然而,直到现在还没有尝试把神学**通俗化**。
>
> ……无论是老年人或青年人,无论是学识渊博的或没有受过任何教育的人,甚至是妇女,用了我们这本小辞典,都有可能就许多一直为大雾所笼罩的问题勇敢发言。⑥

霍尔巴赫的这段话及其周遭的文人圈的"纵欲生活",可以作为启蒙运动主流的一个缩影。在他们的世界里,启蒙运动远不是敢于用理智认识世界,而是一种理智的张狂,敢于践踏一切神圣之物、破除一切道德法则与禁忌,把庸

---

① Rousseau,1979:204.
② 比如卢梭的"死敌"格里姆。卢梭在《忏悔录》曾提到,格里姆在任何场合都不放过传播其学说的机会,即"人唯一的义务就是在一切事情上都随心所欲。"参见卢梭,1986:579。
③ Rousseau,1997a:25.
④ Rousseau,1997a:18.
⑤ Rousseau,1997a:102.
⑥ 霍尔巴赫,1972:1。着重号为笔者所加。

俗的世俗化运动贯彻到底。对此,贝克尔曾异常揶揄地说道,切不可在启蒙哲学家的身上寻找"高尚的德性","尤其是不可在他们坚持它们的时候"。①

一言以蔽之,正是文人鼓吹的"科学与艺术"让人们误入邪路,败坏了人世间的一切德性与信条。其问题"与其说是科学,不如说是文艺,精致的艺术、有品位的作品"②,即伏尔泰"文人"词条中的"哲学与高尚兴趣"。这就是卢梭对文艺复兴与启蒙运动之于德性与社会风化的利弊的基本立场。③

据上文所述,我们可以清楚看到,蒙田、孟德斯鸠、卢梭、托克维尔与乔治·索雷尔等思想家在批判"文人精神"对法国社会的戕害问题上是一脉相承的。他们都认识到,文人已经形成了一种极为扭曲的"社交人格",他们集聚自恋与虚荣于一身(卢梭称之为"amour-propre",即尊己抑他心)。活跃于社交圈的文人是最不自然、最矫揉造作的"假人"(artificial man),他们集中体现了人在社交生活中的异化与分裂。当然,卢梭的《一论》关注的事情不是文人群体的堕落(因为他们就是堕落本身),而是讨论文人的社交人格何以弥漫着巴黎、法国乃至整个欧洲,败坏了人的德性与社会的风化。

---

① 卡尔·贝克尔,2001:40—42。
② Rousseau,1997a:47.
③ Rousseau,1997a:43-44.

第二章　文人精神的"弥漫成风"

一、文人精神弥漫成风的社会机制

就 18 世纪中后期文人对法国社会的影响力，托克维尔在《旧制度与大革命》中有如是论断："全体国民接受了他们的长期教育，没有任何别的启蒙老师……因此，在阅读时，就染上了作家们的本能、性情、好恶乃至癖性。"[1]这就是说，尽管卢梭声嘶力竭地反对文人的统治，然而政治革命、社会运动与教育文化机制等因素的合力还是使得"文人精神"渗透到了法国社会生活的方方面面，在大众中间弥漫成风（fashioned），形成一种"普遍的潮流"（general tide），即"文人风化"。孟德斯鸠就这种社会风化写道：

> ……我注意到，法国人中，有些人不仅善于社交，而且他们本身便是万物具备的社会。他们好像分身有术，出现于各个角落；顷刻之间，使全城各区都熙熙攘攘起来。一百个这样的人，比两千个公民更显得热闹。……他们走家串户，用门锤叩门，对门的破坏，比狂风暴雨更为严重。[2]

孟德斯鸠的这番讽刺说明，法国人频繁的社交生活与社交人格全拜这群"走街串巷"的社交文人所赐。毫无疑问，风靡法国的社交沙龙对文人风化的

---

[1] 托克维尔，1992：182。
[2] 孟德斯鸠，2006：164—165。

"弥漫成风"功不可没。乔治·索雷尔精妙地总结为,"18世纪的人一心关注的是能与在上流社会的文明人维持交谈。"①其实,《一论》的注意力更多集中在攻击文人风化的社会效果;至于具体的社会机制倒是《新爱洛伊丝》(序言)有简要而精彩的论述。卢梭指出,文人们借助"人文教育"、阅读、社交宴会等诸多社会交往的方式,绘声绘色地向他们的读者、聆听者描绘、散播、兜售各种让人头脑发热的学说,以及各种"飘渺虚无的美妙状态"。② 文人们的诱惑致使人们鄙视自己的生活状态,每个人都"试图成为我们所不是的人,我们开始相信自己不同于自己所是的样子,这就是我们变疯的方式"。③

> 作家们、文人们、哲学家们,一直嚷嚷着,为了履行公民的义务,为了服务你的同类,你必须住在大城市里;对他们来说,逃离巴黎就是憎恨人类,在他们眼里,乡下人根本无足轻重。听了他们的话,人们就会相信,只有在寄宿学校里、学士院中,还有晚宴上,才能发现人。④

于是,"都市精致的品位,宫廷的格言警句,奢侈的佩饰,伊壁鸠鲁式的道德",所有文人推崇的东西都成为了巴黎民众与外省风趣之士(wits)竞相追逐与模仿的对象。⑤ 上流社会成为了其他阶层的导师,巴黎成为了法国的导师,法国成为了欧洲的导师。⑥ 作为"法国是欧洲的导师"的坚定鼓吹者,伏尔泰在《路易十四时代》中写道,"在修辞、诗歌、文学、道德伦理以及供人娱乐消遣的书籍等方面,法国人在欧洲确是法则的制订者",以至于"法国的语言成了欧洲的语言",路易十四宫廷的高尚情趣、文明礼貌与社交精神成为了整个欧洲的模范。

> 所有等级(estates),一个接一个,都滑向了同一个斜面,故事会、

---

① 乔治·索雷尔,2003:185。
② Rousseau,1997c:13-16. 另外,《旧制度与大革命》(第二卷第八章)也有关于教育与生活方式对造成法国人"彼此最为相似"的讨论。托克维尔,1992:116—120。
③ Rousseau,1997c:15.
④ Rousseau,1997c:14.
⑤ Rousseau,1997c:14,16.
⑥ 伏尔泰,1982:7,465,483,486。

小说、戏剧，一切都在吸引着外省人，所有人都笑话乡村道德的单纯，所有人都在宣扬上流社会的生活方式与快乐：不懂得这些东西，就是一种耻辱，未曾品尝它们就是一种不幸。①

可见，文人精神已经不只是潜移默化地扭曲风化，而是形成了一股近乎不可抵挡的潮流，"把每个地方的居民都集中到若干点上"②，卷入到人与人的相互奴役、强制取消差别的同质化的生产过程，"我们的风化中弥漫着一种卑下、伪装的一致性，每个人的思维仿佛都是根据同一个模子铸造的"③。一言以蔽之，到18世纪中叶，文人雅士（wits）的风化已经成为了"整个法兰西民族的通性"④，而法国已经是一个虚浮庸俗、千篇一律、毫无敬畏之心的"文人共和国"（republic of men of letters）⑤；一场"高尚趣味"的运动足足造成了一代人的"精神发烧"与"谵妄症"。

二、"风化力"的作用效果：德性的败坏

要说明一点，卢梭不是一个社会学家，所以相较于文人风化的具体形成机制，他更关注批判"文人风化"对民众身心的荼毒、对"德性"的败坏造成的恶果，这一点可以分两个层次来讨论：对文人群体本身、对大众。

（一）文人群体"作茧自缚"

首先，文人的社交圈子重要的、有价值的是体面的装饰、优雅的礼貌、妙语连珠、"满腹经纶"等虚有其表的东西，至于一个人是否有真才实学，是否有崇高的德性，那是无关紧要的。"我们对机敏才智就慷慨犒赏，对德性却毫无敬意，漂亮的文章就有千百种奖励，良好的事迹却一无所获。"⑥用孟德斯鸠的话说，谁掌握了文人雅士的这套玩意儿就受益无穷，"一个通情达理的人，在他们

---

① Rousseau，1997c：14.
② Rousseau，1997c：14.
③ Rousseau，1997a：8.
④ 孟德斯鸠，2006：114。
⑤ Rousseau，1997a：28.
⑥ Rousseau，1997a：23.

面前反而黯然失色"。①

其次,"更细致入微的考究、更精致化的品位",已经把文人的"哲学格调"与相互取悦的社交方式塑造成了一套无孔不入的原则,从思想到身体,从内到外。② 他们"想稍稍挪动一下他的灵魂,把灵魂重新放置到道德秩序之中,都会在各方面遇到不可克服的抵抗力,他们总是被迫维持或者恢复到自己原初的处境"③。他们唯一的生活方式就是困守在这个固化的模子里,变着花样再生产这个模子,在堕落中更加堕落。直到有一天,所有内在的冲突与斗争汹涌而出,打碎这个僵化的社会秩序。

第三,如果有人试图剥夺他们的这种地位,挑战他们的"模式"与"文化领袖"的地位,他们是绝对不允许的。因此,面对心胸狭隘、自视甚高、名利熏心、碌碌平庸的文人群体,即使最有才华的艺术家(例如,卢梭笔下的伏尔泰),也要"把他们的天才降低到时代的水平,宁愿写一些生时让人们推崇的流行作品,而不是百年之后让人推崇的旷世之作"④。甚至就连崇尚"效用"的英国,都遭到了"文人风化"的毒害,对此洛克曾写道:

> 这种风气(fashion)一旦弥漫开来,就形成了气候,此时如果有人背离了这种风气,那么浸淫在风气中大多数人,就立即会嚷嚷说,那是异端邪说,其实这些人的身价就来自紧密跟随这种风气,对此我们不必感到奇怪。⑤

正所谓"木秀于林,风必摧之"。如果有人勇敢地怀着自己"坚定的灵魂"创作,不肯向流俗低头,"就会落得贫困潦倒、默默无闻"⑥。因此,文人群体就形成了一种可笑的悖谬:文人们越想要高人一等,就越不敢显示自己的本来面目,越是想成为"良好品位的裁判者",就越是陷入流俗不可自拔,成为舆论的奴隶。在卢梭看来,18世纪辉煌的哲学,已经完全忘记了哲学本有的"淳

---

① 孟德斯鸠,2006:156。
② Rousseau,1997a:8.
③ Rousseau,1997c:13.
④ Rousseau,1997a:19.
⑤ Locke,1989:157.
⑥ Rousseau,1997a:20.

朴"语言,因为从事创作的文人的脑子里全都塞满了这个世纪虚浮的"小贩思想"与"文人调调"。狄德罗在写给格里姆的信中曾用寥寥数语描绘了1765年启蒙文人的忙碌场景：

> 形而上学家和诗人的风头过后,体系物理学家取代了他们;体系物理学家让位于实验物理学,后者又让位于几何学;几何学让位于博物学,博物学又让位于化学。化学成为最新的时尚,它与国务、商业、政治、并且首先是农业狂热一同成为人们关注的焦点。①

这段话可谓是启蒙文人的全部活动的缩影。就其主流而言,启蒙运动的最终结果是"文人风化"取代了"理性",文人的行为举止与思维方式,经过社会化的生产与模仿,成为了众人顶礼膜拜却又瞬间即逝的东西。这些东西看似"神圣",其实只是庸俗潮流的玩弄品而已。概言之,披着科学艺术外衣的文人之风成为了真正的科学与艺术的最大敌人。

(二) 大众的"狂热跟风"

第一,文人的"生活格调"与"高尚趣味"追求成为了各个阶层趋之若鹜的模仿对象,混淆了真正的德性与"看似的德性"(appear to be virtous)。卢梭在其著作的许多地方都提到大众追求生活格调与高尚趣味的事例：(1)拥有"饰带皱边,镶边的外套,一个搪瓷的鼻烟壶""就是了不起的东西","认为拥有这些东西的人就是快乐的,并且为了获得这些东西,费尽时间与精力去争取一种地位"②;(2)"一个乡村绅士的妻子,认为操持家计是与她的品位(rank)不配的"③;(3)"一个生来适合做织造匠的人渴望成为诗人"④;(4)卢梭本人也曾一度"为这个世纪的成见引诱,相信做研究是一个聪明人唯一值得从事的职业"⑤。一句话,在18世纪这些虚有其表的东西构成了"文化等级秩序"的基础。就18世纪的这种"狂热跟风"的氛围,狄德罗在他的《对自然的解释》当中

---

① 狄德罗,《全集》,第6卷,第474—475页;转引自乔治·索雷尔,2003:186—187。
② Rousseau, 1997a: 46.
③ Rousseau, 1997c: 14.
④ Rousseau, 1997a: 27.
⑤ Rousseau, 1997a: 94.

写道：

> 当一门科学刚开始时，由于社会上人们对发明家表示极度的敬仰，渴想亲自认识一种轰动一时的东西，希望以某种发现来出名，以及抱着同著名人物分享一种头衔的野心，于是一切人的心思都转到这方面来了。①

第二，过度的社交生活造成精神的萎靡与身体的退化。因为不同年龄的人，不同社会条件的人，都日益卷入到社交生活之中，"从日出到日落，都在煞费苦心相互献殷勤"②。而且人与人的这种殷切交往（society）已经蜕变为一套纯粹的礼貌过程；"礼貌不断要求，得体（propriety）不断命令；人们从头到脚都要遵从习俗，我们自己的天赋特色无影无踪。"③每个人都越来越像一个社会生活的奴隶，"变得虚弱、胆小、畏畏缩缩，他那萎靡不振的、柔声细气的生活方式完全耗尽了他的体力与勇气"④。

第三，"为了社交而社交"的生活对德性的侵蚀。人，作为社交人（sociable man），"总是活在自身之外，只在他人的意见中生活，这么说吧，只能从他人的判断中得到自身实存的情感"⑤。社交生活是他的全部快乐，只要与人交往、只要获得别人认可与掌声，没有人介意自己"在跟谁打交道"⑥。更有害的是，在沙龙的社交生活里，"每个人假装是为了其他人的利益或名声努力，其实只是为了提高自己的名声，并且还以牺牲别人的名声为代价"⑦。至于人与人之间"诚挚的友谊、真正的尊重，深厚的信任"⑧消失殆尽。可见，卢梭批判的社交生活是一种"虚假"的社会生活，对"本质的社会"有害无益；正如《纳尔西斯的前言》所述，文人风化最大的罪恶就是，"瓦解了尊重和仁慈等一切社会联结个人的纽带"，贪图名利的伪君子和假学者充斥着各个角落，好人与公民无影

---

① 狄德罗，1983：55—56。
② Rousseau，1997a：9.
③ Rousseau，1997a：8.
④ Rousseau，1997a：138.
⑤ Rousseau，1997a：187.
⑥ Rousseau，1997a：8.
⑦ Rousseau，1997a：100.
⑧ Rousseau，1997a：8.

无踪。①

第四，也是最严重的，文人主导的这场人的社会化大生产与社会的全面变形，不仅悄无声息，而且惬意无比，"用花环遮掩了钢铁般的枷锁"②。文人风化在不知不觉中"窒息了人们天生的自由情感"，让人们心仪神往一种流俗的、虚有其表的奴隶状态。卢梭讽刺道："快乐的奴隶们，你们引以为荣的精致、优雅的品位，都归功于他们，讨人喜欢的性格、文雅(urbane)③的风化，造就了你们之间这种你来我往、悠闲的关系，也都归功于他们啊。"④

总而言之，这个看似推崇理性、推崇科学与艺术的"启蒙世纪"，其实最有力的"舆论统治(empire of opinion)"⑤，用17、18世纪的流行的名词就是"舆论的气候"⑥。在这种舆论气候里，"看似有德性(appear to be virtuous)"就能名利双收，人们唯一要求保持的状态就是"社会思考我们，社会替我们思考"⑦，每个人(person)都是透过(per)面具发出的声音(sona)，德性修养之路被横向截断。想从这一笼罩整个社会的"恶性"锁链中解放出来，几乎无望，等待他们的只有身心的全面"变形"。作为这种风化的直接受害者，卢梭本人在《对话录》中就文人风化的威力做了如下总结，可谓精辟之至：

  自从哲学帮派在一切领导人物的领导下聚集成一个团体，这些领导人物通过他们致力于阴谋的高超技巧，成了公众舆论的主宰；通过舆论，成了个人声誉甚至命运的主宰；又通过这些人，成了国家命运的主宰。⑧

---

① Rousseau，1997a：99.
② Rousseau，1997a：6.
③ Urbane 一词同时还有都市的意思，隐含了卢梭对邪恶的都市风化(Urban morals)的批评，Rousseau，1997a：95。
④ Rousseau，1997a：7.
⑤ 卢梭在《致达朗贝论戏剧的信》中说，"我知道只有三种工具能够影响一个民族的风化：法律的力量，舆论的统治，快感的感染力。"按：舆论，古语是指车夫走卒等人的意见。
⑥ 卡尔·贝克尔，2001：15.
⑦ 卡西尔，2009：40。
⑧ Rousseau，2007：288.

三、卢梭与文人的交锋

文人与教士之间你死我活、尔虞我诈的政治斗争,卢梭是唯恐避之不及的。然而,文人的得势却导致了无神论的胜利,导致一种"非宗教(无宗教)情绪"在整个法国蔓延开来。而在卢梭的时代,作为"神圣约束"的宗教已经土崩瓦解,社会的无信仰状态掏空了法国人的灵魂,一切发烧的欲望都得到解放与纵容。这是卢梭反对伏尔泰与百科全书派等文人领袖最重要的理由之一。①

尽管伏尔泰看似"愤世嫉俗",但归根到底是一个为"文明社会"摇旗呐喊的文人。他在《路易十四时代》一书中宣称,他生活的时代已经是"最接近尽善尽美之境的时代","文化技艺、智能、风尚"都经历了"一次普遍的变革"(启蒙运动):

> (这场变革)扩展到英国,激起这个才智横溢、大胆无畏的国家当时正需要的竞争热情。它把高雅的趣味传入德国;把科学传入俄国。它甚至使萎靡不振的意大利重新活跃起来。欧洲的文明礼貌与社交精神的产生都应归功于路易十四的宫廷。②

至于恶的问题,伏尔泰写道:"对于上帝说来,不拘是在物质方面,还是在精神方面根本就无所善,也无所谓恶。"③至于恶的根源,"从来就是看不见底的深渊"④,"我们一点也不知道支配我们命运的原因到底是什么"⑤。在伏尔泰看来,这个世界的"善恶"溶合得难解难分,想建立一个无恶的清明世界根本不可能;而对个人来说,"既没有极端快乐,也没有极端痛苦能够延长一生的:至善与至乐都是些空想"⑥。

---

① 让·鲁瓦,2005。
② 伏尔泰,1982:7。
③ 伏尔泰,1991:232。
④ 伏尔泰,1991:238。
⑤ 伏尔泰,1991:243.
⑥ 伏尔泰,1991:232。

伏尔泰认为,人们应当有一种"天真的"、个人能把握的视野范围,与那个经历了世界诸恶的"老实人"一样"经营好自己的园地"。① 至于神意的第一因与普遍和谐的终极结果之类的神义论问题,完全是扰人心神的东西。大自然是什么东西也根本无所谓,因为这个物质世界根本与人世的"道德堕落"无关。②《如此世界》中最高神"伊多里埃"的一句话最能表明伏尔泰的态度:"即使不是一切皆善,但一切都还过得去。"③而且他坚信,只要我们用心经营,就能慢慢变得更好一些;"今人"也未必就输于"古人"。④ 可见,从18世纪的伏尔泰到19世纪的纵欲主义其实近在咫尺了,而伏尔泰本人已经在为那个时代"肉欲狂欢"正名。

古人云,"道之显者谓之文。"文明本来是要教导人们笃行正道,收其放心,成其德性,免于扞格不胜之患。卢梭的思想与中国古人颇有相互印证之处,这也决定了他与伏尔泰针锋相对的关系。在《忏悔录》中,卢梭曾这样说道:"伏尔泰虽然看起来总是信仰上帝,但其实他相信过的只有魔鬼;因为他所谓的上帝只是一个在他看来以害人为乐的作恶者。"这一评价颇有怨气,却一针见血。在卢梭看来,那些曾辉煌一时的"文明社会",恰恰是魑魅魍魉之辈的寄生之所,更是"歪风邪气"的发源地。他在巴黎社交场中的"切身之痛",令其敏感地意识到,巴黎这个"欧洲文明中心",从上到下都弥漫着一种"非人的风化"。巴黎引以为豪的"璀璨文明"非但没有教导人们成就德性,反倒处处都在引诱人们偏入邪道。正是通过批判巴黎这个"文明巅峰"及其代表"文人群体",卢梭认识到,人类的整个文明进程几乎都在遮蔽、引诱与戕害人们,令其偏离"德性之路"。

文明社会败坏了人;这是卢梭理论批判的总命题。简单说,一方面文明社会的"歪风邪气"(black morals),败坏了人的欲望。执掌文明风向标的各种人物与势力,借助"舆论"(public opinion)之威力,给人们灌输了各种炽热的"虚妄之欲"(whims);其中最为有害的,就是"要求高人一头、要求得到他人承认"

---

① 服尔德,1955:153。
② 伏尔泰,1991:234。
③ 伏尔泰,1997:284。
④ 伏尔泰,1991:116—118。

的尊己抑他心(amour-propre)①。另一方面,文明又给人们提供了各种本来非必要的便利与手段(科学与技艺)。这既纵容了人们的"虚妄之欲",又让他们更依赖社会力量。这两方面的相互作用与败坏,致使人们渴求这些手段与欲望,陷入"无限匮乏"的痛苦,忘记了他的立足之地与修德之路。按卢梭的说法,文明人的存在本质就是"虚妄之欲"与"渴求力量"相互刺激的迷途,"求不得"的失衡状态伴随着他们至死方休。我们可以引用卢梭一句最形象的话说明他对文明的总体态度:

> 文明人在奴隶状态中生,在奴隶状态中活,在奴隶状态中死;他一生下来就被人捆在襁褓里;一死就钉入棺材。只要他还保持着人的样子,我们的制度就要捆绑着他。②

四、再论《一论》的主旨:从文人到一切扭曲人性的社会体制

承上所述,《一论》的着力攻击点是巴黎的文人风化对人的德性与群体道德的衰败,它以磅礴的气势与广阔的视野,旁征博引无非是想让人们意识到当时文人风化的危害。就《一论》的核心问题而言,文中的多数历史事件只是做辅助之用,并不像某些考据研究者们所说的那样,充满了"微言大义"。卢梭在《忏悔录》中曾评价《一论》是"次序混乱";《一论》再版之时,卢梭也感叹,自己的盛名竟来自这部"不足道的作品"③。这些都说明了《一论》在卢梭体系中的

---

① Amour-propre 这个词是卢梭用来表达人进入社会之后一种自我保全的状态,或者说是道德人格(社会人格)的一种自我保全。作为一种人为的、相对的情感,Amour-propre 促使每个人尊重自己比尊重他人多;若从积极肯定的方面引导,就能容天地众生于一心,成为自尊心、自重心,造就圣贤的道德人格;若为否定、消极的风气所误导,则可能蜕变为通过贬低、抑制、打击他人以抬高自己,以获得他人的恭维为自己的内容,变质为虚荣心、尊己抑他心,塑造出扭曲的伪君子人格。因此,Amour-propre 的学理内容远较自然状态自我保全为多且复杂,也正因其内容复杂、意义层次多,所以中文对译难度很高,笔者功力所限,暂且译成"尊己抑他心",望方家指正,更期后来者能精益求精。卢梭,2007:155(《二论》第十五个注释);Rousseau, 1979:483-484(英译者 Allan Bloom 的注释)。
② Rousseau, 1979:42-43。
③ 卢梭,1959:ⅲ。

位置只是"序曲"。

当然,《一论》写作到"第二部分"之时,它的思路与批判目标开始超越第一部分的设定:不仅批判现代文人(哲人),也开始波及古代文人(哲人),不仅波及与文人(哲人)群体暗通款曲、勾肩搭背"资产者"与"权贵(贵妇人)"这两大特权阶层,更直接指向一切扭曲人的制度。他写道:"当人们必须不惜一切代价发财致富时,德性会成为什么样子?"又,"只要权力占据一边,启蒙与智慧占据另一边,学者就很少想到伟大的事物,国君(prince)就很少做好事,人民就一直是卑下、腐化与邪恶。"①但必须承认,卢梭在《一论》文本中没有清楚阐释三者之间的关系,这也正好印证了卢梭自己所说的思路陷入混乱与岔路。在紧随《一论》之后的《纳尔西斯的前言》中,他就《一论》的理论抱负做了进一步的阐释:

> 多么奇怪、多么毁灭性的社会体统(constitution),富人越来越富,一无所有者分文难得;好人总是难逃苦难;最卑鄙的人总是备受推崇,为了成为一个诚实的人,一个人竟然需要拒斥德性!……一切罪恶与其说属于人,不如说是属于受到恶劣统治的人。②

而在致马勒塞尔伯的信(1762 年 1 月 12 日)中,他明确提到《一论》的目的是试图揭示"社会体制的全部矛盾","暴露我们制度的全部弊端","用很简单的道理说明,人自然是好的,就是因为这些制度,人才变得邪恶的"。③ 换句话说,凡是败坏了人的德性,造成了不公正的社会秩序的东西,都是《一论》批判的对象,魔术师般的文人、资产阶级与权贵(贵妇人)都在此之列。而且,卢梭还把他的批判了波及到许多辉煌的古代文明,试图指出文人危害的历史一贯性。④ 据此,斯塔罗宾斯基认为,《一论》,特别是围绕《一论》的辩论,是针对

---

① Rousseau,1997a:27.
② Rousseau,1997a:101.
③ Rousseau,1995:575.
④ 当代研究者对《一论》的理解颇受列奥·斯特劳斯学派的毒害,多数认为《一论》的全部目的就是要颠覆现代"文明社会"。例如,吴增定教授就认为,"卢梭甚至不是返回古代的城邦,而是要返回到一切前文明的'幸福无知'的野蛮时代。"实际上,这与卢梭的"自然状态一去不复返"的本义相去甚远,因此类似的言论大可不必当真。吴增定,2003:277。

"恶的系统",这一观点也颇有几分道理。①

就卢梭对"恶的系统"的态度,晚年的《对话录》的说明是最清楚的。他指出,《一论》等早期著作是要"摧毁魔术般的幻觉,这些幻觉让我们产生一种愚蠢的崇拜,崇拜那些导致我们不幸的东西,修正那种欺人的评价方式,这种评价方式让我们尊敬有害的才能、轻视有用的德性"②。不得不说,若《一论》既要承担对"文人风化"的批判,还要从事对各个文明社会呈现的"恶的系统"的批判,那《一论》还真是有些"乏力与混乱"。

对此,朗松的判断值得我们注意。他认为,卢梭在《一论》中"激烈地分离了法国文人和社交界固守的观念:文明化与德性、奢侈与快乐、启蒙的扩散与道德的进步",试图撼动一种正在确立的新的更惬意、更深刻地支配与奴役秩序。③ 如其所言,笔者认为卢梭在文明社会的"morals"与社会健康的"morality"、在"社交人"(sociable man)与"社会人"(social man)之间划下了一条泾渭分明的界线;按他在《二论》的说法,《一论》就是对一种"社会精神"(spirit of society)④的批判。而卢梭对18世纪文明社会与一切恶的系统的批判都指向他对传统"神义论"问题的重新定义。

---

① 让·斯塔罗宾斯基,2005:17。
② Rousseau,1990:213.
③ Gustave Lanson,2006:15-16.
④ Rousseau,1997a:187.

第三章 卢梭的"社会神义论"

一、恶的来源：神学人类学、机械人类学与科学人类学

两千多年来，上帝的全知、全能、至善与罪恶在人世泛滥的并存状态，一直让西方的思想者如鲠在喉。① 据说，伊壁鸠鲁是第一个就罪恶问题诘难"上帝"的哲学家：

> 上帝或者希望消除罪恶，但却不能；或者能但却不愿；或者既不愿又不能，或者既愿又能。如果他愿意但不能，说明他很软弱，而这与他的特征不符；如果他能但却不愿，则它是嫉妒的，这同样背离上帝的身份；而如果他既不能又不愿，则他既嫉妒又软弱，那么他不是上帝；如果他既愿又能，惟独这与上帝的形象一致，那么罪恶从何而来，或者为什么他不灭除罪恶呢？②③

不难理解，当基督教定鼎正统之后，"神义论"必然是僧侣-神学家们必须

---

① 柯拉柯夫斯基，1997：1。
② 不同著作对这段话的译文略有出入，此处引用崇明教授的译文，转译自 John Hick，1996：5（*Evil and the God of love*）。另据伏尔泰考证，这一广为流传的神义论命题是有"基督教的西塞罗"之称的拉克坦斯（lactance）在《论上帝的愤怒》一书中假托伊壁鸠鲁之口说的。至于这一说法的真伪，尽管笔者查阅了一些辅助材料，但学识所限无法确认，敬请方家批评指正。柯拉柯夫斯基：1997：1—2；让·鲁瓦，2005；卡尔，贝克尔，2001：68；崇明，2003：81；伏尔泰，1991：238。
③ 《圣经·约伯记》（21：7，30）：恶人为何存活，享大寿数，势力强盛呢？……恶人在祸患的日子得存留；在发怒的日子得逃脱。

直面的问题,因为它关涉到人生的全部意义与教权政治体的正当性。所以,每一个时代、每一宗派的"灵魂大师"都围绕这一问题争论不休,各种隐晦深奥的教义与学说层出不穷。他们各人都自命正统,视其他学说如洪水猛兽,欲除之而后快。千百年间,多少"卫道者",甚至"殉道者",总是一边"捧着和平之神的手",一边让人"鲜血流淌"。①

《圣经》的"神学-历史"一直都笼罩着西方人的思想与政治格局,18 世纪依然如是。如果说两千年的玄思与争吵没能缓解西人内心的焦虑,那么到了 18 世纪这个社会转型的"轴心时代",这种人生观与世界观的困惑是愈演愈烈了。借用伏尔泰的词汇说,在这个"最接近尽善尽美之境的时代"②,人们似乎都翘首等待着一次总决断,可以说 18 世纪这个启蒙的世纪是神义论的"决战时代"。③ 卢梭无疑是这场旷世之战的主旗手之一,他的思想体系正是试图以一种全新的方式解决古老的"神义论"问题。笔者陋见,要把握卢梭思想的脉搏,应当对这场世神义论纪之战的思想社会背景做一简要论述。

(一) 奥古斯丁的神学人类学传统

自奥古斯丁改造柏拉图主义、奠定基督教的正统教义之后,神学家的主要任务"大致说来是探索存在的构造设计",在上帝、灵魂与世界之间,在永恒、至善的"神恩王国"与多变、有缺的"自然王国"之间建立一个等级秩序。④ 其中,每一个造物都有其给定的位置与法则,它的价值也取决于它与那个"能因而无所因"的上帝的距离。⑤⑥

---

① 伏尔泰,1982:518。
② 伏尔泰,1982:7。
③ 崇明,2003:83;卡西尔,2007:1,69,124—127;卡尔·贝克尔,2001:45—47;让·鲁瓦,2005。
④ 尽管伏尔泰讽刺以往的神义论学说,"矛盾百出,令人讨厌",但他也承认,其中心线索是"柏拉图主义"。伏尔泰在反驳基督教的各种"至善"学说与乌托邦时,认为其源头就是柏拉图的"理念世界"与"摹本世界"的二分。"柏拉图……臆想了一种范型世界——即本原世界,臆想了一些关于美、善、秩序等等的观念,一若世间真有一些世人名之为秩序、善、善、美、正义的永恒不灭的东西,而我们在尘世所面临的正义、美、善都是根据这些观念而来的不完善的摹本。"有关"柏拉图主义"在西方文明不同时期的"变体"的讨论,吴增定教授的《尼采与柏拉图主义》(第一章)有简明扼要的论述。伏尔泰,1991:163,225;吴增定,2005:19—21。
⑤ 奥古斯丁,2007:181—189;2008:95,120—121;崇明,2003:82—83;卡西尔,2007:36;夏洞奇,2009:69。
⑥ 《哥林多前书》(15:38):但神随自己的意思,给他一个形体,并叫各等子粒各有自己的形体。

基督教的原初教义本是主张人的"谦卑"、"渺小",然而深受柏拉图主义荼毒的神学家们夸大了上帝在创世之时吹入人鼻孔的"生气"(spirit),把人的等级抬高到仅次于神与天使的地位。问题是"恶"对人这个属灵的造物始终是"不离不弃",这让柏拉图主义神学家颇为苦恼。那么,基督教神学家如何解释"恶"的来源,恶在上帝意志的"因果存在巨链"之中又占据了何种位置?基督教的理论巨擘奥古斯丁给出了自己的回答。不夸张地说,他的答案是之后正统教理答案的源泉与范式。①

首先,在奥古斯丁看来,上帝是世界唯一的"动力因",是"一切自然的创造者",也是"一切力量的给予者"。② 既然万物源自至善的上帝,所以它们的"自然本性"必然也是善的。神学上所谓的自然本性,是指上帝创世之初的世界秩序,涵盖了人与自然界、精神存在与物质存在。③ 而且,"所有存在的自然都有自己的模式","哪怕是地上最低的事物,其自然和存在也是好的,也有自己的模式与形象";存在物的最高德性是模仿与保有,"按照自己在自然中的秩序存在,根据自己所接受的存在程度,保卫自己的存在"④。

其次,奥古斯丁转化了伊壁鸠鲁的"悖论":一方面,他坚持至善、全能、全知的上帝是"自然的作者","创造了正直的人,不让他有罪过";⑤另一方面,"坏的根源,是因为人爱自己,把自己当成了光,背离了真正的光……"⑥这就是说,人是自己背离了"上帝之光",偏离了"太初之道"。可既然人的自然本性是好的,他没有推动自己偏离的内在力量,那"偏离"如何发生、"堕落"如何发生的,是怎样一种"魔力"让人偏离了太初之道呢?

奥古斯丁认为,尽管上帝赋予了人与其他生灵作为"生命之灵气(spiritus)的自然"的意志,但没有赋予"一切意志";换而言之,"还是有些东西在我们的意志之中"。⑦ 正是人滥用了"理性"抉择的自由而自甘堕落,罪的可能性就存在于"自由"这枚硬币的反面。⑧ 当然,这一简单解释还不能解决问

---

① 卡西尔,2004:20。
② 奥古斯丁,2007:185。
③ 夏洞奇,2007:66。
④ 奥古斯丁,2007:121—123。
⑤ 奥古斯丁,2008:163。
⑥ 奥古斯丁,2008:209。
⑦ 奥古斯丁,2007:185—188。
⑧ 夏洞奇,2007:66。

题。因为奥古斯丁坚称,"意志之为自然,在于它是上帝造的"①,所以必然是好的。那么,坏的意志从何而来?奥古斯丁拒绝把坏的意志归诸上帝。他认为,坏的意志绝对不会有"自然的动力因"。② 那受到引诱、自甘堕落又是怎么一回事?

这里我们遭遇到奥古斯丁"神义论"最诡秘的论题。首先,他认为,"坏的原因不是好,而是好的欠缺(defectio)"③。因为创世是一种"无中生有",上帝是从虚无之中创造了世界,因此造物不可能是"至善"。至于人,就自然本性而言,是天使与野兽的中间状态。其次,坏的意志不是一种"主动力"(efficiens),相反,它意味着人丧失了一种保全好的"主动力",蜕变成了一种"无动力"状态(deficeins),所以没能保有曾经有的真理,偏离了蒙恩的道路。④ 这种意志的"欠缺"与"乏力"状态,就是人的"原罪"⑤;一切"恶"都源于此。

> 最初的坏的意志(人的一切坏的作品都由此而来),是从上帝的作品的缺失,成为人自己的作品,于是就有了坏的作品,因为这是按照自己的,而不是按照上帝的。⑥
> 一个人有罪,并不是因为上帝前知到他会有罪而有罪的:在他有罪的时候,无疑还是他自己犯了罪。⑦

更诡异的是,奥古斯丁认为,上帝预知了这种"恶"。上帝在创造天使与人的时候,就"预知了他们后来的坏事。但他之所以这样做,当然是因为,他同样知道,他会把这坏事用于什么好的事情"⑧。在奥古斯丁的"神义论"里,恶的存在不仅证明了,"上帝是好的自然的最好的创造者",同时也证明了上帝,作为"坏的意志的最正义的安排者"。因为上帝利用"善有善报、恶有恶报"的原则,惩罚堕落者;同时考验虔诚者,启示他们获得圣灵赎罪成义,用正反两种方

---

① 奥古斯丁,2008:208。
② 奥古斯丁,2008:125。
③ 奥古斯丁,2008:127。
④ 奥古斯丁,2008:124。
⑤ 奥古斯丁,2008:207。
⑥ 奥古斯丁,2008:204。
⑦ 奥古斯丁,2007:188。
⑧ 奥古斯丁,2008:96。

法救治和纠正有罪过与缺失的自然。① 所以,局部的恶与残缺不仅没有破坏总体的和谐与善,反而彰显了它。"在上帝的安排之下,宇宙的美丽因为相反相成而更加辉煌。"②奥古斯丁的这一回答,与赫拉克利特的一句话有异曲同工之处:"他们不了解如何相反相成:对立造成和谐,如弓与六弦琴。"③

据上文的简单论述,奥古斯丁似乎回答了伊壁鸠鲁的"神义论"质疑,也为上帝豁免了责任;但他的学说也留下了一个软肋。按奥古斯丁的说法,上帝是有意把"人的自然创造成天使和野兽中间的一种"来考验人类,使之有机会成圣。④ 换而言之,人这个被造物的欠缺,暗示着堕落"并不是一个简单的偶然事件,而是早晚会发生的一个偶然事件,或者说,是一个必然的偶然事件"⑤。即便如此,人的意志的"欠缺"也只能说明他的"无力",只能说明一种可能性,还不能解释人滥用"自由意志"的力量从何而来,即坏的意志的"动力因"是什么?奥古斯丁声称,坏天使的背叛成魔导致了这一结局,但天使的坏意志又从何而来?奥古斯丁给出了一个百思不得其解的神秘答案:"谁也不该去找导致坏的意志的动力因。"⑥

(二) 16 世纪以来的机械人类学

就受奥古斯丁思想渗透的基督教教义,帕斯卡总结道,基督教是把"两个真理"一起交给了人类:既存在一个上帝是人所能企望的,同时人的自然的败坏又使他们不配参有上帝的神性。惟有在"堕落前的人"与"堕落后的人"相统一,在自己的"可悲"与对救主的认识的悖谬之中,人才有可能重新找到自己在总体秩序中的位置。若偏执一端,就可能是"哲学家的高傲"或"无神论者的绝望"。⑦

帕斯卡所谓的"高傲的哲学家"主要是指文艺复兴以来的自然哲学家,特别以笛卡尔与斯宾诺莎为代表的"形而上学家(元物理学家)"。⑧ 这些哲学家

---

① 奥古斯丁,2008:205。
② 奥古斯丁,2008:96。
③ 赫拉克利特,《残篇》,54;转引自卡西尔,2004:306。
④ 奥古斯丁,2008:145。
⑤ 吴飞,2007:102。
⑥ 奥古斯丁,2008:124。
⑦ 帕斯卡,1985:249。
⑧ 关于帕斯卡反笛卡尔主义的讨论,参见卡西尔,2004:15—19。

抛弃了"造物主"与"造物"、"神恩王国"与"自然王国"之间的二元对立。① 在他们看来,要解决宇宙的和谐统一问题,就必须以思维与概念的形式把上帝"思考为一";一切事物都是这个"第一原理"的属性的实体化。卡西尔把他们的观点总结如下:

> 数学原理与思维公理引导思维安然穿越整个自然王国。因为存在着一条明确的道路,一条不间断的演绎链条,它从自然事件之最高、最一般的原因,延伸到自然的特殊规律甚至每一个别原因,无论它们是何等复杂。在清楚明白的概念王国与事实王国之间,在几何学与物理学之间,不存在樊篱……几何学用精确的定义,表达了物质世界的性质及其一般的基本属性。几何学从这些定义出发,通过一条不间断的思维链条,达到对特殊与事实的规定。②

这就意味着,"对神的本质的认识构成知识的最高原理",其他一切事物及其确定性都可以而且必须从中得到"演绎",人也不例外。换句话说,新时代的这些哲学家-教父们在肯定"上帝与自然同一"的同时,也开辟了人类学研究的新方法:必须以宇宙秩序的研究为基础探讨人类事务的秩序。③ 这些哲学家试图用数学-几何的方法确立世界与人类心智的秩序,试图建立"道德世界的数学理论"。这种"以思想切割现实"的形而上学在17世纪大行其道,产生了多个庞大的"世界体系",其核心精神是上帝作为一个几何学家造就了一个精密的世界等级体系,造完之后轻轻一推,世界就按照"给定"的轨迹运动,上帝就可以休息了。借用卡西尔的话说,"数学理性是人与宇宙之间的纽带,它使得我们能够自由地从一端通向另一端。数学理性是真正理解宇宙秩序和道德秩序的钥匙。"④

把人说成是一个机械的、被决定的物的几何学命题,并试图建立一个数学-道德哲学的体系,其难度是可想而知。这种所谓的统一与和谐,与人类的经验事实相去甚远。我们处处都可以看到,人不是什么完美和谐的几何学命

---

① 卡西勒,2007:37—38。
② 卡西勒,2007:47。着重号为笔者所加。
③ 卡西尔,2004:19—20。
④ 卡西尔,2004:24。

题,相反,它是充满了矛盾与分裂的"怪物"。因此,在18世纪的思想家那里,笛卡尔等"骄傲的建筑师"倡导的庞大的"数学-物理学"体系失去了它们在17世纪的魅力。至于其中的原因,借用狄德罗的话说,满身尘土的工匠(按:指以牛顿为代表的实验物理学家)用他们长时间的挖掘"推翻了理性哲学直到今天所建筑起来的几乎所有的建筑物"①。在很大意义上,正是这些形而上学家"一元论"的失败,致使18世纪迫切需要对神义论问题作出新的回答。

(三)卢梭与科学人类学

列维·斯特劳斯曾推崇卢梭为"人的科学的奠基者"②,这一赞誉可谓实至名归。不过,任何学说的形成都立足于前人的辛勤工作,卢梭的科学人类学也是吸收了前人与同时代人的研究的产物。笔者认为,除了对奥古斯丁的继承与改造之外,卢梭的科学人类学与以下几个方面也有莫大的渊源:

第一,自然观的变化。17世纪以来的自然哲学,经过牛顿(1642—1747)的革命之后,祛除了大自然的神秘色彩与不可知的魔力。牛顿用"分析-实验"的方法颠覆了笛卡尔的"演绎"体系,同时也抛弃了形而上学的盲目必然性。他教导人们,大自然是一个统一的无形大全,它的构成无比复杂,而且蕴含着无与伦比的精巧"配置"(economy)。"一切都在上帝之中,并在其中运动,但并不彼此发生干扰。"③我们要发现神意,就必须用分析的精神仔细研究每一个上帝的造物或者说"力学单位",由分析到综合,才有可能一步步企及其中的奥秘。④

但这意味着,人们要回答一个新的伊壁鸠鲁式的问题,即,"如果大自然是善良的,世界上就应该没有罪恶;如果世界充满罪恶,那么大自然就不是善良的。"用帕斯卡尔的话说:"如果有一个上帝在维系着大自然,那么大自然就会毫不含混地标志出他来;而如果大自然所做出的关于他的标志是骗人的,那么大自然就会把他们彻底勾销;大自然要末说出一切,要么一言不发……"⑤的确,卢梭继承了牛顿的自然观,因而他也必须解决这一物理世界观之下的神义

---

① 狄德罗,1983:64。
② 列维·斯特劳斯,2006:501。
③ 牛顿,2003:62。
④ 牛顿,2003:63,235。
⑤ 帕斯卡尔,1985:106—107。

论问题。

第二，历史与社会研究的兴起。18世纪的启蒙"哲学家们"（philosophers）对牛顿学说的坚信几乎到了痴迷的地步。[1] 牛顿曾号召人们使用自然哲学"从分析到综合"的方法，向道德哲学的领域进军，揭示出人与人之间相互作用的力学体系；而且牛顿坚信，"自然之光"不仅会照亮（enlighten）人与自然的关系，也能照亮人与人之间的义务。[2] 正因如此，18世纪的哲学才会"从一开始就把自然问题与历史问题视为不可分割的统一体"[3]；试图从物理（physical）的因素当中，寻找道德（moral）的根源。

孟德斯鸠的《论法的精神》是那个时代"历史与社会研究"的转折点。尽管孟德斯鸠还是坚信，"存在一个原初的理性（primitive reason）；而法即是这个原初的理性与不同的存在物之间，以及这些不同的存在物相互之间的关系"，"在人定法（positive law）确立之前，必然先有公道的关系"，因此尽管人定法是人定的，但也处在一个总的法则体系之中，它与自然法分属同源。[4] 但他同时又指出，"智能存在物的世界没有物理世界治理地那么好"，因为"他们就其自然而言是自行其是的"，所以常常不遵从原初的法，也不遵从人定法。[5] 初看上去，这与奥古斯丁的学说有类似之处，然而孟德斯鸠在寻找他们自行其是的"动力因"，即"国民总体精神"（general spirit of nation）。

不过，孟德斯鸠只能作为社会科学的先驱，因为在他那里，社会还只是半截的"自成一类"的存在。卢梭则是比较彻底地否定了柏拉图主义的"流溢"与"模仿"的世界观，也打断了自然与文化本质性的逻辑关联，因而与前述的两种神义论与社会观划清了界限。

有学者认为，卢梭勾勒的"从自然状态、文明状态到政治状态的历史，正是基督教的'神圣历史'或'救赎历史'的世俗化翻版"[6]。这一说法泛泛而论尚可，但若认为卢梭的理想社会是主张返回自然状态，那就过了。下文的论述将证明，卢梭的思想体系是对奥古斯丁对创世（乐园）-堕落（尘世）-救赎（天国）

---

[1] 卡尔·贝克尔，2001：55。
[2] 牛顿，2003：235—236。
[3] 卡西尔，2007：185。
[4] 孟德斯鸠，2003：3—4。
[5] 孟德斯鸠，2003：4—5。
[6] 吴增定，2003：286。

的修正与重塑。他试图用一种科学的方式,证明自然人的好,解释"堕落"这一偶然事件的隐喻及其必然性,揭示坏的意志的动力因(即"无中生有"的社会),并给出了教导人们修复自然、成就地上天国的方案。他的拯救方案不是返回太初的自然,在他那里,文化(culture)不是简单地模仿自然(nature),而是认识自然、向"自然"学习,以自然为基础与模范,构建一个人造的人类共同体。

二、批判止于文明社会的"流毒"

卢梭思想的研究者都必须回答一个问题,即,卢梭是一个颠覆文明社会的革命思想家吗?当然不是。确如很多研究者所言,卢梭是要与他的时代决裂。卢梭在《忏悔录》中提到《一论》发表前后他就萌发了与时代决裂的意志;①在其他诸多作品中,他也表达了他对斯巴达、共和时期的罗马等德性时代的向往、对"太古时代的回忆"。但是否就像列奥·斯特劳斯派的学者们宣称的那样,他要否定社会既有的一切建制和社会关系,重新回归到他赞美的"纯真无邪"的自然状态,或者是斯巴达的公民城邦呢?② 要讨论这个极具争议的关键问题,笔者认为,以下两点必须澄清:

第一,必须注意卢梭在《忏悔录》中就巴黎时期的作品的道德立场与情绪的说明。他坦承,巴黎时期的作品"充满愤怒与坏脾气",这些作品的作者是一个对巴黎不公正秩序义愤填膺的"旁观者"③。其实在《一论》中,他就已经承认自己是以"法布里修斯的面目"(prosopopeia of Fabricius)或者说一个严格的"道德人格在说话"④。因此,不能根据诸如"我宁可看到人们在田野里吃草,也不愿看到他们在城市中互相吞噬"之类的愤怒言论⑤,就推论说卢梭持有一种极端的革命立场。卢梭在《对话录》也借"法国人"之口说明了这一点,"我发现他对德性、自由、秩序十分热衷,以至于这种热情引领着他超越了目标"⑥。这是研究者在阅读卢梭的著作时需要特别小心的地方;他自己就曾告

---

① 卢梭,1986:439。
② 列奥·斯特劳斯,2006:258—260。
③ Rousseau, 1995:309,415.
④ Rousseau, 1995:295,575.
⑤ Rousseau, 1997a:201.
⑥ Rousseau, 1990:211.

诚读者:"我在巴黎完成的作品确实是满篇怒气,这种怒气在乡村完成的第一部作品①中就没有了。对懂得如何观察的人来说,这一点具有关键意义。"②因此研究者应当小心剔除卢梭著作字里行间的怒气,卢梭对巴黎社会(社交界)的憎恨不意味着他憎恨一切社会形式或憎恨社会本身,更不意味着他要革"社会"的命;即便是巴黎,卢梭也明确指出他"没有倡议推翻现存的社会"③。朗松认为,卢梭其实是"最不革命的人"④;笔者深为赞同这一观点。

第二,必须承认,不论是《一论》,还是《二论》,卢梭都全面批判了文明社会的"歪风邪气"与人的德性的堕落,因为"文明社会的无序已经混淆了德性与罪恶"⑤。然而,卢梭并没有说要摧毁社会:

> 那么,到底该怎么办?必须摧毁社会,消灭你的东西与我的东西,让人回到森林与熊一起居住吗?这是以与我意见相左之人的风格得出的结论,对此,我宁愿预先提出来,同时也把得出这个结论的羞耻留给他们。⑥

卢梭赞扬过同时代主张返回森林、返回祖先纯真无邪时代的人,但他很清楚,这些人的做法是反历史、反现实的梦幻而已。就历史之于人类的必然性,卢梭写道:"至于与我一样的人,他们原初的淳朴已经让激情永久破坏了,他们再也不能依靠草料与橡实为食物,也不能没有各种法律与首领。"⑦即是说,卢梭的《一论》与《二论》等著作只是依据其主张的"道理"澄清文明社会的弊端,但也止步于批判文明的"流毒"而已。用卢梭自己的话说:

> 以自然状态的各种正确的东西,来衡量一切政府的利与弊,揭示迄今为止不平等的种种伪装,并根据这些政府的本性,揭示不平等在

---

① 指《致达朗贝论戏剧的信》。
② Rousseau,1995:420.
③ Rousseau,1997a:84.
④ Gustave Lanson,2006:25.
⑤ Rousseau,1997a:81.
⑥ Rousseau,1997a:203.
⑦ Rousseau,1997a:203.

未来千百年可能的种种伪装。①

卢梭从未表示,要彻底推翻现实社会,重建一个"理想社会"或者回到自然状态;当然,他确实在理论上为"自然"与"文明"明确了界限,但他从来没有打断过二者的关联。卢梭以一种极为精巧的方式回答了伊壁鸠鲁的问题:自然及其造就的人都是好的,而(文明)社会,作为一种后天产生的、独立于自然的人造力量,引诱人偏离了正确的道路。这种人造力量是一种自成一类的、自我规定的存在,与人本身的自然本性无关,因此必须为人的罪恶负全部责任。根据卢梭在《忏悔录》的回忆,大约在不惑之年(1750年),他就立志与"邪恶的文明"划清界限②;余生更是以"自然"为纲领,在现代的世俗社会之中开辟德性之路,清除文明内在的"流毒",阻止罪恶的文明社会的进一步沉沦,"让好的民族不要变坏,让恶的民族不要更坏"。③ 这才是卢梭的主张。

三、否定社会的自然正当、确立社会的"善恶同体"性质

自《一论》开始,卢梭始终坚持认为,人类长期以来的罪恶与败坏,是人类自作自受的结果,与神意无关。他在致伏尔泰讨论里斯本地震的"神义论"问题的信中明言,"我认为,人们只能在人、在自由、完善的、因而败坏的人身上,找寻一切人世的罪恶(moral evil)的根源……大多数身体的罪恶也都是我们自作孽"④。问题是,人类如何"从蒙恩中堕落"(fall from grace),脱离大自然规定的道路堕入魔道呢? 这一切都是因为人的"可完善性"(perfectibility);准确地说,是社会引诱人们滥用了这种可完善的"自然禀赋",令其具有了一种不同于其他动物的自我提升的能力,也导致人类误入了邪路。但诡异的是,卢梭认为,人类自我拯救的可能性(唯一可能)也有赖于正确运用人的可完善性。当然,这不是上帝的事情,而是人类自己的义务,需要人类自己去改造"社会"。卢梭在《日内瓦手稿》与回复费罗波里斯(Philopolis)的信中对此都有明确的主张:

---

① Rousseau, 1997a: 184.
② Rousseau, 1995: 298.
③ Rousseau, 1997a: 103.
④ Rousseau, 1997a: 234.

> 千万不要以为我们就没有德性与快乐了，千万不要以为上天让我们无可救药地在人类的败坏中沉沦；让我们努力从罪恶本身之中，汲取治疗罪恶的方法。如果可能的话，通过新的结合(association)，让我们纠正一种普遍结合的缺乏。①
>
> 社会之于人类是自然的，就如衰老之于个人是自然的一样，各个民族都需要艺术、法律和政府，就如老人需要拐杖。唯一的区别就是，社会这种老年状态，不是如你所言，直接来自人类的自然本性，而是如我所证明的，是在外部环境的助力下造成的，这些外部环境可能会出现，也可能不会出现，或者至少迟早会出现，因而加速或者延缓这一进程。因为其中大量的环境甚至都依赖于人们的意志，出于严格对称的缘故，我不得不假设，个人有力量加速他的衰老，就如人类有力量延缓他的衰老。既然社会状态有一个终极的大限，而人有力量加快或者延缓这个大限，那么很有必要向他们说明，推进地这么快是危险的，以及他们认定为是人类的完善的那种状况，其实是痛苦。②

卡西尔教授曾就卢梭这一看似"悖谬"的主张有精妙的解读；他指出："现存社会结构给人类造成的创伤，不可能因为销毁了留下创伤的器械而愈合。我们必须放眼远方；我们不是要攻击这种器械，而是要讨伐操纵这种器械的手。"③讨伐的目的不是要抛弃这种器械，而是要把滥用器械的手除掉，以重新利用这个器械。"在目前的形势之下，社会已给人类造成了最为严重的伤害；但也只有社会才能，而且应该治愈这些创伤。"④其实，《爱弥儿》极不自然的教育方式，正反映了卢梭的这一目标，他在文明社会之外对爱弥儿施行教育，因为只有这样，爱弥儿"才能在唯一真实的意义上，为着社会而受教育"⑤。

这样，卢梭就把传统的神义论问题带出了"形而上学"与"神学"的领域，成为了社会科学的核心问题。正是卢梭确立了"人类必须成为自己的救世主"的

---

① 卢梭，2003b：194。
② Rousseau, 1997a：224 - 225.
③ 卡西尔，2002：32。
④ 卡西尔，2009：67
⑤ 卡西尔，2002：10。

社会义务感，为人类社会的自我改造奠定了知性基础，"用社会学的希望取代神学的绝望拓开了道路"①。这就是卢梭的神义论或者说"社会神义论"的实质。

至于如何让人们正确使用这种"可完善性"，尽可能恢复人的"德性"与正义的社会秩序？卢梭的解决方案第一步是，首先要说清"道理"（Reason）与"法"（law），确立一个普遍的匡正标准。其实这一工作很多人已经在做了，只是卢梭不太满意，因为他们确立的"法"不够彻底。

可用卢梭对孟德斯鸠的"法"的批评说明他所谓的"法"的意思。孟德斯鸠在《论法的精神》的前言中写道："我首先研究了人；我相信，在法律与民风（mores）的无限多样性之中，人们并不只是跟随他们的幻觉（fancies）走的。"②孟德斯鸠的研究试图融合"社会类型学"与"历史学"，证明"一切存在物都有法"，而且这些法都是"源自事物本性（nature of things）的必然关系"。据此推理，人世的"实定法"也是一种"自成一体的法"，有其自身的必然性；"为某一个民族制定的法律应该是为这个民族量身打造的，不可能有某个民族的法律能适用于另一个民族"。③ 因此，孟德斯鸠的"社会科学"研究的结果就是：

> 我的著作不是要非难任何国家已经建立的东西，每个民族（nation）都能在这本书中发现自己的基本准则得以确立的原因，而且根据这些原因，人们能自然而然地得出一个结果，只有天生就够幸运有能力探索一个国家的整个国体（constitution）的人，只有他们，才能建议改制……
>
> 人们看到了原有的弊病，也看到了改正的方法，但是人们也看到了改正方法本身的弊病。如果人们害怕事情变得更糟，就让疾病维持现状；如果人们对更好的改正方法有所怀疑，那就让已经好的维持现状。"④

孟德斯鸠的"社会研究"的确证明了社会法则的力量，然而他也认可了社

---

① 麦金太尔，2003：252。
② Montesquieu, 2003: xliii.
③ Montesquieu, 2003: 8.
④ Montesquieu, 2003: xliv.

会既有的制度和结构的必然性与"自然法"之间的本质关联。因此，尽管卢梭对孟德斯鸠的"社会类型学研究"与"历史意识"颇为赞赏，但他不同意孟德斯鸠把社会与历史的必然性、"国民总体精神"等要素与"法"等同；而格劳修斯等人关于事实就是"法"的主张，卢梭更是深恶痛绝。在《社会契约论》中，卢梭就批判格劳修斯与亚里士多德，认为他们把一切"变态（abnormal）"的社会必然性都视为"规范的（normal）"、正当的，混淆了事实与正当。[①] 就自然正当的问题，卢梭的立场是"要么全是，要么就不要（all or nothing）"。

四、卢梭的理想人格与理想社会是以自然为基础与模范、统合必然的社会要素

卢梭认为，首先应当按照"道理"说明人使用自己的潜能的正确方式，从而为人的德性修养与社会的健康构造确立基础。那么这是否意味着，必然以一个"浪漫的天上王国"来全盘否定"地上的王国"，这是卢梭的研究者争议颇多的地方。卢梭在致马勒塞尔伯的信（1762年1月12日）中似乎有过类似的想法：

> 随着阅历日渐加深，我一点一点地失去了寻找它（按：情感生活与英雄德性）的希望，也随之丧失了寻找它的热情。我为我遭受的、亲眼目睹的不公正感到愤怒，也经常为拖拽我的各种强制事务与范例的无序而苦恼，因此我逐渐鄙弃我的时代与同时代人，觉得在他们中间，我不可能找到一种让我的心满足的处境，渐渐地我脱离了众人的社会，在我的想象中为自己造就了另一个社会。[②]

从中可以看到卢梭本人对"现存社会"的厌恶、对"理想社会"的向往。那是否如研究者所说，自然状态、黄金时代或斯巴达城邦，就是卢梭的全部理想呢？非也。卢梭的"想象造就"是以对"人性的当前状态"的细致考察为基础，通过"对人、对人的自然能力以及诸种能力的历时发展的严肃研究"，在事物

---

① 卢梭，2003b：6—8。
② Rousseau，1995：575。

"当前的构成"中,剥离"神圣意志所做的事情与人的技艺矫揉造作所做的事情"①。由此可见,卢梭不仅要批判那些多余的、败坏的社会性(文明),而且要肯定大自然规定的**自然性**及与自然契合的必要**社会性**,并挖掘和拯救现存社会中隐藏的、被遮蔽的、与自然不矛盾的"有序社会状态",以之为未来人心秩序与社会结构的要素。用卢梭的话说,"扫清大厦周围的尘土和沙砾,人们才能看到大厦建设不可动摇的地基,才会学着去尊重它的基础"②。所以说,不论是"自然状态"、"黄金时代"还是"公民城邦",并不是一些研究者所说的那样是卢梭的多个"乌托邦";其实它们没有哪一个是卢梭向往的理想乌托邦,而只是蕴含了他理想的社会的某些自然要素与文化要素。对卢梭来说,他的思想体系是试图把自然要素与真正有益的文化要素的结合,构建一个具有自然基础、且具有**普遍意义**的社会框架,作为新时代的社会的基础与底本。③ 对那些已经败坏的社会来说,尽可能克服文明社会的扭曲与人的变形,对那些尚未严重败坏的社会来说,"奋力驱逐意见、成见以及一切做作的激情,把那些值得寓居于这些自然庇护所中的人放置其间"④。如康德所言,"卢梭从根本上说并不想人类重新退回到自然状态中去,而只会是站在他自己现在所处的阶段上去回顾过去。"⑤

考虑到围绕这一问题的混乱观点,这里有必要再补充两点:

第一,就自然状态而言,尽管卢梭极力赞扬原始人的"自然",但他说得很明白,纯粹的自然之路早已一去不复返。伏尔泰在《二论》出版后曾写信讽刺卢梭:"读完你的书,我们不禁萌生用四条腿爬行的欲望。"⑥在 1755 年 9 月 1 日的回信中,卢梭做了明确答复:"……返回自然,这样一个奇迹,如此宏伟,又如此有害,只有上帝一个人有可能完成它,只有魔鬼才想这么做。"⑦

第二,至于"纯粹"的斯巴达城邦,卢梭在《爱弥儿》开篇就表明了自己的态度:"公共教育已经不存在,也不可能再存在,因为没有祖国(fatherland)的地

---

① Rousseau,1997a:128.
② Rousseau,1997a:128.
③ 卢梭,1978:4。
④ Rousseau,1995:578.
⑤ 康德,2005:267。
⑥ 伏尔泰,1997:213。
⑦ *Citizen of Geneva*,134-135.

方,就不可能再有公民。祖国与公民,这两个词,应当从现代语言中删除。"① 现代政治的问题,根本不可能是一个城邦问题,而卢梭的任务是尽可能在现代人的人性构成之中,确立"政治家"(stateman)的品质,让他在涉及政治国家的问题上能像古代的"城邦人"(citizen)一样行动。

五、道理正当性与事实必然性的统一

道理终归是道理,卢梭毕竟不是加尔文,他不要求每个世俗社会的人都自我提升为高尚的僧侣。纯粹理性或许偶尔会让卢梭"怒火中烧",但实践理性告诉他不能像路德一样总想着"用地狱之火来焚烧这个世界"。所以,卢梭只是期望人们不应忘记,道理必须成为一个不可弯曲的基准,所以它在《论教育》的前言中拒绝妥协,严厉驳斥了那些试图结合教育的"好办法"与"坏办法"的做法。当然,这并不是说,卢梭没有注意到"不以个人的意志为转移"的社会必然性。实际上,我们在他的著作之中始终能感觉到,卢梭在"自然正当"与"经验必然"之间的焦虑,他也从未在理论上打断过二者之间的紧张关系,因为在"文人"与"普遍理论"大行其道的时代,"偏执一端"可能蕴含着极大的危险。

早在与波兰国王就《一论》问题争辩时,卢梭就表明了他对文明社会的既有状态的态度:

> 从来没有一个已经败坏的民族,还知道如何返回德性。期望摧毁罪恶的源泉,这是徒劳的;……要让人们返回最初的平等,重新成为纯真无邪的持有者与一切德性的源泉,更是徒劳;他们的心灵一旦败坏,就永远是那样了;除了一场大革命,无药可救,然而大革命的危害程度与可能医治罪恶的危险程度几乎一样大。②

这段文字明确显示,卢梭的现实关怀根本不是一场大革命,而是如何就具体的疾病对症下药,让"还好的不要变坏",让已经败坏的民族如何"尽可能利

---

① Rousseau, 1979: 40.
② Rousseau, 1997a: 50-51.

用自身现有的条件不要变得更坏"①。如上所言,诉诸自然状态、黄金时代、斯巴达城邦的目的就在于此。《对话录》的"第三次对话"有一段简明扼要的论述也清楚说明了这一点:

> 人的自然不会逆转,一旦人远离了纯真无邪和平等的时代,就永远不可能恢复。这也是他最强调的一条原理。因此,他的目标不可能是让人口众多的民族或者国家返回他们原初的纯朴(first simplicity),如果可能的话,只是阻止另一些民族的前进步伐,一直以来,这些民族的小规模和处境都让它们免于快速迈向社会的完善和人类的退化。……摧毁现有的制度仅仅是去除了麻醉药,各种恶性还在,而且是以掠夺替换腐败而已。②

据此笔者人为,一些研究者之所以武断地说卢梭的著作前后不一,主要是因为没有充分认识到卢梭在道理与事实之间的这种紧张关系。尽管他们的论断并不符合卢梭的原意,但引发的混乱却着实不小。我们还可以举几个实例说明卢梭对现存社会的立场及其"社会-历史"意识。

1. 法国问题。卢梭认为,对法国等病入膏肓的文明国家的"当前状态"来说,"问题不再是与人为善,而只是让他们分心不要作恶","当疾病无法治愈之时,医生更多是根据病人的脾气,而不是病人的需要来减轻和改进他的药方。明智的立法者(Legislators)都应该模仿医生的审慎;就生病的民族而言,既然他们不能再采用最卓越的政治体(polity),立法者们至少应该像梭伦一样,给他们能容忍的最好的政治体。"③卢梭之所以说,路易十四建立各种学士院、大学的政治举动,"甚至是为了人民的利益"④,正是因为他看到,对荣誉的渴望与顾忌至少可以遏制文人-哲学家们不敢任意去从事或者颂扬伤风败德的行为。后来,卢梭又在写给伏尔泰这位文人代表的一封信当中(1755年9月10日),就法国的现状做了如是评价:"如今罪恶已经铺天盖地,以至于为了防止罪恶变得更糟,人们很需要知晓那些导致了罪恶的原因,这么说吧,必须把刀

---

① Rousseau,1997a:103.
② Rousseau,1990:213.
③ Rousseau,1997a:51.
④ Rousseau,1997a:103-104.

留在里面,因为害怕一旦拔出来,他就要断气。"①

2.《新爱洛漪丝》的写作。这本书是专门为"大城市"与"败坏的民族"而写的。按卢梭的说法,"纯洁的少女"对他这本小说是不屑一顾,但这本小说对"生活放荡、但保留着少许对诚实的热爱"的妇女或许有用。② 因为卢梭觉得,在这些罪恶累累的地方,"如果人们还试图就公共风化做一些改革,必须从家庭的风化开始,这绝对要依靠那些父母亲"③。可行的方法是用一个类似的案例,以一个违背了德性的少女"迷途知返"成为一个坚贞的妻子(于丽)为榜样,教化"于丽周围的每一个人,让她们都变成于丽"④。卢梭相信,"只要矫正了这一个弊端,很快能引起一场普遍的改革;自然很快就能重新伸张它的所有正当权利。让女人再次成为母亲,男人不久就会再次成为父亲与丈夫。"⑤

3. 日内瓦与戏剧。卢梭在《二论》的献词中曾告诫日内瓦人:"至于你们,你们的快乐是完整的,你们只需享用它即可;为了成为完全快乐的人,你们需要的全部就是懂得如何满足现状。"⑥因此,当卢梭知道"文人-哲学家"(达朗贝尔等人)要把戏剧输入日内瓦时非常愤怒,称它们是"不断扰乱公共安宁的、乱吠的动物"。他告诫说,"最为重要,也是我最后的一个忠告,千万当心那些恶意的解释和有毒的言论,因为他们的隐秘动机要比他们进行的行动还要危险。"⑦因此,卢梭的《致达朗贝尔论戏剧的信》不是要全盘否定戏剧本身,而是说民风淳朴的日内瓦不需要戏剧,它需要的是"集体欢乐"的艺术形式。

4. 科西嘉的立法。卢梭对科西嘉这个"欧洲唯一可以立法的国家"⑧可谓青睐有加,就其立法事务他谈道:"我越是沉思这项事业……我就越感到有必要走到跟前去研究要为之立法的民族、它定居的地域以及一切立法必须了解的条件。"⑨也就是说,社会的治理或治疗方案,要依据风化、历史、气候、地域大小等"国民总体精神"确定,而不是依据一套普遍划一的"自然法"。

---

① *Citizen of Geneva*, 135.
② Rousseau, 1997c: 3.
③ Rousseau, 1997c: 17-18.
④ Rousseau, 1997c: 15, 21.
⑤ Rousseau, 1979: 46.
⑥ Rousseau, 1997b: 118.
⑦ Rousseau, 1997b: 119.
⑧ 卢梭,2003b: 65。
⑨ Rousseau, 1995: 544.

5. 波兰问题。卢梭对科西嘉与波兰截然不同的态度，更明显地体现了他对孟德斯鸠的"国民总体精神"的重视。在《治理波兰的思考》一文（尤其是第六点）中，卢梭对废除波兰的农奴制度问题上表现出极大的谨慎。尽管他一直主张，农奴与农奴主都是平等自由的，"是与主人一样的人"，但并不赞成立刻废除波兰的农奴制。卢梭明确指出，废奴是一件"鲁莽、危险，必须三思后行的事业"；这项事业需要足够的时间把"即将获得解放的农奴培养成值得自由、能够容忍自由的人"。[1] 至于其中的原因也不难理解，用卢梭本人的话说：

> 我所担心的不仅是主人们错误理解了自己的利益、尊己抑他心与成见。这一障碍一瞧便知，我更加担心的是农奴的邪恶与怯懦。自由润人心肺，但很难消化；它需要很健康的胃才能忍耐它……他们（指农奴）软弱的灵魂是激情的奴隶，而这些激情是必须消灭的，这些灵魂害怕自由，甚于害怕奴役百倍；他们满怀恐惧地逃离自由，视自由为压垮他们的重担。[2]

六、小结："中正"的思想与"谨慎"的思想家

据上所述，卢梭是一个既密切关注现实，又不肯在道理上与现实做一丝妥协的人；是一个既清楚认识现实的必然性，又拒绝承认这种必然性具有正当性的人；是一个教导人类正确培育发展人的自然、正确剥离使用既有历史文化成果实现"自然与文化"的统一的人。他的理想是尽可能为当下的文明人与未来的文明人，带回良好的德性与民风（mores）；而他的方法则是道理与事实双管齐下，不偏执一端。的确，他的道理是一种激进的理想，即"纠正人类的制度，把这些制度奠定在不可动摇的基础之上，预防这些制度可能引发的无序，让那些似乎可能给人类带来彻底苦难的办法，来促成人类的快乐"[3]。但他针对实际问题的主张是如履薄冰、如临深渊的，因为他知道社会结构的复杂性与坚硬

---

[1] Rousseau, 1997b: 197。
[2] Rousseau, 1997b: 196.
[3] Rousseau, 1997a: 128.

性,更明白以思想扭曲切割现实的危险,卢梭的这种风格与同时代的文人"莽撞"的改革主张是泾渭分明的。① 一句话,笔者以为,在对正当的坚持与对事实的审慎之间并没有什么不可调和的矛盾;而且恰恰是二者之间绷紧的关系,成就了卢梭作为一个承前启后的大思想家的地位。

---

① 乔治·索雷尔,2003:216—217。

第二篇

自然人、剩余生产力与"善恶同体"的社会

每个物体都保持其静止或匀速直线运动的状态,除非有外力作用于它迫使它改变那个状态。[①]

——牛顿

---

① 牛顿,2006:8。

本篇导言：自然与习俗之辨

一、必须诉诸自然状态：自然与习俗之辨

就《一论》的意旨而言，卢梭在《纳尔西斯的前言》中的一个注释不能忽视：

> 当我说我们的风化已经败坏了，我并不是说，我们先辈的风化就是好的，只是我们的更坏而已。在人世间，败坏的源头有千百，远不止各种科学，尽管就败坏的效果而言，它们可能是最充分、最快的。①

这话的言外之意是说，"科学与艺术"的复兴只是进一步刺激了人们"高人一头"的渴望，在已有的奴役之上再加一层奴役，让人更扭曲而已。那么，这种扭曲的社会体系的历史性叠加是如何实现的？在回应波兰国王的《评论》中，卢梭已经点明了罪恶的"谱系学"(genealogy)问题：

> 罪恶最初的源头是不平等，不平等导致了富有，因为穷与富两个词是相对的，凡是人们之间平等的地方，就既没有富也没有穷。富有产生了奢侈与无所事事；奢侈产生了艺术，无所事事产生了科学。②

---

① Rousseau，1997a：96.
② Rousseau，1997a：45.

卢梭并不是一个"社会学家",也不是一个研究文明进程的历史学家,所以他并没有详细考察,人是如何一步步卷入到一个个文明的枷锁之中的问题,对"文人风化"具体形成机制与历史也没有费太多笔墨。如其所言,"没有必要去描述这些细节,因为大家一定能看到,只有人与人相互依赖,以及让他们联合的相互需要,才能形成奴役的绳索……"①在《社会契约论》中,卢梭干脆说,"这种变化是怎样形成的? 我不清楚。"②因为一旦种种邪恶相互纠缠形成了一个庞大的体系,问题就不再是去研究人性败坏的历史,或以一个个具体的救治办法纠治一个个具体的邪恶,而是要总体上"正本清源"。这也是启蒙时代思想家的一个共同问题。

有"轴心时代"之称的启蒙世纪,关于什么是社会的"本"与"源"的观点可谓众说纷纭,大致可以归纳为"自然法学说"与"改造习俗说"。18 世纪最时髦的自然法学说主张,要确立"社会的基础","就必须追溯到自然状态"③,必须把人世法则的正当性奠定在自然法之上;但这是各个自然法学派少得可怜的几个共识之一。正如苏格兰学派领军人物的弗格森所言,"那些企图在人的性格中,指明自然与艺术的界限的作家"④,几乎找不到两个人有完全一样的主张;他们的学说与他们之间的混乱一样多:

> 渴望为一个令人满意的体制奠定基础,或许就是人们一种欢喜的企盼,觉得我们能够透析大自然的秘密,直至存在的本原,这种渴望与企盼,已经在这个主题上,促使人们做了很多一无是处的研究,产生了很多怪异的假设。在人类拥有的各种品质中,我们选择一种或者几种特殊的品质,据此来建立一种理论,构建出我们关于人在某种想象的自然状态中是什么样子的解释……⑤

所以,英国的苏格兰学派及帕斯卡尔等冉森主义者都倾向认为,与其玄思"自然状态",不如论证"当前社会的自然性",以"既有的习俗"为基础进行改

---

① Rousseau, 1997a: 159.
② 卢梭, 2003b: 4。
③ Rousseau, 1997a: 128.
④ Ferguson, 2003: 8.
⑤ Ferguson, 2003: 8.

良。帕斯卡尔这样写道:

> 习俗(custom)即自然。……我们的自然原理,如果不是来自习俗的原理,那又是来自哪里呢?……习俗的变化会导致其他的自然原理,这是经验问题……
>
> 父亲总是担心他们的孩子的自然情感会消逝。那么,这种可以消逝的自然又是什么呢?习俗就是第二自然,它摧毁了第一自然。但是,什么是自然?为什么习俗就不是自然的?我深恐这个自然其本身就只是第一习俗,正如习俗是第二自然。
>
> 人的自然完全是自然的,omne animal(各种动物)。没有什么东西我们不能使之自然的,也没有什么自然的东西,是我们不能摧毁的。①

卢梭的另一位法国思想界前辈蒙田也有类似看法。尽管蒙田与卢梭都认识到,习俗对自然戕害的严重性,但他们对待习俗的态度截然不同。蒙田主张,承认习俗的必然性并止步妥协,这是防止继续滑向扭曲与罪恶的最好办法。

> 如果说,自然为保持人类生存最初确切要求于我们的东西微乎其微(的确微乎其微,人维持生活何等便宜,因此,惟有如此考虑方能说得更为明确:如此微乎其微,因此人是靠他的微不足道逃避命运的打击与俘虏的),我们就不该要求过分的东西。还应把我们每个人的习惯和自身状态称作天性;让我们就以此为标准确定我们的价值并相互确定吧!别再扩展我们之所有,别再扩展我们的利益,到此为止吧!我认为到此为止我们便可以得到某种谅解。习惯是人的第二天性,而且并不弱于第一天性。②

卢梭对当时自然法各流派之间相互攻讦的混乱局面是深有体会的,他在

---

① 帕斯卡尔,1985:49。译文据英译本略加改动,Pascal, 1950:201。
② 蒙田,1996:273。

《二论》序言中说道："关于人世不平等的起源,政治体的真正基础,政治体成员的相互权利,以及千百个诸如此类的问题,导致了许许多多的困难。"① 而且,他也对自然法学家的诸种学说也颇有微词,他的意见可以归纳为以下两点:

(1) 以人当前的社会自然(social nature)为既有的社会制度辩护。霍布斯、洛克、普芬道夫、格劳修斯等人构建自然人与自然状态的方法,不过"是把取自社会的观念转移到自然状态之中",甚至"一张口就赋予了强者以统治弱者的权威"。② 在《社会契约论》中,卢梭曾略带讽刺地说,格劳修斯"一贯都是凭事实来确立正当(right)的"③。因此,这些人的"科学著作只是教导我们去看已经变成今天这个样子的人"④,以"滥用权力的历史"为权力正名,以奴隶习以为常的状态为主人的统治辩护。借用马克思批判德国的"历史学派"的话说,他们"是用昨天的卑鄙行为来为今天的卑鄙行为进行辩护"⑤。卢梭是坚决反对这种半截子的法哲学批判的。

(2) 把"自然人"变成哲学家。在卢梭看来,尽管自然法各流派之间在何谓自然人与自然状态的问题上有很大的争论,但他们有一个共同点,即"不成为一个非常伟大的推理行家与高深的形而上学家,就不可能理解自然法,因而也不可能遵守它"⑥。这些"自然人-哲学家""能自己一个人发现最崇高的真理,根据极端抽象的推理思路,为自己确立正义和理性的准则,这些准确要么来自对普遍秩序的热爱,要么来自他的造物主的已知意志。"⑦ 因此,卢梭认为,同时代人寻找自然法的办法大致就是,"以寻找一些规则开始,这是规则可能是人们为了共同的效用,适宜在人与人之间形成同意的;然后就把这些规则的集合称为自然法,他们没有进一步的证据,除了一样,他们说,普遍遵守这些规则就可能产生好处。"⑧

尽管如此,卢梭还是站在自然法学家这一阵营,坚决反对与"约定俗成"妥

---

① Rousseau,1997a:128.
② Rousseau,1997a:132.
③ Rousseau,1997b:42.
④ Rousseau,1997a:128.
⑤ 马克思,1972:3。
⑥ Rousseau,1997a:126.
⑦ Rousseau,1997a:144.
⑧ Rousseau,1997a:126-127.

协,更拒绝"习俗就是人的本性"这样的观点。因为在他看来,所谓的"文明史"根本上还是"反人性"的历史,不足以担当社会的正当基础。帕斯卡曾告诫人们:"习俗造就了一种平衡(equity),就因为这一简单的原因,习俗是一种人们认可的东西;这是习俗的权威的神秘基础。若是把习俗回溯到最初的原理,就是摧毁习俗。"[1]但卢梭还是主张,唯一可行的有效办法就是"回溯习俗最初的原理",从根基上批判文明社会及其"约定俗成"(convention),批判"人的社会自然"。当然,批判不是为了"摧毁",而是要揭示"原初的人,他的真正需要,他义务的基本原理",借此清洗习俗、去其糟粕,显示它原本磐石般的基础。若不完成这两点,"人类社会的真正基础"就无法确立。[2]

所以,当务之急是说清"人的自然是什么",只有确立关于这人的自然的"精确概念",才能"评判我们当前的状态"[3],才能评判当前的分化到底恶劣在什么地方,对人的戕害是什么。摆在卢梭面前的一个艰巨任务就是,必须精确彰显自然的原则、内容与限度,否则"各种乱七八糟的妖魔鬼怪、魑魅魍魉,都可以明确地纳入到自然之中,一切事物都会就此扭曲变形,我们就不再有什么共同的模范(model)了"[4]。

二、如何确立自然状态:自然史与人为史的区分

如上所言,要确立自然状态与自然人,首要的问题是理清人的自然属性与社会属性之间的关系。其实,卢梭也承认弗格森与帕斯卡尔的观点,认为约定俗成的东西在历史中已经深深嵌入了人的自然本性,与自然本性相互纠缠、难解难分,乃至彻底扭曲了人的自然本性;"成见、权威、必然性、榜样,所有这些我们湮没其中的社会制度,都窒息了人的自然"[5]。他也明确指出,自然环境与习俗的不同可以导致人的多样化,"气候、空气、食物、生活方式以及泛泛而言的习惯的差异,特别是那些整齐划一的因素的惊人力量的差别,这些力量持

---

[1] Pascal, 1950: 213.
[2] Rousseau, 1997a: 128.
[3] Rousseau, 1997a: 125.
[4] Rousseau, 1997c: 7.
[5] Rousseau, 1979: 37.

续作用于数十代人",它们都会在人身上留下印记,塑造出各式各样的人。① 就此,卢梭特别强调了两点:

(1) 古代各民族的差别比现代各国之间要大。在希罗多德时期的古代,"不同民族之间的生活方式的差别要比今天大,如果能对这些时代进行观察,那么,我们就会发现在身体外形与举止方面的显著差异";相反我们这些现代人,很可能经过文明的席卷,"所有人终究都会变得差不多",差不多一样"变态"。②

(2) 现代人与野蛮人的差别,比家养的牲畜与野兽的差别要大。因为"大自然对人与动物是一视同仁,然而人给自己的便利(conveniences)却大大超过了他给自己驯化的动物的便利,每一种便利就是一个导致人更加堕落的特定原因"③。

那么,习俗真的就能完全取代人的自然吗?在这一问题上,卢梭与他的对手洛克倒是持有相同的观点。"上帝在人们的心思(Minds)上印上了特定的品质,就如人的外形一样,也许我们可以稍稍修正这些品质,但是要完全改变它们,改造成相反的品质,几乎是不可能的。"④《爱弥儿》的开篇也以"植物生长"做类比指出,"自由生长的植物,迫于强力沿着某个方向生长。但是树液并不因此就改变自己原初的方向,若是植物继续生长,它还是竖直生长。人的自然倾向(inclination)也是如此。"⑤卢梭相信,人在既定的社会环境可能形成了各种"习惯"(habit),但只要环境的压力与阻力一消失,他的自然就能呈现出来;即便"教育与习惯败坏了自然",但"这一切不可能完全摧毁人的自然"⑥。

显然,在当前给定的文明社会中,我们不可能把压迫人的自然的各种历史与社会力量都挪走,让人恢复自然生长,如卢梭所言,即使亚里士多德与普林尼复活,也不可能完成这样一个"社会实验"。⑦ 既然如此,我们如何能确定当下的人性构成中哪些是自然的,哪些是历史的(习俗的)? 卢梭深知这是一件极为困难的工作,"要在人的当前自然中(Present nature),甄别原初的东西与

---

① Rousseau,1997a:204-205.
② Rousseau,1997a:279.
③ Rousseau,1997a:139.
④ Locke,1989:122.
⑤ Rousseau,1979:39.
⑥ Rousseau,1997a:133.
⑦ 卢梭,2007:35.

人为的东西,绝对不是一件轻松的事情"①。

> 时间与事物的前后相继,必然要在人的原初构成(original constitution)中锻造诸多变化,我们如何能透过这一切的变化,成功地看见大自然塑造的人的样子,如何能理清人本有的东西,与环境和人的进步在他的原始状态中添加或者改变了的东西。②

如何能在人性的多样性中,在各种社会类型造就的人的多样性中,严格辨析普遍、本质的东西,确保不让任何后天的"习俗"、"观念体系"偷偷溜进去呢?卢梭曾断言,霍布斯等人的自然法学说都是一些"不证自明"的断言与泛泛之说,那他如何能确证自己描述的就是"人的自然",其依据是什么?按卢梭自己的解释,这个问题可以做一转换:他描述的自然状态,到底在多大程度上是"理想的设定"、多大程度上是"历史事实"?卢梭在《二论》序言中写下了两句矛盾的话:

> 让我们把所有的事实都放在一旁,因为它们并不影响这个问题,关于这个主题的考察,不应该认为是历史真理,而是假设性的、有条件的推理。③

> 人啊,不论你来自何方,不论你的意见是什么,听着;这就是你的历史,我相信我已经读到它了,不是在你的骗子同类炮制的书里,而是在大自然中,在永远不会说谎的大自然之中。④

到底是历史事实,还是推测,"有条件的推理"又是什么意思?卢梭这种模棱两可的态度引发了持续数百年之久的争议。⑤ 就连卡西尔这样的大学者都觉得卢梭没有说清楚:"他总是忽而从事实去解释它,忽而从纯粹理想去解释

---

① Rousseau, 1997a: 125.
② Rousseau, 1997a: 124.
③ Rousseau, 1997a: 132.
④ Rousseau, 1997a: 133.
⑤ 普拉特纳,2009:16—17;崇明,2003:100—103。

它。"①涂尔干的解释给我们提供了一种可能的理解思路。涂尔干认为,卢梭的"自然状态""只是一个心理学的问题,而非历史问题",而所谓的自然人是把"人类本性的社会因素与个体心理构造所固有的因素区分开来"②。用卢梭自己的话说,"自然人过着一种真正的人的生活,不把他人的舆论放在心上,完全按照自己的倾向(inclinations)与理性行事,不理会公众到底是赞同还是谴责……"③因此,所谓的自然人,是一个生活在社会之中,却不需要依赖他人的人,一个"只考虑自己而不考虑别人的"、非社会的人(asocial man),他不属于"人类社会"。④ 涂尔干的这一解读,完全剔除了"人为的历史"或者说"社会化的历史"对人的改造这一"历史事实";这应当是理解卢梭"抛弃事实"的本意。⑤ 卢梭自己也就他如何造就"自然人"说道：

> 在既不求助于超自然的知识,也不考虑随着人逐渐让他的四肢有了用途,获取新的食物,人的内在与外在的构造可能发生的各种变化的情况下,我假定,人的构造一直都是我们今天看到的构造,双足行走,跟我们使用自己的手一样使用手,让他的目光注视整个大自然,让他的眼睛环视整个浩瀚的天空。⑥

由此可见,卢梭确实不关注,人到底是在相当长的时间内都保持自然状态,还是人从产生之日起就已经"偏离"了自然状态之类的问题。自然状态作为一个假设的心理(人性)状态,首先是卢梭设定的心理实验的"临界状态",是人演进的理念时点。这正是"现在已不复存在、过去也许根本就没有过、将来也永远不会有"的意思。⑦

那么,确立这样一种自然状态的方法是什么？为了区分"自然人"与"人造的人",卢梭在《二论》中主要采用了三种方法：(1)观察动物,可以作为纯粹生理的人的模板；(2)观察未开化的野蛮人,但必须时刻注意,尽管他们相对接近

---

① 卡西尔,2002:29。
② 涂尔干,2006a:49。
③ Rousseau, 1990: 214.
④ 卢梭,1978:284。
⑤ 卢梭在《爱弥儿》谈到,爱弥儿就是一个与社会绝缘的独处者。卢梭,1978:124。
⑥ Rousseau, 1997: 134.
⑦ 卢梭,2007:35。

自然,但某些方面也可能离开自然很远了;(3)内省与反思。① 相较而言,卢梭最倚重第三种,他借用《对话录》的"法国人"之口认为,对自然的考察,既没有必要回到千百年前的史前时期,环球的人类学与博物学调查也不是完全必需的。

> 这位自然的画家与申辩者,如今饱受诋毁与中伤,他如果不是在自己的心里,还能到哪里去找寻他的模子(model)呢?他描述自然就如他自己感受到的一般。成见不能让他屈从,虚假的激情不能吞噬他,没能让那些原初的特征逃过其他的人的双眼一样逃过他的双眼,人们已经如此普遍地遗忘了这些原初的特征。②

所以,自然人的构造主要来自卢梭的"内省"与"自我解剖",与笛卡尔一样,卢梭也认为科学的第一步操作就是"知识的清洗"③;他就是要清洗与解剖人的心灵,清洗与解剖诸如卢梭自己、孩子、野蛮人等还存有"自然品质"的人,通过"人体解剖"来实现"猴体解剖"④,以呈现一个"一般人"(man in general)或者"自然人",一个能"在人类的造型里,为每一个人(everyone)所认识"的人(man)⑤。其实,卢梭在《一论》的结尾处就已经提及了这一点,"单纯的灵魂的崇高科学","你的原理就镌刻在你的心里","在激情悄无声息之时,反求诸己,并倾听一个人良知的呼唤,就能认识你的法"⑥。这正是卢梭所谓的,他推测自然人的过程就与"物理学家根据当前的状态去推测宇宙形成"的工作是一样的。⑦ 在这一点上,卡西尔不愧是卢梭的知音,他认为卢梭想告诉我们,"人人自身之中都携有唯一的真正原型"⑧,一种超越历史与地域的人性状态。

至此问题还只回答了一半,如何理解"有条件"与"人的历史"?是否就如涂尔干说的那样,卢梭的自然状态与自然人只是心理问题,"历史对卢梭来说

---

① 此处归纳参考了涂尔干,2006a:50。
② Rousseau, 1990: 214.
③ 涂尔干,2006a:51。
④ 马克思,1972:108。
⑤ Rousseau, 1997c: 8.
⑥ Rousseau, 1997a: 28.
⑦ 卢梭,2007:47。
⑧ 卡西尔,2009:45。

没有什么用处"?① 本书认为,涂尔干的这个判断可能需要做一些斟酌。的确,卢梭不可能把法的正当性奠定在人为(文明)历史之上,他向来都要求人们反省"人为的历史"对自然的扭曲。但他深知,依靠纯粹的理性反省可能不足以完全剔除积淀在我们身上的习俗,所以有必要向"自然史"(history of nature:博物志)的研究求助。卢梭在《论语言的起源》中曾说道:

> 当一个人计划要研究众人(men),那他必须观察周边的人;但是要研究人(man),他必须学着把目光投向远方;为了发现属性,他必须从观察差别开始。②

所以《二论》引用了不少现代博物学家的证据;但这些博物学家描述的"部落人"不能与卢梭所说的自然人划等号,而只能作为佐证,这是"假设性的、有条件的推理"的意思。此外,一旦求助于自然史的研究方法,就不只是涉及到同时代的野蛮人,还会涉及到人与自然相抗争的演变历史,尽管史前时期的野蛮人还没有产生足以超越自然力的剩余生产力,自然力依旧是世界的主题,但这一过程必然带有"人为的痕迹",触及人群的集体合力与自然力的平衡过程对人的自然的改造历程。有鉴于此,我们应当谨慎对待卢梭关于"文明史"与"自然史"的区分,不能笼统地说《二论》无视历史;实际上,列维·斯特劳斯认定卢梭是人的科学(science of man)的奠基者的根据就源自他对人性的发展史的研究。③

概而言之,卢梭的"人的科学",既不是一个纯粹的心理实验,也不简单地是"人类学"的考察;它是卢梭的"心理"历程,是人的当前状态的心理解析与"人的自然史"的科学考证的统一,两种方法共同塑造了一个"现在已不复存在、过去或许从未存在过、将来也许永远不会存在的"自然状态与自然人。

---

① 涂尔干,2006a:49。
② Rousseau, 1997a:266. 这里说明一点,卢梭认为,他那个时代的环球旅行,还不是一种充分的、严谨的"人的自然史"研究,因此他在讨论自然人之时,带有很多"猜测"的意思,并且满心期盼着有"一个孟德斯鸠,一个布丰、一个狄德罗……"能从事这样一次考察,让"我们学习如何认识自己的世界。"卢梭,2007:144—147。
③ 列维·斯特劳斯,2006:501。

第四章　卢梭的"自然人"

到底何为自然人？牛顿曾说，"自然界不做无用之事，只要少做一点就成了，多用了却是无用，因为自然界喜欢简单化，而不爱用什么多余的原因以夸耀自己。"① 卢梭的自然人就是大自然造化的一个简单人（a simple man），完全遵从自然的运动规则（rule of action）行事。自然的行动规则（法）直接来自"自然的召唤（voice of nature）"②，人的意志无需借助严密、繁琐的哲学推理，就能自发遵从它。那么，这些规则是什么？卢梭在《二论》开篇提到，"他在人的灵魂中看到了两大先于理性的原理或者说原动力（principles）"，这两大原动力是人的灵魂"最初的、最单纯的运作"，"其一让人们强烈关注自身的健康成长（well-being：活得好）和自身的保全"，"另一个在我们身上激发了一种自然的厌恶感，厌恶看见任何有感觉的存在，尤其是与我们类似的存在，死亡或受苦。"③ 简单地说，自然人具有"自我保存"和"同情心"这两大原动力。

一、自然人的"自我保全"

（一）止于身体的需要及其运动轨迹

自然人"最初的情感就是关于他的实存的情感，最初关注的就是保全自己"④。既然大自然只要求他关注他的身体，那满足身体的必然需要、自己身体实存就是他的全部生活，其他一切无关的人或事情都不会呈现在他的视野

---

① 牛顿, 2001: 3。
② Rousseau, 1997a: 127.
③ Rousseau, 1997a: 125.
④ Rousseau, 1997a: 142.

之中;自己"活得好"(well-being)是他此时的唯一"本分"(office)。正是在这个意义上,卢梭说"自然人完全是为自己的。他是一个数的统一体,是绝对的全体"①。

自然人的需要以身体为止界,所以他只会关注(care)与自己当下的身体保全有关的东西,这也是大自然给他规定的活动范围。"在世界上,他知道的唯一的好东西(goods)就是食物、一个女人与休息;他恐惧的唯一罪恶就是痛与饥饿"②。实际上,性需要都不能说是自然人的日常需要,因为与性欲败坏的现代人不同,它只在自然人的特定生理期才出现。

大自然只要求自然人"进行保全自己必需的运动"③;饥渴、疲倦等身体的单纯需要促使他去特定的"时点"与"地点"获取食物与水,进行必要的睡眠。这就是说,自然人的全部关注与意识都是随着这些"即时的需要"的产生而产生、消失而消失。当身体的某种需要或者外界的威胁积累到一定程度的压力时,自然人就开始运动,而在无需要的情况下,自然人就保持一种"相对静止"的状态。饥饿让他需要吃四个桃子,吃完他就不再运动了,不会想着去找第五个;"在自我保存的激情满足之后,什么都不做是人最主要的、也是最强烈的状态。"④在食物比较丰富的情况下,自然人时时刻刻都可以通过使用他的体力(strength of body)与官能满足当下的需要,平抑需要产生的"激情"(passion)。他根本没有必要与动力离开自然规定的范围与限度,"他的想象力一片空白,他的心毫无所求,他温和的需求伸手即可满足"⑤,"就连当天黄昏以前要做什么,他也预见不到"⑥。正因此,卢梭才说,自然人"除了他们周围的事物之外,从来没有看过任何东西,他们甚至都不知道周围的东西;他们连自己都不知道。"⑦一言以蔽之,自然人的全部生活都是一种围绕着身体的、纯粹被动的"感觉生活",这便是自然人"纯真无邪"(innocence)与独处(solitary)的存在状态。对此,卢梭还强调了三点:

1. 基于对人的牙齿、胃等生理器官的观察及对非洲朋戈(大猩猩)的博物

---

① Rousseau, 1979: 39.
② Rousseau, 1997a: 142.
③ Rousseau, 1979: 68.
④ Rousseau, 1997a: 273.
⑤ Rousseau, 1997a: 143.
⑥ 卢梭,2007: 61。
⑦ Rousseau, 1997a: 268.

志观察,卢梭认为,自然人最初是一种性情温和的"植食动物",而不是具有侵略性的"肉食动物"①。自然人最初生活在食物丰富的自然环境中,有大量触手可及的植物类食物,这决定了自然人相对平和的脾性,他们无需为了觅食而持续争斗乃至猎杀其他动物。② 然而,当自然环境突然极度恶化时,自然人的生存惯性也意味着他们不得不经历濒临死亡的痛苦蜕变,对此卢梭还感概说,如果人类是肉食动物,"它在自然状态的生存就容易得多,因而要离开自然状态的需要也就没那么强烈,也没有那么多机会需要离开"③。

2. 自然人恐惧的是痛,不是死,因为处在动物状态的野蛮人从来不知道什么是"要死"(to die)。"死亡的知识及对死亡的恐怖,是人离开动物处境的过程中最先获得知识之一"④,即是说,霍布斯所说的"怕死"绝不是自然人最初运动的动力。

3. 哲学家们赋予自然人的各种激情、欲望、预见力、想象力等等,都与自然人完全无关。挖空心思去获取超过当下需要的各种好东西完全是文明人的邪恶行径。对此卢梭写道:

> 我们其他的需要都是习惯或者欲望导致的,当养成习惯之前,它们都不是需要,当人们处的位置不想知道那个东西时,就不会渴望它。因而,可以推出,因为野蛮人只想要他知道的东西,而且只知道他的力量能够占有或者容易获得的东西,所以没有什么东西比野蛮人的灵魂更加平静,也没有什么东西比野蛮人的思维更加有限。⑤

所以,自然人根本没有必要"主动"运用自己的体力或者哲学家们所谓的思维,去不断获取超越当前需要的东西。正是在这个意义上,卢梭认为,"绝大多数动物,包括人在内,据了解天生都具有惰性(inertia:惯性),凡是不是绝对必要的事情,他们都不做"⑥。

---

① 卢梭,1978:195。
② 马斯特,2013:174。
③ Rousseau, 1997:193-194.
④ Rousseau, 1997a:142.
⑤ Rousseau, 1997a:212.
⑥ Rousseau, 1997a:208.

(二) 需要与力量的平衡

大自然对所有的物种既不吝啬,也不特别眷顾,都赋予了它们独特的本能,足以保全自己在自然体系中的存在。用康德的话说,大自然是按"最大的节约(economy)①"原则行事的,"她对动物的装备安置得如此之紧缩,如此之精密,刚好够一个起码的生存的最大需要而已……"②人也不例外,只是人的节约方式有所不同,有时候还不如动物:

> 起初,大地,它那天然肥沃处处生机勃勃,覆盖着未见一丝刀斧砍斫的茂密森林,在它前进的每一步都为各种动物提供了食物储备与避难所。人,就分布在这些动物中间,观察、模仿各种动物的劳作(industry),并获得了与动物本能一样的水平。③

卢梭这句话有些奇怪,其他动物都因获取食物与防御天敌的需要发展了各自的本能,老鹰的视力、豹子的速度、大象的身躯等。唯独人没有超乎寻常的官能,他"比一些动物力量小,不如另一些灵活";但大自然赋予了另一种配置作为补偿:人的适应性就来自人身体的各种官能(faculty)的良好组合。按卢梭的话说,人是"一切动物中组织得最好的"④。凡是在自然规定的范围之内的东西,自然人就能以"感觉的方式"直接地、精确地把握,感觉出一条最符合自然原理的运动轨迹。⑤ 此外,在自然体系中,人的食物对象比邻近的物种相对广泛,所以在食物竞争中要保全生命也不是一件困难的事。

大自然既安排了人与其食物做邻居,也把猎食者安排为他的邻居,既要觅食,也要提防被觅食,所以即使有天赋的组合,也要经过艰苦的磨练,才能达到"与动物本能一样的水平"。起初,自然人"唯一的工具就是他的身体"⑥,生存的必然性迫使他必须习得力量与灵巧性,必须抵挡住"风吹雨打与寒暑易节",必须"赤手空拳、赤裸身体去觅食、抵抗捕猎者"⑦。自然人必须把自己的各种

---

① Economy 是卢梭思想的一个重要概念,下文还要进一步解释。
② 康德,1990:5。
③ Rousseau, 1997a: 134 - 135.
④ Rousseau, 1997a: 134.
⑤ Rousseau, 1979: 107 - 108.
⑥ Rousseau, 1997a: 135.
⑦ Rousseau, 1997a: 267.

能力开发到足以应对自然压力的水平,不然身体的饿、渴、痛等种种不舒适就接踵而来直至死亡。

> 他最发达的能力必然是那些能服务于进攻与防御的能力,征服他的捕食对象,或者保卫自己免于被另一种动物捕食。相比之下,只有通过柔声细气、纵情声色才能完善的感觉器官,必然保持在一种不精细的状态,预先排除了任何精细的可能性;他的感觉在这里有所差别,触觉、味觉是极端粗糙的,他的视觉、听觉和嗅觉是最敏锐的:这就是一般的动物状态,按旅行家的记录,也是各个野蛮民族的状态。①

所以就身体而言,自然人与动物一样,都是一部"天生精巧"(ingenious)的机器,"为了让这架机器保持一种弓箭满弦的状态,大自然赋予了这架机器诸种感觉,随时随地都保护自己抗拒一切可能摧毁自身或者扰乱自身的东西"②。

(三) 自然人的儿童期、老年、死亡与病痛

至于文明人害怕的儿童期、年老、死亡以及疾病等问题,大自然都已经做好了安排,没有文人-哲学家们想象的那么麻烦。

(1) 儿童期。大自然对儿童期的安排恰恰是其节约配置(economy)的表现。③ 儿童体力不足以保全自身,就由母亲补足,直至孩子发育形成足够的力量,并学会使用为止。至于儿童期的死亡危险,"是其他千百种动物共同经历的",而且本来就是大自然对每一个物种的锤炼与限制。用卢梭在《爱弥儿》的开篇的话来总结就是,"如果人不是从孩子开始,人类可能已经灭亡了。"④

(2) 老年与死亡。对自然人而言,年老与生命的凋谢是一个再自然不过的事情。"野蛮人的生活使他们免除了痛风与风湿,而年老是一切疾病中人力最不能缓和的疾病,野蛮人最终是悄然咽气,没有人会注意到他们已经离开

---

① Rousseau, 1997a: 140.
② Rousseau, 1997a: 140.
③ 母亲与儿童之间的力量"简约配置"问题,下文还要做进一步讨论。
④ Rousseau, 1979: 38.

了,甚至几乎连他们自己都没有注意到。"①相反,文明人对死亡的莫名恐惧,都来自他们虚幻的想象力;更是哲学家、医生、僧侣们借助各种恐怖的死亡景象来刺激他们,以便于控制他们而已。②

(3) 疾病。"在自然状态中的人,几乎没有什么病源,因而也不需要什么治疗,更勿论医生。……一个生病的野蛮人,任其自生自灭,他唯一的希望就是来自大自然的帮助。"③即是说,野蛮人唯一的治疗方法就是"日常的生活秩序(regime)",而且治疗效果非常好;所以与文明人相比,"他们既没有受外科手术之苦,也没有受药物之毒,或者让忌食弄得瘦弱不堪"④。那疾病为何成为现代人的问题呢?主要是因为文明人的分配制度过于不均衡、生活秩序过于失调。一些人终日劳作却饥肠辘辘,缺衣少食,面黄肌瘦,另一些人终日无所用心,却"通宵达旦、纵情声色","所有这些都证明了,我们绝大多数疾病都是自作孽而已"⑤。

所以,自然人真正感觉到疾病就是身体的伤痛,但"他们天生就知道如何承受痛苦、知道如何平静地死去"⑥。这就是大自然的保全身体的法则,谨守遵行就是正当、是对的。而且大自然的这种正当,就如耶和华的律法一样,是一种"忌邪的正当"(jealous of this right)。⑦⑧ 若是桀骜不驯,不遵从甚至蔑视大自然的教训,就要付出相应的代价,即是说,一切不必要的痛苦都是我们自作自受。

> 如果我们保持自然规定的简单的、匀速的、独处的生活方式,就可能避免几乎所有的疾病。如果大自然预定我们是健康的,那么我几乎敢断言,反思的状态是一种反自然的状态,而沉思默想的人就是一只败坏的动物。⑨

---

① Rousseau,1997a:137.
② Rousseau,1979:55.
③ Rousseau,1997a:138.
④ Rousseau,1997a:138.
⑤ Rousseau,1997a:137.
⑥ Rousseau,1979:55.
⑦ Rousseau,1997a:138.
⑧ 《圣经·申命记》(6:25):我们若照耶和华我们神所吩咐的一切诫命,谨守遵行,这就是我们的义(right)了。
⑨ Rousseau,1997a:137 - 138.

简单地说,每一个自然人都是在两种状态之间来回有序的摆动:其一,在必然需要的压力之下,保持一种充满生命力的运动状态;其二,在需要满足之后保持一种静止状态。大自然给他规定了清晰的位置(place)、运动法则、运动的原因与适当的力量,力的作用的对象,所以自然人的运动轨迹就如向日葵永远随着阳光的移动轨迹一样清晰与日复一日。在没有外力的作用,自然人就保持这样体力与欲望相平衡的"无痛苦"状态,这就是自然人作为一个物理存在(physical being)均衡的惯性状态(inertia)①,也是与"神的绝对快乐"一样的状态②。这也是卢梭所说的,如果非要认为自然人也有德性(virtue:优点)的话,那么"最不抗拒自然的单纯冲动的人,就是最有德性的人"③。

二、偏斜、斗争与回归

下面讨论的问题是:自然人的独处生活是否会出现偏斜(偏邪)预定轨迹的情况与争斗?

(一) 偏斜与复归

在通常情况下,自然人"既平和、又胆小"④,没有绝对的必要,他不会违背大自然的旨意,偏离自己的运动轨迹。误入偏离状态的自然人也确实很"胆小","一有什么新奇的景象出现在他眼前,只要他不能辨别这种景象对他的身体是好还是坏,只要他不知道他的体力是否能应付他遇到的危险,他就会感到害怕"⑤;所以,他的第一个运动就是"尽快逃走"⑥。即便偶然越出生存范围与活动轨迹,自然人也会立刻感到种种危险与不适,这种"痛"的促动会让自然人急着复归到自己原来的位置与轨迹。卢梭甚至说,如果某个自然人偶然断食,

---

① 在《人类在自然界的位置》中,赫胥黎曾就与人类类属最接近的猩猩说道:"除了交配期以外,老的雄猩猩常常独自生活……老的雌猩猩偶尔有小猩猩伴着,但是怀孕的雌猩猩通常独居……只有饥饿似能激动它一下,但是肚了一吃饱,就又进入休眠状态了……它能够以这样的一些姿势在同一个地方呆几个小时之久,几乎完全不动……"赫胥黎,1971:33。
② 卢梭,1978:75,303。
③ Rousseau, 1997a:150。
④ Rousseau, 1997b:166。
⑤ Rousseau, 1997a:136。
⑥ Rousseau, 1997b:166。

他也会像鸽子一样,"饿死也不吃盘子里的肉"。①

(二) 争斗止于力的较量

如上所述,自然人是一种温和的植食动物,少之又少的需要与平和的欲望,就足以不让自然人争斗。而且根据大自然的安排,"人的最初需要产生的自然效果,是让人分离,而不是让人聚拢"②。因为特定面积的地区只能养活一定数量的人,结果必然是在食物消耗与人口数量之间保持一种动态平衡的分布密度。而且,在自然状态中人,他们的人数与体力的充沛程度,始终与气候、土壤、水源等自然条件保持一种平衡状态。土地肥沃、气候宜人、物产丰富的地区,野蛮人的思维就不怎么发达,反之亦然,"就好像大自然想通过这种方式来均衡事物,富裕了发达的思维,就没有肥沃的土壤了"③。

当然,在食物、水与发情期的性生活等必需品匮乏状况下,争斗就有可能发生,而且是经常发生。但必须指出,自然人的争斗纯粹是体力的较量,无所谓意气、荣誉与虚名之争。太初时代,"唯一的裁决者就是力(force)"④,而"散布在动物中间的野蛮人,早就在与动物的对比对抗中发现了自己的位置(position)"⑤,一下子就能在战胜对方的难度和去别处觅食的困难之间,获得一个直观的感觉,或争斗或逃走。

较之文明人从"必需品、剩余的必需品、美味佳肴、无限财富直至臣民、奴隶,一刻不停"⑥,在无限的欲望、依赖与争斗永无休止的悲惨状态,自然人之间较量只是为了食物、水等当下的"好东西",不存在文明人勾心斗角与阴谋算计,更没有强制、压迫、奴役、统治这些东西;几下争斗之后,"一切重归平静"。"野蛮人,一旦吃饱了肚子,就与自然万物和平相处,也是他的所有同类的朋友。"⑦

所以总的来说,自然人都固着于自己活动空间与运动区域,而且各自的空

---

① 卢梭,2007:57。
② Rousseau,1997a:253。卢梭在《爱弥儿》(第四卷)中再次强调了这一点,"仅仅考虑身体的需要,就必然使人类互相分散而不是聚集。"卢梭,1978:416。
③ Rousseau,1997a:208.
④ Rousseau,1997a:267.
⑤ Rousseau,1997a:136.
⑥ Rousseau,1997a:199.
⑦ Rousseau,1997a:198.

间都相互排斥。或许,每时每刻都在活动交错之处发生争斗,但这种争斗转瞬即逝,"到处都有战争状态,但是整个大地却是宁静平和的"①。这正是卢梭反驳霍布斯的一个重要理由。他认为,霍布斯"一切人反对一切人的战争"的命题,应该表述为:"因为在自然状态中,我们的自我保全是最不会伤害到其他人的自我保全的,由此推出,这一状态是最能导向和平,也是最适合人类的。"②

(三)围绕着"性"的争斗及其平衡

确实有一种争斗需做详细说明:自然人是否为了"性需要"发生争斗?卢梭承认,在扰乱人心的诸多激情中,性的激情是"一种炽热、猛烈的激情,这种激情驱使某一性需要另一性,这种可怕的激情,敢于冒一切危险,克服一切障碍,就其狂热而言,很可能毁灭人类,尽管这一激情本来是要保存人类的"③。但他认为,对异性的爱是进入文明社会之后才蜕变为一种放荡、狂乱的"行淫激情"的。

1. 自然人(男性)的性需要不是一种日常需要,因而没有那么强烈。"每个人都平静地等待自然的冲动,毫无选择地向这种冲突屈服,带着身体的快感,而不是疯狂,一旦需要满足,一切欲望随之消散。"④卢梭以现存民族中最接近自然状态的加勒比人为例,尽管加勒比人生活在炎热的气候之中,"似乎很容易致使激情进入活跃状态,但事实上他们的性爱却是最平静,最没有嫉妒心的"⑤。相比之下,文明人对异性的狂热渴望,主要源自想象的挑动。一种想象的快感,"让他们的血液沸腾起来",足以让他们"为了片刻的欢乐,就可以牺牲他们的父亲、母亲和整个世界"⑥。

2. 卢梭辨析了一对重要的概念:身体的爱(physical love)与人世的爱(moral love)。身体的爱是"一种普遍的欲望,驱使一种性别的人与另一性的人交配"⑦;人世的性爱则是"给这种性爱以一种与众不同的性质,单独关注一个单一的对象,或者至少为了这个偏爱的对象给这种性爱投入更充足的能

---

① Rousseau, 1997a: 269.
② Rousseau, 1997a: 151.
③ Rousseau, 1997a: 154-155.
④ Rousseau, 1997a: 155-156.
⑤ 卢梭,2007: 78。
⑥ 卢梭,1978: 302。
⑦ Rousseau, 1997a: 155.

量"①。在他看来,正是女人为了确立她们的统治地位,"让应该服从的性别成为支配者",才创造了一整套的男性功绩(merit)与女性美学的评价体系。② 这套"价值"等级体系是自然人所不知道的,"自然人只关注他来自大自然的脾性,而不是他不可能获得的品味(taste),所有的女人都适合他"③。换句话说,只要某个女人是身体健康的、适合交配的,那她就是"好的"(good),故而不存在文明社会中的"偏爱心",更无所谓无休止的争斗呢!

3. 卢梭认为,女性的身体性爱没有生理周期,"即使在野蛮人中间,我们也从未听说女性有发情期与拒绝男性期"④,所以不会有争斗。且不说他的这一说法是否成立,退一步讲,即便女性也有发情期,自然状态的男性只能在发情期间与之交配以至于发生争斗。但争斗既然没有给其他物种带来大的伤害,对人类也一样没有伤害。事实上,人类的种族优生正得益于此,而对人类的真正伤害则是来自文明人毫无节制的狂热性欲、淫乱、纵欲、通奸、私生子、堕胎等一系列行为才真正伤害了人的身体与心灵。⑤

三、作为自我保全的平衡力的"同情心"

(一)"指向自身"、"为了自身"的同痛感与卢梭"自然学说"的缺陷

除自我保全之外,卢梭还为自然人设置了另一种原生动力:同情心。自然人的自我保全是围绕身体的感觉与需要,同情心也一样。同情心在自然状态阶段只是一种"内在的同痛冲动"⑥(internal impulsion of commiseration),通过感觉的刺激引发身体的"同痛感"。⑦ 按卢梭的说法,同情心是一种"纯粹

---

① Rousseau,1997a:154.
② 卢梭,1978:291—292。Merit 一词的意思,在英文的语境中有不同的侧重,所以中文译法颇多。笔者以为"功绩"是比较符合卢梭的意思。据《说文解字》的解释,绩,缉也;从糸,责声;是把麻、纤维撕开,连起来搓成绳线的意思。功则是"以劳定国"的意思。所以,"功绩"比较切近卢梭关于"劳动"以及基于劳动的"政治经济秩序"的论断。
③ Rousseau,1997a:155.
④ Rousseau,1997a:156.
⑤ 卢梭,1978:530(《爱弥儿》第五卷开篇关于性欲的自然节制的讨论)。
⑥ Rousseau,1997a:125.
⑦ 研究者往往拔高自然状态中的"同情心"的作用效果,或者把经过发展的同情心投射到最初的自然人身上。例如,马斯特斯就把不同发展时期的同情心状态混为一谈。Roger Masters,1968:202-204.

的、先于一切反思的自然运动"①,是旁观者对正在受痛者的感觉;而且越是认为受痛的对象与自己相似,同痛感越强,"随着旁观的动物愈加密切地认同受苦的动物,同痛感就会相应比例地活跃起来;而且很清楚,这种认同,在自然状态中,与推理状态相比,要无限接近"②。人与其他动物都有这种"感同身受"的能力,"人们经常看到,马都厌恶踩踏一个活的东西。一只动物在一只同类动物的尸体旁边经过时,无不感到心悸"③。

要强调的是,自然人的"同痛感"尽管来自他人痛感的刺激,但它是一种为了自身(for itself)、指向自己的感觉,而不是指向他人、为了他人的"社会"义务。如卢梭所言,"大自然根本没有为人准备社交性(sociability),也没有为人建立纽带提供什么帮助。我们很难想象,在这样的原初状态中,为什么一个人需要另一个人,比一只猴子需要另一猴子、一匹狼需要另一匹狼更迫切"④。用涂尔干话说,他不是不友好(unsocial),而是非社会的(asocial)⑤;所以在《二论》及卢梭的其他文本中,我们看不到"类意识"、"社会本性"之类具有社会学意义的概念。

按卢梭的理论设计的本意,同情心是一种用以节制自我保全的原生动力,它可以缓和自然人不必要的争斗与杀戮,更重要的是,卢梭试图在《爱弥儿》的"拯救"教育培育这种"社会的潜能"(康德:"非社会的社会性"⑥),用以节制文明社会无节制的争夺、压迫与杀戮。但仔细分析不难发现,卢梭的自然学说在这里出现了一个比较严重的逻辑问题,即他所说的同痛感并不是一种与自我保全截然不同的原生动力(principle)。从逻辑上说,自然人之所以对其他有感觉的存在的痛苦感到厌恶,是因为其他有感觉的生命体的痛,通过视觉、听觉的感觉媒介刺激到了他的痛感,而自然人出于自我保全的本能,必然要缓和与避免这种痛感,所以每一次遭遇其他"有感觉的存在"(a sentient being),尤其是与之相似的同类的痛的"嚎叫"或者"动作",他都避之不及,试图重新回到无痛感的状态。即是说,自然状态阶段的同痛感是自我保全的派生物。这是

---

① Rousseau,1997a:152.
② Rousseau,1997a:153.
③ Rousseau,1997a:152.
④ Rousseau,1997a:153.
⑤ 涂尔干,2006a:54。
⑥ 康德,1990:6。

卢梭"自然学说"中一个比较严重的自我矛盾与逻辑错误。

下文的讨论将证明,自我保全的内容是在极其偶然与特殊的情况下在母子之间得到了扩展与质变,最终促使指向自身的同痛感发展成为指向他人的同情心,后者经过一定的社会再生产机制成为一种自在的动力,也成为约束文明社会无限度的自我保全(膨胀的社会人格的自我持存)的一道屏障。

(二) 对洛克与霍布斯等人的"人性论"的批判

如上所言,同情心的原始形态是同痛感,尽管它涉及他人,但在自然人身上还不是一种"社会德性",它与考虑到他人、推己及人的"社会行动"有本质不同,并不是社会群体的原动力。卢梭不赞同洛克与苏格兰学派关于人有"社会本能"或"联合的原动力"[①]的论点,下面我们尝试通过剖析卢梭对洛克"人组建家庭是他的自然本性"这一论点的批判管窥他的主张。

洛克在《政府论》中提出了了四点理据来论证男女结合成家庭是神意的安排[②]:

(1) "上帝造就的人是这样一种造物,就人自己的判断来说,都认为单独生活是不好的,而且上帝还利用必然性、便利、自然倾向等强有力的责任,来迫使他进入社会团体(society),并给了他语言、理解力来维持与享用社会。"[③]

(2) 男女的结合、生产与养育子女都是神意的安排。"雌雄结合的目的,不是简单为了生育,而是为了延续物种;这种结合,甚至在生育以后,也应当继续保持,至少是为了所生的孩子,需要保持多久就保持多久,这就是说,应当保持到孩子们能自己满足自己的需要为止。这是造物主的无限智慧对他创造的生灵制定的法则。"[④]

(3) 作为食肉动物,母亲的捕食不足以维持自己与孩子的持存,因此就必然需要父亲加入,来要照顾他们的孩子。

(4) 与其他动物相比,人类的两性之所以还要长久、稳定的结合,是因为女人生产的间隔间要比哺育期短。"前一个孩子还不能脱离父母帮助的支持,另一个孩子就出世了。……所以相比于其他造物,父亲就有责任继续与生育

[①] Ferguson, 2003: 21-24.
[②] 洛克的原文与卢梭在《二论》注释十二的引文略有出入。
[③] Locke, 2003: 318.
[④] Locke, 2003: 319.

孩子的同一个女人继续维持配偶团体(conjugal Society)。"①这也归功于是伟大的造物主的睿智。

卢梭承认,男女之间的长久结合,就其本义而言,确实对人类物种有利,但不能根据这样一种结果就推论说,这就是大自然或神意的安排。按洛克"因果倒置"的推理方法,我们也可以说"大自然也设置了文明社会(civil society)、艺术、商业以及一切对人有用的东西"②。循此类推,一切人世的东西都可以披上自然正当的外衣,这是卢梭坚决反对的,所以他必须在根本上驳倒洛克等人为"文明社会"所做的辩护:

(1) 在自然状态中,人是独处的,不存在男女依恋(attachment)的情况。性的欲望之于男女是一种纯粹的生理需求,所谓爱只是"身体的爱"。"一旦欲望得到满足,男人就不再需要这个女人,女人也不再需要这个男人。他一点都不关心自己行动的后果,可能连性行为的后果的这点观念(idea)都没有。双方各奔东西,不可能说,九个月过后,他们还认识对方。"③这就是说,"每一个人都随遇而安,只停留一夜;男女结合全凭偶然。"④

(2) 在自然状态中,女人怀孕与哺育的唯一目的也是自我保全,但这个自己包括"孩子"。因为母亲抚育孩子是自己的自然需要,而且"履行母亲的关爱之时,也不会向谁求助"⑤,更也不可能允许一种外来的力量扰乱自己的活动。这意思是说,哺育孩子不需要父亲的帮助,父亲之所以加入不是自然系统的安排,由此卢梭彻底否定了父亲的"自然权威";菲尔默等人鼓吹的父权制的正当性也不攻自破。

(3) 卢梭认为,根据产子的数量就可以判断,人最初是一种植食动物⑥。实际上,就食物的种类和营养来看,反倒是植食动物需要更多的时间寻找与吃食物,但因孩子数量少,所以也能够维持生存。换句话说,没有必然的压力,要求男女结合来抚养小孩。⑦

(4) 至于女人在第一个孩子尚未自立之前的连续怀孕问题,卢梭认为,洛

---

① Locke,2003:320.
② Rousseau,1997a:213.
③ Rousseau,1997a:215-216.
④ Rousseau,1997a:145.
⑤ Rousseau,1997a:228.
⑥ 《二论》注释八:"植食动物每胎不超过两个幼子。"
⑦ 根据赫胥黎在《人类在自然界的位置》中的研究,"怀孕的雌猩猩通常独居"。赫胥黎,1971:33。

克是倒果为因了。这个时期,女人哺乳期间的性欲需要很平和,根本不需要男人;"因此男人就没有理由去寻找这个怀孕的女人,这个女人也没有必要去寻找同一个男人"①。相反,在文明社会中,"丈夫与妻子长期一起居住,为女人重新怀孕提供了直接的机会,我们很难想象,在自然状态中,只是偶然的相互或性情的冲动会导致频繁的怀孕"②。另据第三点理由,女人必然要等到孩子体格健壮至足以自力更生为止,才可能重新受孕,这样也能确保生殖能力的健康使用。卢梭的意思其实是说,连续受孕是文明人性欲泛滥的结果,而洛克在为之辩护。

(5)人类孩子的哺育期比较长的问题。这更是混淆了自然的健康与人为的败坏,孩子在文明社会中的发育之所以比较长,发育比较差,纯粹是人为造成的。就身体而言,"他们最初的弱就是因为父母体格脆弱,他们的四肢捆绑在襁褓之中……"就思维而言,"如果人们不是一开始就让孩子的思维负担过重,想方设法让他们的思维疲惫不堪"③。"相反,若是允许他们的身体,按照大自然期待的样子,蹦蹦跳跳个不停,那么他们一定能提早很多学会走路、行动与自立。"④

相较于洛克与苏格兰学派,卢梭更倾向霍布斯关于在自然状态中人与人之间没有同情纽带的观点;但他认为,霍布斯也误解了人的自然状态,混淆了自然人纯粹被动的自我保存与文明人主动的利己主义。

霍布斯对自然人的"力"与"欲望"的设定与卢梭的观点相去甚远。就"力"而言,"人的力(power),普遍而言,是他当前能获得一些未来看似(apparent)的好东西的手段,或者是自有的,或者是工具性的"⑤。前者有口才、谨慎、技艺、高贵等等,后者有财富、名声、朋友等等。就"欲望"而言,"人类有一种持久的、躁动的、不断求取权力的欲望(desire of power after power)……这是因为他不能肯定,如果不获得更多,凭着目前拥有的权力与手段,是否能活得好"⑥。所以,自然人为了自保就要获取尽可能多的利益,这必然导致人与人之间的争斗。"财富、名誉、统摄权或者其他权力,都导致竞争、敌对与战争,因

---

① Rousseau, 1997a: 216.
② Rousseau, 1997a: 215.
③ Rousseau, 1997a: 215.
④ Rousseau, 1997a: 215.
⑤ Hobbes, 1990: 71.
⑥ Hobbes, 1990: 76.

为一个竞争者要满足他的欲望的方式,就是杀戮、制服、取代或者驱逐另一个人。"①卢梭对霍布斯的上述观点做了如下反驳:

(1)在自然状态中,每个人求取的只是保存自己身体实存的必需品,不多不少。自然人不需要对生存无用的东西,鞋子、手套、书籍、精美的装饰品等文明人的必需品,自然人是不知道的,名声、地位、权势更是云汉飘渺,自然人没有比较,根本不会有"不如人"的想法或"要超过他人"的欲望。"每一个个体的人都视自己为唯一观察自己的人,是世界上唯一在意自己的人,也是自己的功绩(merit)唯一的判决者。"②所以,霍布斯列举的"竞争"、"猜忌"、"光荣"等造成"一切人反对一切人的战争"三大因素与自然人都毫无关系;换而言之,他混淆了虚无缥缈的派生欲望与身体的自然需求。③

(2)只有激情达到一定的强度,才能够激发人们的欲望、想象力与预见力,费尽心思去谋求"未来的好"。"正是通过人们的主动性(activity),理性(reason)完善了自身;我们之所以想知道,只是因为我们渴望享用(enjoy)。"④对需要有限,又伸手足以温饱的自然人来说,我们无法想象他为什么要劳心去推理、谋划、害人。借用孟德斯鸠的话说,"霍布斯没有感觉到,他是把只有社会建立之后才能发生的事情,加在社会建立之前的人身上,正是社会引导人们有了动机去互相攻击和自我保卫"⑤。

在卢梭看来,洛克(以及霍布斯)都犯了一个错置历史的错误,他们"没能超越社会的时代(centuries of society),没能超越这个人们总是有理由要彼此靠近,一个确定的男人总是由某种理由要呆在一个确定男人或者女人身边的时代"⑥;他们的各种论证只是为"既成事实提供说辞而已,却没有说明这些事实的实际情况"⑦。然而,用既有的社会事实、用"人世的证据"(moral proofs)来证明"人世秩序"的自然正当,这根本就是同义反复,毫无力量可言。相反,卢梭既没有赋予"原始人"对力量和财产的本能贪婪与使用强力压制他人的倾向,同时也否认了自然人有一种本能的善良与道义。但要特别指出一点,尽管自

---

① Hobbes, 1990: 76.
② Rousseau, 1997a: 218.
③ Hobbes, 1990: 84.
④ Rousseau, 1997a: 142.
⑤ Montesquieu, 2003: 6.
⑥ Rousseau, 1997a: 216.
⑦ Rousseau, 1997a: 213.

然人的同情心,只是一种为了自身(for itself)的稍纵即逝的情感,但同痛感强烈的约束力对人类在自然状态与社会状态(关键所指)的自我保全至关重要。

四、自然人"不害人"的好与总体和谐

综上所述,原初的自然人的生存状态就是保存自己作为一个"物理存在"。当且仅当涉及到自身的保全之时,对其他感觉存在物的伤害才是"合法的"(legitimate)。一旦保全身体的需要得到满足或危险消失,人就回到自己活动的领域之中。"同情心让一切身体强健的野蛮人,只要他有希望在别的地方获得食物,就不会去掠夺一个弱小的孩子,或者一个残疾的老人艰难获得的食物。"[1]"每一个人都能感受到这种厌恶,即使没有那些教化的准则"[2],所以无需把自然人造就成一个"通过复杂推理导出义务"的哲学家,他就知道"有义务不去伤害另一个与我类似的存在,这不是因为它是一个理智的存在,而更多是因为它是一个感觉的存在。"[3]据此,可以说在自然状态中,同情心起到了文明社会中道德与法律的作用效果。正是这种自然、强烈的情感"缓和了每一个个体自爱的活跃性,有助于整个类的相互保全。正是同情心引领我们,不经反思,就去帮助那些我们看见受苦的人"[4][5]。自然人在身体需要得到满足与生命不受到威胁的情况下,就会顺从"同痛感"的约束,不越出自己行动的正常轨迹去伤害他人。自我保全的本能造就的向外力(捕食)与向内力(同痛感)为自然人确立了一条自身明确、深刻的运动轨迹,令其保持着一种匀速运动的状态(uniform fashion)。

自然人之所以能沿着预定的轨迹存在,用牛顿的话来解释就是,大自然为每个造物都设定了一种给定的"vis insita"(内在的力),它"是每个物体按其一定的量而存在于其中的一种抵抗能力",牛顿之前称之为"惰性",之后改称为

---

[1] Rousseau,1997a:154.
[2] Rousseau,1997a:154.
[3] Rousseau,1997a:128.
[4] Rousseau,1997a:154. 另外,卢梭还以非洲大陆的朋戈这种"没有任何机会来发展它诸种潜在的能力(virtual faculties)"的人行动物为证据,说明还处在"原始的自然状态"的人的同情心,"当其中一只朋戈死后,其他的朋戈会用小树枝或者大树枝来遮盖它。"Rousseau,1997a:206.
[5] 《圣经·申命记》(15:7—10):"……你弟兄中若有一个穷人,你不可忍心,揸着手,不帮补你穷乏的弟兄。……你要谨慎,不可心里起恶念,说:'第七年的豁免年快到了',你便恶眼看你穷乏的弟兄,什么都不给他……"

更恰当的"惯性"或"惯性力"。① 自然人即是依靠这个"vis insita"维持着他的惯性状态;在没有外力压迫的情况下,他们一代一代、始终如一地持续自己的惯性状态,"总是在相同的点开始,悠悠千载在最初的荒蛮年代之中流逝,人类已经变老,但是人却还是一个孩子"②。这种"有法无我"、自由与必然完美合一的状态,是 duty 最初的含义:"学着成为神命你成为的东西。"③

必须指出,Vis insita 是一种颇为"诡异"的东西,它既消极被动、又充满"活力"(vis),准确地说,在力的作用范围之内充满活力。每一个造物既有它预定的位置与运动轨迹,同时也是一个均衡、完美、充满活力的"力学"单位,相互之间也构成了一个动态的平衡机制。在卢梭看来,这种完美的均衡机制不是一种纯粹的"机械装置";换而言之,神也不可能是一个冷漠无情的"几何学家"或者精细的"钟表匠",他是一个"统一",无形无相,每个力学单位参有它的"本原",并根据相应的比例,在宇宙的各个不同的部分形成,按相应法则运行的世界。简单地说,大自然的总体秩序,既精确有序,又生机盎然。

由此可见,在自然状态中,尽管无所谓善恶,义务、道德等等社会要素与社会关系也不存在,但自然人却对同类尽了自己的义务:"获得你的好东西,尽可能不去伤害别人"④。这种正义感不在哲学家的精妙论辩中,而在"同痛感"的自然约束中;这便是卢梭的自然人"自然的好"(natural goodness)。所以,人要遵从自然正确的行动规则,根本不必成为一个哲学家,也无需引入"社交性"(sociability)。在自我保全与同情心这两种力量相互制约之下,自然人就能确立自己"正当的好"与"对其他存在物的义务"之间的平衡点。用卢梭的话说:

> 野蛮人并不是恶人,只是因为他们不知道什么是善,他们之所以不作恶,既不是因为见识(enlightenment)的增长,也不是因为法律的约束,而是激情的平静与对恶性的无知;野蛮人受益于恶性的无知,要比文明人受益于德性的知识多得多。⑤

---

① 牛顿,2003:20。
② Rousseau, 1997a:157.
③ Rousseau, 1997a:128.
④ Rousseau, 1997a:154.
⑤ Rousseau, 1997a:152. 众所周知,卢梭对狄德罗"唯有恶人才是孤独的"的论断颇为恼火,认为是在攻击自己的"退隐"。后来在《忏悔录》中,卢梭宣称,一个独处的人"不可能、也不会损害任何人,因此,根本不能说他是恶人。"这一说法与《二论》的思想是完全一致的。参见卢梭,1986:563。

第五章　生产力的增强与社会性的激发

一、人为何离开自然状态

既然自然状态是一种需要与能力保持平衡的状态,自然人为何要打破平衡,离开这种快乐的"蒙恩"状态?卢梭在《论语言的起源》中感叹道:

> 假设大地四季如春;假设水源、牛羊、牧场遍地都是;假设出自自然之手的人,散布各地;我无法想象,他们怎么会,在没有必要的情况,为了把奴役、劳作以及痛苦等与社会状态形影不离的东西强加给自己,而放弃他们原始的自由,离开各自分离的、田园式的实存状态,这种实存状态太适合他们的自然惰性了。①

如卢梭所言,自然人作为一种被动的生命体,其行动完全遵照自然的必然性,他不可能主动偏离预定的运行轨道,"想要(to will)与不想要、欲求与恐惧是野蛮人的灵魂最初的、几乎也是唯一的运作,直到新的环境造就了灵魂新的发展"②。换句话说,既然在自然状态中,照看自然人的惯性状态是大自然,那能打破这种状态的外力也必然来自大自然本身。

按照牛顿的力学原理,要改变一个自然之物的惯性是有难度的,惯性越

---

① Rousseau, 1997a: 272-273.
② Rousseau, 1997a: 142.

大,所需的外力就越大。① 正因人的自然状态惯性之强,卢梭才推测"他们需要好几个外界推动力(foreign causes),偶然发生、持续不断,否则原始人会永远停留在原来那个样子"②。那么,卢梭所说的这种情况到底是怎么一回事情? 我们不可能完全重现当初的情境,而只能对可能发生的事情做合乎逻辑的推测:

> 大洪水用水,或者大地震用裂谷,包围了人们居住的地区;地球的剧烈运动打碎了大陆的各个部分,切割成为了各个岛屿。③
> 那个想让人进行社会交往的人,用手指轻轻地拨动了一下地球的轴线,让它偏离了宇宙的轴线。④
> 洪水、海啸、火山爆发、大地震、闪电或森林中的枯枝败叶引发的大火,这一切必定让同一片土地上的野蛮居住者害怕,并四散而去,然后又必然使得他们重新聚拢,一起挽回共同的损失。⑤

就这些推测,我们还必须注意卢梭在《二论》第一部分末尾的一段话:

> 我承认,我要描述的事情,可能是以好几种方式发生的,因此我只能基于推测(conjecture)加以选择。但当我们能从事物的本性中推演出这些推测最有可能,而且也是可以发现真理的唯一办法时,它们就是合理的了(reasons),不仅如此,这还说明,我试图根据我的推测推导出来的结果不是推测性的,因为根据刚刚确立的原理,人们不可能形成其他的体系来给我同样的结果,我也不可能用他们的体系得出同样的结论。⑥

就卢梭这些未必为真的推测与上述略显"强词夺理"的论断,我们要做两

---

① 牛顿,2006:1—2。
② Rousseau,1997a:159.
③ Rousseau,1997a:165.
④ Rousseau,1997a:273.
⑤ Rousseau,1997a:274.
⑥ Rousseau,1997a:159.

点说明：

1. 尽管各个推测都未必为真实，然而卢梭的意思很明确：人们是迫于自然必然性的"压力"(forced)才离开自然状态的。用康德的话说，是大自然迫使人离开了"一座无需他自己操劳就能得到供养的乐园"[①][②]，"通过把人类置诸于灾难之中而迫使他们离开自然状态"[③]。卢梭的推测只是尝试从逻辑上说明，自然力与人力相互作用的原理、总体过程与效果。简单地说，就是各种灾难让人陷入了一种极端痛、饥饿、渴、身体死亡的境地；以至于"人类已经到了这样一个界点(point)，自然状态中阻碍人类生存的障碍，就其阻力而言，超过了每个个体，在自然状态中能积聚起来自我保全的力。于是，那种原始状态就不能再维持了，人类如果不改变存在方式，就要灭亡"[④]。至于有关已经发生的事件的细枝末节，就与可能源自这个体系的结果无关；卢梭也据此"豁免了自己展开思考，诸如时间的流逝如何补充一些可有可无的事件"之类的问题。[⑤]

2. 与康德不同，卢梭并不认为，这一相互作用的结果是大自然的"隐秘计划"。相反，他说得很清楚，这一过程是"偶然"的。当然，所谓偶然是对人类而言，大自然本身的运动是完全遵从"必然原理"的，是可以有逻辑的说明的。至于卢梭的"自然神意"，与其说是安排了这一系列的灾难，不如说是大自然让人具备了抗拒这些灾难的潜能：身体官能的潜力与同情心。正是预置的潜能突破了自身的阈值，才有了之后的文明史。

二、惯性的打破与最初的生存"实验物理学"（采集）

至于这一自然史的进程，必定是非常漫长与复杂的，可能比人类的文明史要漫长得多、比卢梭的推测复杂得多。"我们称之为长老的时代（age of patriarch）已经离最初的时代很久远了。人们生活了漫长的岁月，圣经就这些

---

① 康德，1990：67。
② 《圣经·创世记》(3：23—24)：耶和华神便打发他出伊甸园，耕种他所自出之土。于是把他赶出去了。又在伊甸园的东边安设和四面转动发火焰的剑，要把守生命树的道路。（笔者按：这是人类"第一次被迫失乐园"）。
③ 康德，1990：14。
④ Rousseau，1997b：49。
⑤ Rousseau，1997a：159；涂尔干，2006a：56。

岁月列出了十个世代(generations)。人们到底在这十个世代做了什么？我们不知道。"①因此，这里也只能按卢梭所说的不得不忽略"那些日积月累的细微原因"②，以符合"自然本身的次序"为准则，推测这一过程的"普遍原理"。

卢梭在《论语言的起源》中确定了一个推测的总体原理："人们不论是考察技艺(arts)的起源，还是研究上古时期的民风，就原理而言，我们发现一切都与人们求生的方式相关联，至于那些把人们联合起来的求生方式，则是气候与土壤本质的作用结果。"③可见，卢梭是尝试从"生产方式"的角度解剖人的自然史进程，据此可以说，《二论》与《论语言的起源》是科学视角研究历史的先声，尝试用多维社会力学结构的某些要素解释社会演进，否定了以往上帝关照的神学历史观。

当然，尽管《二论》与《论语言的起源》具有开辟性的意义，但从现在来看，卢梭的思路还是有一些零乱，次序不是特别清晰。笔者尝试着根据卢梭的意思，把这一进程的线索简要归纳如下：为了对抗自然的压力，保全自己的生命，人必须增强自我保全的力量或者说"生产力"，沿着采集、捕猎、农业(畜牧)持续提升的路径发展。对此，有两点需要说明：第一，卢梭在《论语言的起源》中关于生产方式的原文是"捕猎、畜牧与农业"。可既然人是植食动物，他的牙齿与肠胃等生理结构决定了他很难吃生肉，可以推断在懂得如何使用火之前，人不太可能去捕猎，所以采集是必然的阶段，当然捕猎应当紧随采集出现的。他在随后的论述中也意识到了采集的重要性。④ 第二，卢梭没有说，这三个阶段是一个进步序列，不同的民族完全可以处在不同的阶段，并不必然都到达农业这一"产生闲暇与怠惰"的罪恶阶段；他还暗示，就民风(moeurs)而言，捕猎阶段反倒是最没有罪恶的。⑤

(一) 惯性状态的打破

首先，如上所言，因为自然人有自己的惯性状态(inertia)，所以需要一种能克服惯性的力迫使其改变存在状态与运动轨迹。如卢梭所言，"人可以适应

---

① Rousseau，1997a：270.
② Rousseau，1997a：159.
③ Rousseau，1997a：272.
④ 卢梭，2003a：59。
⑤ Rousseau，1997a：271-272.

严酷的气候,可以适应寒冷、不舒适乃至饥饿,尽管如此,却有一个人的自然无法承受的临界点。"① 据此,我们可以做两点推理:1. 大自然的压力强度应当无限逼近这个临界点。必然的压力不能过大,否则在短时期内,人类种族还没来得及重新确定自己在自然系统中的位置,就迅速灭亡了。当然压力也不能太小,若是太小,自然人只需减少物种的数量即可,没有必要离开原来的状态。2. 这种压力必然是大范围的、长时期的(例如,冰河期的气候变冷)②,不可能只是区域性、短时间的。在大自然调整自身的力的平衡系统时,一代又一代人为了自我保全,竭尽所能与自然压力相抗,他们必须完全依靠自己的力(集体合作的生产力)重新实现新的平衡状态。这是理解卢梭"社会神义论"的要旨。③

连续发生的大规模自然灾难,首先淘汰了体力羸弱的人、自然条件本来就相对恶劣的地区的人,并时刻有可能导致整个物种的覆灭。④⑤ 由于人的身体官能是组织得最好的,食物也相对广泛,这为增加自然人的生存几率贡献颇多。即便如此,在原先自然条件良好的地方,也只有体力卓越、耐寒、耐热、耐旱、觅食能力极强,有顽强生存能力的人能存活。⑥ "作为这些残酷的试验的受害者,一切弱小的东西都消亡了;其他的一切东西都增强了,在生命力与死亡之间,没有中间地带。"⑦ 据此,我们完全可以称存活下来的那些人为"巨人"⑧。巨人的意思,不是说他们的体型庞大,而是说在极其艰苦的情况下,他的力量竟然还能满足身体的需要。其实,体型相对过大的人,很可能因为身体有更多的需要,反倒更容易灭亡。若不是有这样非生即死的压力,自然人也不可能去开发他的"潜能":

---

① Rousseau,1997a:279.
② 据科学研究表明,大约8万年前,地球进入到一个剧烈的冰河时期,平均温度为10℃,这是人类始祖在地球上的最恶劣的气候条件。1.5公里厚的冰川一直延伸到北纬30到40度之间。据基因分析,此时全球的总人数很可能只有2000多人。
③ 卢梭在《爱弥儿》中也有同样的论断。卢梭,1978:75.
④ "人类起源于温暖的地区"。Rousseau,1997a:266.
⑤ 《圣经·创世记》(7:23):"凡地上各类的活物,连人带畜牲、昆虫,以及空中的飞鸟,都从地上除灭了,只留下挪亚和那些与他同在方舟里的。"
⑥ 根据现在的基因科学的研究,人类共同的祖先来自非洲赤道周围的人,人数曾逼近物种灭绝的极限2000—3000人左右。
⑦ Rousseau,1997a:279.
⑧ 《圣经·创世记》(6:2):"神的儿子"。

正是有了一种异常睿智的天意,自然人潜在的能力,只是随着需要发挥能力的机会的出现,才发展起来,这样这些能力就不会剩余,也不会在时机到来之前成为自然人的负担,也不会在有需要时姗姗来迟或者迟钝无用。①

(二) 采集的生产方式:感觉能力的两次突破以抵抗自然的压力

这一阶段已经远不是之前食物丰硕的阶段,"伸手一摘"只能是两手空空。自然人可获得的食物量猛然减少,而抢食的竞争对手与敌害则在增多。即使是体力强健的人,也时刻面临着饥饿、干渴以及被猎食的危险,他的食物与水源已经不足以保全自己的生命。在长期忍饥挨饿的情况下,自我保全的需要逐渐积累成了一种强烈的激情与欲求。这股力量压迫自然人做一种本能的抗争,驱使他们"主动用力"(make effort②)去寻找食物。

自然人第一次扩大了自己原来的活动范围,改变了自己的运动轨迹,到之前没有活动的领域去觅食。然而,即便扩大了觅食范围,即便食物的对象相对多样,也不足以维持自然人的生存。饥不择食的自然人开始摸索着去吃自己之前从来没有吃过的果实。这是自然人第一次偏离轨带,第一次"吃禁果"。尽管这还是一次必然的偏离,但就整个物种而言,偏离之路再也没有停止过,直至主动、自愿地偏入"邪道"。

言归正传,偏离的结果是适应、竞争与对抗,因为自然人进入了新的领域。在与各种压力的对抗之中,自然人马上就会感觉到"体力"不足,他们既不能获得足够的食物,也不足以抵御强大的敌害。面对少之又少的食物与时刻逼近的敌害,若不增强身体各种官能,那便是饥饿、疼痛、最终灭亡。人们必须用自己全部的体力进行"新的劳动"(renewed industry),这是一个至关重要的转折点。③

---

① Rousseau,1997a:150.
② Effort 是指对惯性物体施加的一种力。卢梭思想体系充分贯彻了牛顿的力学原理,这一点需要研究者特别注意。
③ Rousseau,1997a:162.

树的高度让他够不到果实，一些试图吃这些果实的动物与他们竞争，凶猛的动物威胁他的生命，一切都迫使他进行身体锻炼；他不得不变得灵活，跑得快，打得狠。很快，自然的武器，树枝、石头，都不离手。他学着克服大自然的障碍，必要时与其他动物打斗，甚至与其他人抢食，或者设法弥补被更强的人抢走的食物。①

此时的自然人依然是一种纯粹感觉的存在，但大自然却已经不再是浑然一体的"天堂"了。自然人必须像"鲁滨孙"一样，开始着手极端残酷的"实验物理学"以保全生命。②但他们的自然条件要比鲁滨孙艰难得多，而且鲁滨孙是习得了文明既有成果的人，他可以使用"智慧"保全自我，而自然人的智慧却还在沉睡之中。③

当自然人第一次偏离出轨道，在全新的活动领域中前进，就如一只猫进入一个房间一样。"他仔细检查，到处察看，用鼻子闻闻味道，在一切东西都考察完、弄清楚之前，他一刻都不会放松，不相信任何东西。"④自然人最初"研究"必然是**主动（active）**使用身体各个器官的感觉力，直接感觉新的环境呈现（present）的每一个具体事物，尤其是之前未曾遭遇的新对象，例如，新的食物、新的水源、新的竞争对手、新的敌害等一个个特殊的个体（particulars）。对自然人来说，这次"新的劳动"必然是痛苦万分、代价惨重的过程，因为一旦感觉出现错误，那就是饥饿、痛苦与死亡。所以，生存必然性的强大压迫，不断磨练着自然人的感觉能力。他们必须，迅速、精准地捕捉到特殊个体的细微属性、运动状态的细微变化，例如，体型、颜色、速度、气味、声音，以至于他们能依据一点迹象，瞬间就发现自己要的东西，或者躲避敌害。"这些锻炼教会了我们如何充分使用体力，知道我们的身体与周遭物体的关系，如何使用我们够得着的、适合我们的器官的自然工具。"⑤当时自然人的身体各个器官的磨练与使用程度，对今天感觉几近退化的人来说，近乎不可想象。

残酷的经验还不止于饥饿、疼痛、寒冷连续冲击自然人的感觉，更刺激的

---

① Rousseau，1997a：161-162.
② 卢梭，1978：149。
③ 笛福，1959：150。
④ Rousseau，1979：125.
⑤ Rousseau，1979：124.

是,有感觉的存在临死时(dying)的痛苦嚎叫与抽搐,在自然人身上引起了强烈同痛感。这一切的频率与强度必然达到了自然人感官的承受极值,并不断提升这个极值,用康德的话说,每每逼近"紧张的极点"(intensio)①。这就意味着,一种之前未有过的冲击力,把新的活动范围内全部事物的形象(images),都刻印在了自然人的脑子里(impress-ion)。这种印象,超越之前感觉生活的"当下呈现的感觉"(present sense),它已经是一种能持续再现的感觉(representative sense),即想象力,更恰当的描述,应该是"记忆形象的能力"。"那种惊愕就能造成持久的印象,久而久之就形成了记忆"②。当然,这一阶段记忆的范围与时间都还很有限。

同时,这种紧张会进一步迫使自然人把注意力,从普遍存在的特殊个体转移到那些关系到自我保全的个别事物之上,主要是各种食物与敌害的属性,集中有限的感觉能力对这些新的物理要素进行更为细致的观察与"对比"。他们必须在各种形象之间建立一种关联机制(association),若没有关于新环境的关联机制,就很难确定自己在其中的行动轨迹。"人自己与各种各样的存在物发生了持续不断的相互作用(interaction)……自然而然就在人的思维中产生了对特定关系的感知(perception)。"③

这种对不同物体之间特定关系的感知,已经是一种"比较"能力。比较的能力与之前状态中的"直接及物的感觉能力"截然不同,它是一种"间接的反思能力"。借助这种能力,自然人形成了各种物体之间的关系及它们与自己的各种需要之间的关系,例如身体的大小,力量强弱,相隔远近,速度快慢等物理属性。这就是说,印入到自然人头脑中的各种再现的形象,不再孤立存在,它们逐渐联结成一幅图案,尽管此时还很松散,零乱。相较之前简单的"再现性的感觉"(representative sense),这种印象的范围、时间与系统性都大幅提升,它已经是感觉的持续再现(representation of sense)。

这种反思能力,就其外在表现形式而言,是象形图像(fugrative image)④,以最简单、最粗糙的肢体语言表达食物、水、天敌等物体的形象以便于寻找、躲避,并在相互之间进行最简单的形象传递;就其实际作用效果而言,则是"一种

———

① 康德,2005:48。
② Rousseau,1979:234。
③ Rousseau,1997a:162。卢梭的"自然而然",确实是一个自然过程,只是极其艰难。
④ Rousseau,1997a:253。

机械的谨慎(mechanical prudence)",既"提示他的安全最必需的预警措施",也让他更快找到生存必需的东西。① 若是没有这样一种想象力与联想能力支持,自然人绝对不可能保全自身,即便有了这些能力,也不足以对抗自然的压力。

尽管这个时期的认识与之前的认识都是一种基于"感觉"的认识,前后却有一个实质的差别:感觉生活与知识生活的差别。之前感觉与本能的阶段,自然人接触的对象相对较少,而且几乎没有什么变化,所以也无需反思比较。若是偶尔遇到新东西,要么好奇感觉一番,要么逃之夭夭。当然,即便是一种纯粹的感觉生活,也是有大小、强弱、远近、快慢等模糊的物理观念的。对此卢梭认为,观念(idea)②不是人与动物的根本区别。因为只要有感觉,只要看了又看,见了又见,就能有观念,"甚至动物都能联合它的观念,在这一问题上,人与动物的差别只是程度不同;一些哲学家甚至认为,指定的两人之间的差别,要大于指定的一个人与一只动物之间的差别"③。但其中有两点差别是需要注意的:

(1) 动物的观念与联合能力,只发生在当下的感觉处境之中,一旦感觉消失,观念就沉睡不醒以至消失。猫只有听到沙沙的声响,或者看到老鼠的洞,才能判断老鼠的方位,因此这依然是一种本能的行动。可是,此时自然人的情况就不同了,偏离了原初的轨迹,进入了"新的"活动领域,一切都必须重新认识,否则就无法生存,如何寻觅尽可能多的果实、如何寻找到多个水源以备不时之需,还有如何寻找更好的藏身之所,躲避各种敌害,都是"采集"阶段的必然要求。而且,生存的紧迫性根本没有允许他过一种"被动的感觉生活"。换句话说,动物形成观念是一种被动的、指向自身的行为,而自然人形成的观念之中,已经蕴含着一种主动的、指向事物的行为。

(2) 同样是观念,自然人不仅是对单个物体的单向把握,他必须确立较之前远为多样、丰富的、相互之间的关系(物与物的关系、我与物的关系),用自己的力量来确立他存在其中的整体图景。换句

---

① Rousseau,1997a:162.
② Idea 的希腊文词根 Weid-的第一义就是"to see"(看)。
③ Rousseau,1997a:140.

说,自然人已经不完全是通过感觉与世界相接,同时也依靠自己的记忆力刻画的感觉图景来把握世界。因此卢梭才说,"一个人越是思考这个主题,纯粹感觉与最简单的知识之间的距离就越大。"①

总的来说,此时人与自然的关系已经发生了本质的转变。之前"自然人对大自然的景象了如指掌,一切都没有差异(indifferent)"②,一切都是依然自然法"循规蹈矩",自然人与大自然浑然一体。随着自然压力的增强,人被迫偏离了原先的轨道,强烈的痛感也把大自然裂解为一个个"特殊的个体"(particulars)③,一个个必须用"新的力量"来把握的特殊个体。一旦人们开始主动去"生产"(produce)生存必需品之时,人与大自然的关系发生了根本的倒转。尽管还是身体的再生产行为,却蕴含了"特定的生产与生活方式"的可能,一切技艺(arts)与文化都滥觞于此。这一初始打破惯性的偏离运动,极其缓慢,很有可能几十代人,甚至几百人代人为之付出了沉重的代价。

三、母子关系与社会性的激发

卢梭一再强调人的自然本性没有社会性,那么如何从他规定的人性构成中演绎出社会这座大厦,其源头在何处? 社会生活,哪怕是最简单的偶然合作,都需要一种截然不同的社会联合机制。在卢梭看来,最初的人世关系(moral relationship:道德关系)必然产生于"母子"之间,当然母子的人世关系也不是一蹴而就的,它是在外力的催化之下在极长的时间相互作用的结果。进而,"物理事件"(matters of physics)的母子关系是怎样转变为具有道德意涵的母子关系;对一个意识不到他人的自然人来说,"同痛感"这样一种指向自身、为了自身的"社会潜能"是怎么转化为一种能考虑到他人的社会性的?

据上所述,"母亲哺育她的孩子是因为母亲自己的需要"④,孩子作为母亲身体的一部分,就在母亲使用体力"保全自己的身体"的范围之内,母亲对孩子的同痛感也必然最强烈,甚至可以"毫无障碍"地进入到婴儿的情绪中,因为这

---

① Rousseau,1997a:143.
② Rousseau,1997a:143.
③ Rousseau,1997a:147.
④ Rousseau,1997a:145.

是一种出于自我保全的、真正的"感同身受"。母亲一直哺育抚养孩子到他能自力更生，也正是出自这种"自我保全"的作用机制。大自然正是运用了母亲的自我保全与同痛感的生理机制，引导母亲补足孩子力量的缺乏，从而保证了人类物种的延续。卢梭曾感叹到，大自然如此巧妙的安排，"更为安全地确保了孩子的健康成长（well-being）"①。母亲的同痛感，尽管也是指向自身、为了自身的，但这一自身却包含了一个"潜在的他人"。

需要强调一点，母子之间的这种生物关联在自然秩序中是有时间限度的。一旦母亲发现，孩子足以自我保全、能自力更生，发现在她的力量范围中，出现了一个能独立行动的其他力量时，"母鸡就不需要小鸡了"②。一方面，既然孩子使用自己的力量足以自我保全，母亲不再有与孩子发生一种相互作用的必要了；另一方面，母亲的自我保全的力的平衡领域之内，也不可能允许有两种异质的力量同时发生作用。"……一旦孩子们有体力自己寻找食物，它们就要离开母亲；相互之间见到对方的唯一可能，就是在最初的地方不离开对方的视野，所以过了不久，母子甚至都不认识对方了。"③这一分离时刻不是母亲舍不得孩子，而是孩子对母亲的依恋，因为它养成了一种依靠母亲生活的习惯，但母亲会毅然决然地在自然规定的时间离开孩子，因为她没有再与孩子一起生活的需要了。

非常时期骤然增加的生存压力改变了原有的母子关系。能在极其恶劣的环境中生存下来的人，必然都集中到食物与水源还相对充足的地方。这就意味着，同一面积的人口物理密度必定大大超越了之前的正常阶段，"生存挤压"的效果随之凸显。没有人的体力可以游刃有余地满足饮食的需求，而且还时刻面临被捕猎的危险，弱者与孩子更是朝不保夕。随着自我保全激情的炽热，人与其他物种之间、人与人之间觅食对抗的残酷性也愈演愈烈，"每个人都力图把握自己的优势，如果他确信自己能够以公开的武力取胜就用之，如果觉得自己力不如人，就用技巧与狡猾"④；与此同时，同痛感也随之成比例地大幅下降，每个人都不再那么顾及他人的痛了。

较之前的哺育状态，这一阶段母亲尤其需要竭尽全力去维护孩子的生命

---

① Rousseau，1997a：228.
② Rousseau，1997a：228.
③ Rousseau，1997a：145.
④ Rousseau，1997a：163.

安全。母亲在觅食之际,孩子即使离母亲只有数步之遥,都可能立即成为猎食者的美餐。本来哺育期间的孩子就完全依赖母亲,向母亲"解释他的全部需要"①;这个时候,就更加依赖,交流也更多了。更重要的是,孩子身体遭受饥饿与疼痛发出的激情呼喊(voix)②的频率、强度,较之前大大增加,加之一些孩子临死前痛苦挣扎的形象(image);这一切都强化了母亲"自我保全"的激情,刺激了母亲对孩子及其痛的"想象力",增强了母亲的同痛感。

同痛感,要想转化为社会的德性同情心,显然不能只停留在"指向自身的同痛感觉"水平,它必须升华为一种"能设身处地站在受苦者的位置上的情感"③,能"外推己出一己之身,认同正在受苦的存在"④。最初能推动一个独处的自然人超越自己的身体、关注别人的生死的,也只能是母亲对孩子的"自我保全"式的同情。但严格来说,母亲最初的同情心还是"为了母子同体"的自我保全。

那么,是什么力量推动自己离开"自我保全"的范围,设身处地为他人考虑呢? 自然人的同痛感,虽鲜活而强烈,但会随着当下感觉的消失而消失;是什么使之延长直至成为一种人性的普遍构成要素呢?这还是需要从母子关系中寻求答案。

如上所言,在孩子体力达到一定程度之时,母亲就要赶走他们,即便是极其困顿的阶段,母亲还是会按照大自然设置的命令行事。的确,孩子有可能还在母亲目及范围之内,就已经遭遇被捕猎的危险了。这种情况在之前发生的机会很小,母亲可能会施以援手赶走敌人,即便如此,她也会转头就驱逐或离开孩子。处在生死边缘的状态的自然人则不同,母对子的救援必然成为常态(甚至是相互之间的救援),即使在到达大自然设定的分离时间,这种救援依然不可或缺。这一突破是人的社会性产生的一个最重要的临界点,为集体合力的劳动奠定了人性基础,它的出现必定是以难以计数的、不能自救的孩子的性命为代价的。

当母亲第一次突破了大自然的命令,越出自我保全的轨迹,进行了一次

---

① Rousseau, 1997a: 145.
② Rousseau, 1997a: 252. Voix,英语对译一般为 voice,只是不能简单译为"声音",中译本译成"言语"更不对。它是指"从嗓子发出的音",是指一个人在遇险时撕心裂肺的声音,应当译作"呼喊"。
③ Rousseau, 1997a: 153.
④ Rousseau, 1997a: 268.

"为了他人"的"社会行动",从此之后母子相处的时间就一点一点地延长,母子之间的集体合作也随之增加,逐渐变成了一种"习惯性的社会行动",这也是最初的"人为联合"。尽管最初母子共同的生活时间只是超过自然设定的生活期一点点,但这相对很短的"加长生活时期"具有非凡的意义。首先,共同具有生产力的母亲与孩子的共同生活为集体合作奠定了社会基础,如果说棍棒以线性的速度提高了人的生产力,那集体合作就是以指数的速度提高,催化了语言等核心社会要素的出现;其次,集体生活为技艺(art)随着发明者一点点传递给下一代开辟了可能性,每一世代都把"自己的启蒙传给后一个世代"[1];而"逐步加长的、习惯性的社会生活"与"技艺传递积累",对人的生产力的增强与整个物种的保存的贡献是巨大的。

　　综上所述,母亲与能自力更生的成年孩子之所以形成一种超越自然生活期限的"道德关系",首先是母亲同痛感积累到了足以激发她的"社会性"的程度,如卢梭所说,最初加强同痛感的烈度,突破感觉当下限度的正是想象力,"只有想象力才会让我们感觉到别人的病痛"[2];作为一种"感觉的持续再现"的能力,想象力使得母亲对孩子同痛感的强度与持续时间都远远超过了之前的水平。所以卢梭才说,同情心"尽管是人心自然具有的,若是没有想象力的推动,就依然保持一种永恒的休眠(inactive)状态。"[3]其次,自我保全需要集体合力;在危机重重的生存环境中,母亲本身的力量也是捉襟见肘,不仅觅食困难,而且也时刻要防止自己被猎食,更要照顾嗷嗷待哺的幼崽,她很快就能意识到刚刚成年的孩子留在身边的好处。用卢梭的话说,"正是人的弱(weakness)让人要能合群(sociable);正是我们共通的痛苦让我们的心变得人道。"[4]

四、生产工具的革新与集体劳动的合力(捕猎)

(一) 火的使用与生产力的大幅提升

　　就纯粹的采集阶段而言,不论是**自然工具**(石头、木棒)对体力的补充,还

---

[1] 康德,2005:4。相比之下,在自然状态中,"技艺总是与他的发明者一同消亡。"Rousseau, 1997a:157。
[2] Rousseau, 1979:231.
[3] Rousseau, 1997a:267.
[4] Rousseau, 1979:221.

是偶尔两三成群的人们之间的相互帮助,都还不足以完全平衡大自然的压力。特别是果实产量相对减少、气候相对恶劣的季节(冬季),自然人更是经常食不果腹、饥寒交迫,动辄死于非命。可以推理,当自然人开始改变、扩大生存范围去采集果实,吃之前没有吃过的果实的时候,强大的生存动力同时也克服了对其他有感觉的存在的"同痛感",意思是说有人尝试着模仿肉食动物捕杀动物吃生肉。[1] 然而,人的牙齿是不适合咀嚼生肉的,"人的胃与肠天生都不能消化肉,通常来说,人也不能忍受肉的味道"[2],所以必定有不少人因此而丧了命。

如果说第一个吃生肉的人必须有巨大的勇气,"才能把打死的兽类的肉拿到嘴边"[3];那第一个敢吃被大火烧熟的肉的人与第一个敢靠近火取暖的人,对人类物种延续的贡献之大,就非语言所能形容了。此前在自然系统之中,自然人与动物一样无数次见识了火的力量,对火都是敬畏而远之。但极度的饥饿与寒冷的压力会迫使人接近火,凭借在采集的生存物理学实验中形成的记忆与联想能力,人们很快就发现,火可以御敌、取暖、"烧烤他们从前生吃的肉"[4]。的确,人们能很快认识到火的用处、学会使用现成的火、保留现存的火种,不过要学会自己无中生有的"生火"绝对不是一件容易的事情,应该经过了相当长的实验性探索。"在野蛮人掌握再生产(reproducing)火的技艺之前,他们要看着火熄灭多少次啊。"[5]至于人们究竟如何发现"再生产"火的技艺,实在是让人匪夷所思。考虑到自然人的认识水平,"钻木取火"与采集富含硫磺的火山岩石,大概是唯一可以说得通的解释。

我们更关注的事情是,在自然人知道使用火,特别是制造火这种自然元素之后,其生产力水平得到了大幅度提升,与自然压力的差距也迅速缩小。强烈的自我保全的需要,此时已经变成了一种炽热的欲望,既然肉经过火的技艺加工,可以大大补充自然人的食物,这一动力不仅让人们吃被大火烤熟的肉食,驱赶各种大型捕猎者,更刺激人们去捕猎各种可食用的动物:

---

[1] 卢梭,1978:196。
[2] Rousseau,1997a:271.
[3] 关于人最初吃肉的不得已及其在内心引发的厌恶情感,见卢梭,1978:196—197。
[4] 卢梭,2007:86。
[5] Rousseau,1997a:143.

他们必须在这样一种残酷的状态中活下去。那些最积极、最强壮、总是到处迁移的人,只能依靠果实与捕猎生存。①

　　生活在海边与河边的人,发明了鱼线与鱼钩,成为了渔夫与食鱼者。在森林里的人,制造了弓与箭,成为了捕猎者与战士。生活在寒冷地区的人,学会了用猎杀的动物的皮毛披在身上御寒。②

(二) 力的简单加总:捕猎与最初的集体劳动

可以设想,若只有社会初期微弱的同情心的联结力,母子之间的救助也只能形成短时间的共同生活。在孩子恢复健康或者更为强健之后,她们就没有继续一起生活的必要了,还不能维系一种"持久的社会生活"(permanent social life)。因为孩子"发自自然的哭声(cry of Nature)","只是紧急情况下的一种本能,在巨大的危险之中求助,或者剧痛之中缓解痛苦而猛然发出的,在日常生活情感稳定的情况下,是不会这么做的。"③因此,要想透析持久社会生活的真正起源,还是要到捕猎这种生产方式中寻找答案。

　　相较之下,采集活动主要是一种以诸种感觉官能为基础的生产活动,依靠个人的生产力就可能自我保全,其静态的对象也决定了这项活动不必然需要多人的合作。捕猎则截然不同,就自然人的个体身体素质而言,捕食那些体态较小、力量相对较弱、速度相对较慢、不那么凶猛的动物(主要是食草动物)或许能偶尔为之,若要捕食大型的动物,那几乎是不可能的。捕猎活动不仅需要精准的感觉官能与超强的体力,更需要人与人的集体合作(合力)。如果说采集是让人保持一定的物理分布密度的话,那捕猎就要求人集体聚拢,真正促成人的社会生活的正是捕猎生产。从捕猎作为一种生产、生活方式开始,人与人之间的关系就开始发生了质的变革;他们不再是作为一个自然物种的个体,劳动也不再是纯粹的身体的再生产,更是作为一个"社会成员"的"社会关系的再生产"。如卢梭所言,捕猎这种生产方式"相互需要的联合,要比情感有效得多,社会完全是通过**劳动**形成的……"④这种最初的合作(合力)是自然状态向

---

① Rousseau,1997a:271.
② Rousseau,1997a:162.
③ Rousseau,1997a:146.
④ Rousseau,1997a:279.

第二篇　自然人、剩余生产力与"善恶同体"的社会

文明状态过渡极为关键的一步。

最初母亲与她的孩子组成了集体捕猎的小群体,但由于自然人对捕猎对象的把握依然以感觉为基础,人与人之间的生产性交流几近于无,合作方式也非常松散,近乎"乱群(herd)",加之自我保全的欲望还是"行动的唯一源泉",每个人都只关注自己能否填饱肚子,一开始尚未习惯于通过集体协作让大家都吃饱的想法,所以经常出现下面的情况:

> 如果要捕一只鹿,尽管每个人都清楚感觉到,这要求他坚守自己的岗位;然而如果在其中某个人的活动范围内,一只野兔突然跑过去,可以肯定,这个人会毫不犹豫地去追,在抓住兔子之后,根本没意识到他这么做会致使他的伙伴(companions)逮不到那只鹿。①

理论上说,不论大自然如何变化,不论果实如何难找,不论动物如何凶猛,对自然人来说,它们都是一种"有法可循"的东西,只要掌握猎物的运动法则,就能合力擒获之。但实际情况可能是,每个人的判断有差距,行动轨迹也不能默契配合。因此,为了能在寻找猎物与捕猎活动进行交流,他们必须摆脱感觉的"身体限度",找到一种能够在捕猎者之间相互传递、"普遍流动"的东西。而对仍然处在感觉阶段的自然人来说,这几乎是一个不能克服的困难,因为一个人的感觉很难有效传递给另一个人。当一个捕猎者使用"感觉持续再现形象"的能力(想象力),试图"描绘"与确定动物的运动状态时,本质上"他还是在看"②,无法在人与人之间传递交流信息。按卢梭的说法就是,一个观念即使"带有一点点的想象力,这个观念就是特殊的"③,那它就不可能成为一个能在人与人之间"普遍流动"的观念。

幸运的是,这个时候的"合作"还不需要特别细致的交流与分工,所以情况很快就有所改观,因为每一次捕猎失败的结果,就是大家都要饥肠辘辘。人们对饥饿感的强烈记忆与恐惧,能迅速增强对下一次行动"不合作"的限制力度。而且,大自然还为人们准备了一种相对有效的沟通途径:拟声、呼喊、肢体语

---

① Rousseau, 1997a: 163.
② Rousseau, 1979: 107.
③ Rousseau, 1997a: 148.

言等。最初，人与人相互传达猎物信息的工具应当是拟声（模仿猎物的叫声）与用肢体语言呈现的模拟"象形图像"（fugrative images），更关键的是在土地或石壁上刻画的图像，而且这二者之间逐渐形成了稳定的对应关系，例如哞与牛的图像、咩与羊的图像。除了这些拟声与模拟的象形图像外，还需要一些指示方向的呼喊，例如，"这""那""左""右""前""后"，以便随时引导、纠正成员的力的使用方向，使群体形成有序的合力。此外，饥饿激情会促使他们用肢体语言、呼喊警告（甚至殴打）"不合作"的成员，迫使他避免"分神的感觉路线"，改变力的作用方向，向合力点靠拢，回到共同的捕猎行动中来。当然，成员行动轨迹的改变未必全都正确，事实上常常是错误的，不过就与"自我保全的需要"的比例而言，这种水平的沟通交流已经足够了，因为只要一天能猎取一只动物，他们就足以温饱无忧了。① 概言之，尽管拟声、呼喊、肢体语言乃至最简单的刻画图像都有些含混不清，也远没有到"言说"（speech）的阶段，但它们已经足以形成"简单的体力加总"。这一阶段的自然人借助"力的简单加总"的方式勉强与大自然的压力保持平衡，卢梭曾黯然地感慨说，若是人类形成的社会止步于此，"甚至可能是更好地实现了它的目标"②。

---

① Rousseau，1997a：248 – 252.
② Rousseau，1997a：251.

第六章　人类的"青年期"与"善恶同体"的社会

一、青年期的生产力水平：集体劳动创造了人

以火为代表的生产工具的革新与简单的集体合作（物理合力）共同形成了人的生产力的第一次飞跃，可以说，这一时期人的生产力已经可以让自然人与外部环境的压力勉强抗衡了。首先，感觉能力与智力的开发。相较之下，采集活动主要是人与静态果实的相互作用，那捕猎这种集体活动不仅是人与运动猎物的博弈，更多是人与人的互动，其复杂程度有天壤之别，这对人的智力潜能（capacity）的开发是至关重要的。如果说猎物瞬息万变的运动轨迹刺激了人的感官能力，那人与人之间高频率的沟通交流则极大开发了人的思维能力。其次，人在生产生活中的持续合作与相互救助，刺激了"同情心"的进一步发育，为人与人的群居提供了情感与心理基础。第三，生产合力造就的相对丰裕与安全的生活状态，也使得个人形成了"相对稳定的社会生活"的需要。

"相对稳定的社会生活"是人类向前迈进的最关键一步，可以说，真正在身体与道德意义上创造人的正是集体劳动与集体生活。自此之后，各种生产的技艺与知识就可以"一代又一代传递与积累"，把已经拓展的"心智容量"作为一种人类特有的性能保存与遗传下去。生产力的积累，哪怕是一小根棍棒与一丁点火种，都意味着人类再也不用"原地踏步"了，他们已经站在他们祖先的肩膀上开始"加速"前进，直至"自然状态的最后一个阶段"[1]。

---

[1] Rousseau，1997a：161；康德，2005：4。

这一最初的进步最终能让人加速向前发展。心思越是启蒙,劳作越是完善。很快他们不再在第一棵树下睡觉,或者退回到山洞,他们发现他们能够用坚硬的、尖锐的石头作为石斧来切割木头、掘地、制造树枝的棚屋。①

总的来说,在采集与捕猎相结合的时期,人们依然过着一种"自然必然性的生活"。不过,人类已经依靠自己的力量,与外界的自然压力形成了新的平衡,勉力实现了物种的"保全"。这里有两点要补充说明:第一,这一时期的人的本质存在状态还是以感觉为基础的生存方式;欲望与激情尽管强烈,却仍止步于感觉,只不过这种感觉的范围得到了大幅地扩张;"人们还是整天忙碌于为生存奔波,几乎没有人会去想更温和的社会纽带一切都还以身体的冲动为限……"②换句话说,按照物理学的基本原理,除非又有新的力量来打破这一"难得"的力学平衡,不然自然人不可能"主动"往前运动。第二,群体的形成确实给人类的"加速"运动积累了潜在的"势能";但最初释放人类的"势能"的初始动力不是来自人类自己,下文的讨论将指出,这一次又是大自然的"造化之功"。

二、青年期的"社会状态"

这一时期的人的需求还是限于身体的必然需要,尽管已经不限于当下的需要,但他还没有执著于"一个人拥有两个人的食物储备的用处"③④。同时,他们"发明了满足这些需要的辅助工具(implements)"⑤来补充体力,通过小规模的、相对松散的合作,就可以满足自己日常的全部需要。的确,此时人与人已经形成了联合,与他人有共同的生产与社会交往,但这种群体的结合方式是出于生产需要或者说对"集体合力"的需要。只要身体需要得到满足,他对"合

---

① Rousseau,1997a:164.
② Rousseau,1979a:279.
③ Rousseau,1997a:164.
④ 《圣经·传道书》(4:5—6):愚昧人抱着手,吃自己的肉。满了一把,得享安静,强如满了两把,劳碌无风。
⑤ Rousseau,1997a:164.

力"的需要也暂时消失了,剩下的纽带也就是同情心而已,所以还不存在谁依靠谁、谁支配谁的问题,也没有形成人与人的统治与服从的关系。简单地说,就个体而言,需要与能力保持着良好的平衡,同时他人的帮助对个人也确实能带来好处(goods),但是任何一个人的帮助都不是必然需要的,个体只是从"共同体"中获得力量的补足。概而言之,这一时期的人有两种存在状态:平等的、独处的自然人与平等的生产者,在自由行动与相互合作之间保持着良好的和谐,这也正是卢梭要求"爱弥儿"达到的状态。

那么,这一时期,社会的"具体形态"是什么呢? 鉴于个人需要与欲望的有限,以及同情心的发展限度,他们全部的生活与生产都还只限于血缘群体或说家庭的范围之内,与其余一切群体,除了争斗食物时的战争关系之外,一概无涉。

> 心灵最初的发育是一种新的处境的产物,这种处境让丈夫与妻子、父亲与孩子在一个屋檐下居住;同居的习惯产生了人类所知道的最亲密的情感,夫妇之爱、父母之爱。每一个家庭都成为了一个小社会。①

> 他们有父、子、兄、弟的观念,却没有人的观念。他们的窝棚容纳了所有与之类似的人,一个陌生人,一只动物,一只怪兽对他们来说都是一样的:除了他们自己与他们的家庭,他们视整个宇宙如无物。②

就卢梭的这两段论述,这里有三点需要说明:

第一,诸如父、子、兄、弟这样一些观念,并不是父权制度中的支配社会关系。因为每个人的需要,都是以身体的需要为主。孩子也只是在体力弱小时,才依赖父亲;"这种需要一旦停止,自然的联系也就解体"③。同样,父亲照看孩子也不是为了要支配他,也没有这个必要,父亲这么做纯粹是出自同情心的推动;兄弟之间亦是如此。④

---

① Rousseau,1997a:164.
② Rousseau,1997a:268.
③ 卢梭,2003b:5。
④ 《圣经·创世记》(13:8):亚伯兰就对罗得说:"你我不可相争,你的牧人与我的牧人也不可相争,因为我们是骨肉(原文做弟兄)。"

第二，对一个成年人来说，因为需要的有限，他更没有必要去依赖或者支配群体里的某个人。这个时候，他唯一需要他人的地方，就只是整体的"通力合作"而已。

第三，总的来说，因为整个家庭群体的欲望，也还没有强烈到"有超过需要的占有欲"。这就意味着，人们还没有储备额外的物品的欲望，所以同一区域之内，各个小群体之间的生存资源的争夺，还没有达到战争的地步。"那些已经有棚屋的人，几乎不会试图去占有他的邻居的棚屋，与其说那个棚屋不属于他，不如说那个房子对他没有用处(use)。"①

第四，这个时候，果实与猎物都产自大地，土地也还没有到排他性地（exclusively）、固定地属于任何人或群体的地步。② 因此，即便捕猎会让人变得更"冷酷、残忍、狡黠"，人与人之间争斗也还只限于生存资料的争夺，换句话说，人们还不知道人与人之间、群体与群体之间持续的杀戮与报复。因为最初导致战争状态的，必然是"物与物之间的关系"③，既然这个时候还没有稳定的财产权，就不可能有战争状态一说，正所谓"没有财产，就没有侵害"④。

卢梭之所以称人类的青年期是"黄金时代"，"不是因为人们是联合的，而是因为他们是分散的"⑤，这个时候霍布斯所谓的"战争状态"的条件，即人心的"竞争、猜忌、光荣"等激情都还没有成形。

三、青年期的"社会状态"（续）：围绕性对象的争斗仪式

"青年期"的人类社会是否有持久的争斗呢？当然有。不过，充分的生产力与近乎于无的财产观念，就决定了争斗的源泉不是食物，而是源自性的分配不均。⑥ 如上文所言，对自然状态中的人来说，身体健康与旺盛的生育力的人就是"好的"交配对象，所以对象非常广泛，不可能有持久的争斗。然而，当人们的生存领域局限于一个规模较小的群体，情况就不同了，男女的选择范围都

---

① Rousseau, 1997a: 164.
② 《圣经·创世记》(13: 9)：(亚伯兰对罗得说)遍地都不在你眼前吗？
③ Rousseau, 1997b: 46.
④ 卢梭引用洛克的话，Rousseau, 1997a: 166。
⑤ Rousseau, 1997a: 268.
⑥ 《圣经·创世记》(12: 12)：(亚伯兰对他的妻子撒莱说)埃及人看见必说，"这是他的妻子"，他们就要杀我，却叫你存活。

缩小了,人们"开始习惯于注意不同的对象,进行比较"①。

在自然状态中,人与人在身高、体力、视觉、速度、反应力等方面都有差异,但这些并不是"人与人"之间的差异,这些只是人面对自然压力是的差异。更何况,自然的差异与个人的身体需要是有一定的比例配置的,体型庞大的人,奔跑速度快的人,消耗的能量也大,需要的食物也成比例增长,所以严格地说,有自然差异,但没有"自然配置的不均等(equality)"。

人与人的分化最初源自性交配对象的选取;那些身体更为健壮、战斗力更强、捕猎能力好的男子,不仅在集体劳动中成为了"力的核心",更重要的是,他们吸引了过多的女子。② 问题在于,交配时期的性需要是一种极为强烈的需要与生理激情;而女子一旦受孕,通常会拒绝与其他男子交配。所以,每次交配期的剧烈争斗,必然有人胜出,有人落败,强者与弱者之间的争斗强度甚至会超过与敌对者的打斗。

这样强烈的争斗带来的伤亡,必然损害到群体的合作,更会受到群体内部"同情心"的节制。所以,人们很快就找到了一种方法,以"体力"与"技艺"为基础的"和平竞争"。按卢梭的说法,在人类从自然状态向文明社会过渡的"临界"时期,性交配时期的"争斗仪式"应当是"集体生活"的最初形式之一。

围绕着交配对象的争斗仪式,是一种极为重要的集体生活形式,可以说这种业余生活对人类社会的"加速前进"不逊色于任何形式的生产活动。一方面,它对人的思维水平与心智潜能的塑造有极大的作用,我们甚至可以推测,初民社会的多数技术发明都源自这类争斗仪式,因为每一个人,特别是身体相对羸弱的人为了获胜,必然费尽心思增强自己的生产技艺与斗争本领。另一方面,它的危害也极大,高密度的集体生活催化生成了一种"集体记忆",逐渐在每个人的心中都注入了一些模糊的评价标准。"他们在不知不觉之中形成了功绩(merit)与美的观念,这些观念产生了偏爱(preference)的情感。"③对此,卢梭写道:

在棚屋前面或者一棵大树底下聚会,开始成为一种习惯:唱歌、

---

① Rousseau, 1997a: 165.
②《圣经·创世记》(6:2):神的儿子们看见人的女子美貌,就随意挑选,取来为妻。
③ Rousseau, 1997a: 165.

跳舞,这两项爱情与闲暇真正的产物,成为了无所事事的男人与女人相聚的娱乐活动,更准确地说成了他们的职业。每个人都开始注意其他人,都希望别人注意自己,公众的尊重获得了一种价格(price)。[1]

性交配时期的争斗仪式催生的相互评价使得人们形成了受人重视(consideration；分量)的观念。这种评价标准,经过"集体记忆"与"集体仪式"一再强化之后,弥漫到全部生活与全部人的心中。长此以往,在众人评价中的"分量",就成为了每个人关注的新的"好东西",或者说成为了人的"自我保全"的新内容：得到他人的尊重。这就意味着,"适合于纯粹自然状态的好(goodness)已经不再是适合于新生社会的好了"[2]；人的行动加入了新的动力与目标,他不仅是保全自己的身体,还要尽可能利用自己的功绩(merit)获得别人的好评。自此之后,"自然的自由"就消失了,自然的差异不经意之间衍生出了最初的"人世不平等"(moral equality);当别人的评价成为一个人不可或缺的东西的时候,就意味着,人类再也不能脱离这种不平等的秩序了。

正如卢梭所言,"每个人都宣称自己有权利受人重视,再也没有人能够剥夺他人的这种权利,却不受惩罚。"[3]于是,弱者在争夺性对象仪式中的失利,或者在捕猎过程中,能力强的人对他们的指挥都在不经意间染上了"冒犯"的色彩;"被冒犯的一方认为,这是一种对他的人格(person)的轻视,常常比伤害本身更加难以忍受"[4],这让他们心生恼怒与忌恨。实际上,生产与生活领域的竞争与嫉妒,是既贬抑、激怒弱者,同时也刺激着强者去争夺"光荣"。所以,"这一方面产生了虚荣心和对他人的轻视,另一方面也产生了羞耻心与羡慕心。"[5]久而久之,每个人对他人的赞许与肯定的依赖程度越来越大,日益卷入到"舆论的支配"之中;以至于为了在群体中占据优势地位,个个都开始挖空心思,增强自己的力量,即使不能真的变强,也要"装着很强"(appear to be),同

---

[1] Rousseau, 1997a: 166.
[2] Rousseau, 1997a: 167.
[3] Rousseau, 1997a: 166.
[4] Rousseau, 1997a: 166.
[5] 卢梭,2007: 91。

时利用计谋,遏制他人的力量。① 一言以蔽之,竞争、猜忌、光荣,这些"一切人反对一切人的战争"的社会激情与诱因已经在萌芽之中了。

庆幸的是,在这一时期,这些"社会激情"的发育受到了两个"社会要素"的有力缓和与抵制,没能成为一种常规的破坏力量:

首先,生产力水平决定了人们还没有太多的闲暇时间,所以集体生活或者说社交生活的频率,还没有形成规模。因此对分量的渴望强度,或者说"尊己抑他心"(amour-propre)的强度,也就还没有形成文明人"偏爱我自己胜过别人,也要求别人对我的偏爱,胜过对他们自己爱"②的变态心理。这是一个消极的缓和因素。

第二,"这时还没有法律,所以每个人都是他受到的冒犯的唯一的审判者与报复者。"③④借用霍布斯的话说,"即使体力最弱小的人,都有足够的力量杀死最强的人"⑤;文明社会中纤弱腐化的人尚且如此,黄金时代的人更不用说了。"每个人都按照自己给自己设定的分量,给予冒犯者以相应比例的惩罚。"⑥⑦而且,随着人们对他人的目光越来越在意,冒犯的情况也就越来越频繁,报复的频率与惩罚的残酷程度也成比例增多。反过来说,正是对他人报复的恐惧、对"死的恐惧"有力"约束"了冒犯他人的行为,与要求他人尊重的动力,形成了新的平衡。在这个意义上,我们也可以说是,确实是霍布斯的"怕死"(fear of death)有力遏制了"一切人反对一切人"的战争⑧,但这不是一种自然情感,而是一种"必然要考虑到他人"的道德约束力。如卢梭所言,对死的恐惧"起到了法律的约束作用"⑨,实际上是同情心与惧怕死亡一同形成了不冒犯他人这种文明社会的"最初义务",形成了道德世界的新平衡。

---

① 卢梭,2007:97—98。
② Rousseau, 1979: 214.
③ Rousseau, 1997a: 167.
④ 《圣经·创世记》(9:6):凡流人血的,他的血也必被人所流。
⑤ Hobbes, 1990: 84.
⑥ Rousseau, 1997a: 166.
⑦ 《圣经·创世记》(4:15):凡杀该隐的必遭报七倍。
⑧ Hobbes, 1990: 86.
⑨ Rousseau, 1997a: 167.

四、青年期与善恶同体的社会

　　人类从竭尽全力与自然力相平衡，到与之形成勉强的平衡，经历了相当长的时间，卢梭对这样一种在自然与社会中间的、维持平衡的、初级的"文明状态"是赞赏有加的，因为在他看来，在这一"临界"时期的人，不论在人们的身体需要与生产力之间，还是在社会需要与社会约束之间，都形成了一种比较好的平衡状态，实现了"自然状态的优点"与"文明状态的优点"的完美结合。就自然行动而言，(集体)生产力的充分使用实现了人的必然需要；就社会行动或者说社会交往而言，一方面，人还没有形成对他人的必然依赖与"舆论"的成见，另一方面，尽管要求得到他人尊重，然而既有同情心的包容与制约，也有"不冒犯他人"作为一个基本的阻力。按照卢梭的说法，这一时期人，是在"原初状态的惰性与尊己抑他心的易怒活跃性之间，维持了一种中道状态"①。在他看来，这种"小国寡民"、"安居乐业"的平衡状态，是人作为一个物理存在与道德存在的完美结合，是人类最适合生活的一种状态，同时也是卢梭仰慕的"野蛮人"所处的状态。他他盛赞之为"人类的青年期"(或"黄金时代")②。

　　这里已经触及了卢梭对"社会"的基本判断。我们不妨从一个卢梭特别关注的问题入手来讨论这一问题，即社会在人从"感觉生活"向"普遍的观念生活"突变的过程中的作用。如其所言，要让一个一直以来都依靠感觉生活的人，产生一种"无感觉成分"的、"纯粹是智力思维的"普遍观念③，必定要耗掉无数的力量与时间。"我们无法想象一个人如何能够，仅仅依靠自己的个人力量，没有交流沟通的帮助，没有必然性的驱使，就穿越了如此巨大的沟壑。"④从这句话来看，卢梭的意思很明确，要实现感觉到思维之间的突破，不是简单感觉积累就可以完成的，他在讨论《爱弥儿》的感觉教育时，依然在寻求感觉转变为理性思考的路径。从社会学的角度说，这一转变过程绝非个人力量可以实现，它必然要求在自然人的心智之中，注入一股绝大的外部力量，促使这样一种"质变"的完成，这就是"社会的力量"，即上文所说的集体仪式。这也是涂

---

① Rousseau，1997a：164，167.
② Rousseau，1997a：164.
③ Rousseau，1997a：148.
④ Rousseau，1997a：143.

尔干在《卢梭的〈社会契约论〉》一文中主张"正是自然的原因使人们逐渐构成了设计",而社会也改善了人的自然。[①] 不过,因为涂尔干要为社会"正名",所以他只是取了卢梭"社会观"的一半。相比之下,朗松的判断更为全面一些,他认为,卢梭的社会是"必要的恶"[②],其实应该说,是好与坏的结合体(善恶同体);它一方面以集体合力的形式提升了人的生产力,增强了人对抗自然压力的能力,避免了物种的毁灭,另一方面它借助集体仪式等社会生活形式,形成了一套社会评价机制与等级化的社会结构,败坏了人的自然德性,最终使之陷入社会的牢笼而不能自拔。

---

① 涂尔干,2006a:59。
② Gustave Lanson, 2006.

第七章 "青年期"的败坏、财产与人的可完善性

一、平衡的再次打破与第二次"失乐园"

人类青年期的生存状态正处在单纯的"自然史"与"文明史"的临界状态,它不仅意味着人作为一个物种摆脱了时刻濒临灭绝的危险,同时也孕育了人的发展史的第二个拐点。承上所言,采集与捕猎时期的人,其欲望仍以感觉为限,而群体的物理合力又足以满足"自我保全"的欲望,所以在新的平衡状态下,自然人保持着一种近乎静止的运动轨迹,其怠惰与惯性又开始显露出来。按照物理学的原理,处在这一状态的人,若没有外力的干扰,应当一直保持这种动态的静止与平衡状态。那么,大自然照看下的青年期的人是如何再次突破这种新的自然状态的呢?

鉴于这一时期人依然完全处在自然系统的照看之中,面对残酷恶劣的自然环境,人不可能有主动改变的力量,既然大自然依然是矛盾的正题,所以打破"青年期"平衡状态的力量依然来自大自然本身。大自然似乎跟人类开了一个"天大的玩笑";它退去了她的"洪水"[①],减小了人类的生存压力。正是自然压力的突然减少,人类积累的"势能"在短时期内成为了一种"相对剩余"的生产力,也开启了文明社会的"加速运动";当然这一加速过程十分复杂,也并非所有地区的人都步调一致的前进。

承上所言,当自然压力突然增强时,绝大多数地区的自然人都已经被消灭(例如北京猿人),只有在温度、食物、水源相对较好的地区(赤道地区)的人有

[①] 据科学研究,地球大约1.5万之前,冰河期结束,全球平均气温从10℃,上升到15℃。

生存的可能。经过数万年与自然抗争求生的过程,这些人都已经成为"巨人"与"神的儿子",练就了自我保全的超强体力与一定水平的智力。当自然压力减弱之时,他们的自我保全能力就相对剩余了,其结果就是食物一定程度的增加、闲暇时间的增多与人口的增加。在自然系统中,物种的种群密度是有一定规律的,特定地域能够养活的人口数量是有限的,这就迫使增量人口向其他地区疏散,直至渐次向高纬度地区的迁徙(走出非洲)。

这个时候,经迁徙而分布在不同地区的人出现了分化。一方面,那些停留在自然条件较好区域的人,他们本来就没怎么偏离自然状态,生存环境稍稍好转,就又回到了"一伸手"就可以实现自我保全的状态,所以很快又退回到了自然状态。① "当挪亚的孩子分离时,共同的语言与最初的社会团体一起消失。……人们散布在特定地区辽阔的草原之上,再次回复原状,回到愚钝的野蛮状态,如果说他们曾经来自大地,那他们又回到大地的怀抱之中了。"② 另一方面,迁徙到自然条件相对恶劣区域(中纬度地区)的人群,则要适应一年四季温度与食物的变化,所以长期需要稳定的集体劳动以维持与自然力的平衡,在卢梭看来,真正踏上罪恶文明之路的恰恰是迁徙到自然环境相对恶劣的人。

> 到底还有什么地方,比那些称作人类发源地的地方的气候更为恶劣呢?③

> 气候温和、草木繁盛、地力肥沃的地方,人口最为集中,也是国家产生最晚的地方,因为人们可以不需要别人,就轻而易举地生存,至于促使社会产生的需要,人们也要晚一些才感受到。④

> 当人们研究,人类的祖先到底源于何处,最初的殖民地是谁建立的,最初的移民来自哪里,你不会提到小亚细亚、西西里或者非洲那些气候宜人的地方,甚至都不会说埃及;你会说是卡尔迪亚的沙漠、腓尼基的岩石。⑤

---

① 一般认为,人是灵长类某一支类人猿进化而来,实际上现在某些地区初具智力的类人猿可能是进化中的人重新变回去的。
② Rousseau, 1997a: 270-271.
③ Rousseau, 1997a: 274.
④ Rousseau, 1997a: 272.
⑤ Rousseau, 1997a: 273.

> 生活在水源充足之地的人们,因为容易得到水,所以社会的出现就延迟了。……在干旱之地,人们只能从井里取水,别无他法只能合作挖井,或者至少就如何使用达成一致。①

简单地说,在人与自然漫长的、残酷的、戏剧性的辩证角力过程中,大自然以一种偶然的方式给人类文明注入了一股前进的动力。当然,这并不是说,是大自然造成了人类的败坏,而是人类没有正确使用自己的力量,给自己带来了可悲的后果。这本是大自然对人类莫大的恩惠,可惜人类似乎对大自然的体恤与"恩典"不怎么领情;这些"新生的人"非但没有好好利用这种恩典,反倒开始滥用自己的力量,亵渎大自然的恩惠,一步步走向堕落。② 站在这个自然史与人为史的分水岭上,我们不难发现,野蛮人正是那风华正茂的青春少年,而文明人则是病入膏肓的垂暮之人。

二、剩余生产力的开发、社会评价体系的形成与人性的异化

的确,青年期的人已经具备了超越大自然压力的"潜能",我们可以称之为"潜在的生产力"。人类必然要发挥他们的潜能吗?不能一概而论。考虑人的存在状态的惯性(惰性),若没有外力的推动与压迫,按理说这种潜在的生产力是要被闲置甚至退化的。到底人是在什么情况下要继续开发扩大他们的生产力?

上一节我们已经提到,卢梭认为气候相对恶劣的地方是文明的发源地,但对其原因与过程语焉不详。笔者认为,迁徙到温带(中高纬度:30—50度)的人才是剩余生产力的真正开发者。相较之下,生活在自然条件优越的人非但没有前进,而且很可能退化了,而迁徙到自然环境过分恶劣地区的人,即便开发了潜在的力量,也很难形成对自然的优势,既然没有剩余生产力与剩余产品,也就不可能进入到文明社会(若按卢梭的逻辑,"黄金时代"永远属于他们)。

1. 生产力的持续开发:工具的改善、组织化的集体劳动与生产方式的最初革命

---

① Rousseau,1997a:277.
② 《圣经·创世记》(11:4):他们说:"来吧!我们要建造一座城和一座塔,塔顶通天,为要传扬我们的名,免得我们分散在全地上。"

第二篇　自然人、剩余生产力与"善恶同体"的社会

　　面对周而复始的四季与可怕的"严冬",温带地区的人的预见力与想象力得到了足够多的"痛"的磨炼。人们很快认识到,到秋季末期应当要猎取尽可能多的猎物,储备更多的食物。这一过程不仅完善了人运用体力的技巧,完善了那些补充体力的技艺(arts),而且促进了合作的精细化与组织化。在语言等"普遍的社会媒介"的催化之下,人与人之间的合作很快就成为了一种"有序的、有组织"的合作;合力也逐渐不再是"力的简单加总",而是形成了大于单个个体之总和的"化学合力"。这种化学合力具备了进一步挑战自然压力的潜质,当然人力对自然的威胁最终成为现实的破坏,还要相当长的时间。

　　更重要的是,这一时期相对稳定的群居生活为畜牧养殖与果蔬种植提供了可能;在数千年近乎不变的生产生活中,从最初观察冬季捕获的猎物的产仔过程,到逐渐弄清野猪、野鸡等猎物的哺育过程,从最初无意中发现吃剩的种子可以长成果蔬,到逐渐弄清春华秋实的自然规律。在这一阶段,人类已经准备从采集与捕猎等简单的生产活动(produce)迈向畜牧耕作等高级的再生产活动,以畜牧业与农业为代表的第一次生产方式的革命已然呼之欲出。

　　合作的组织化、工具的改善与生产方式最初的革命,不仅满足了人们的必然需要,同时也给人们提供了长期可以利用的便利手段,生产力的大幅提升正蓄势待发。从历史上看,有些地区的人进入了畜牧为主状态,另一些地区的人则进入了农业社会。尽管畜牧与农业,都具备了"剩余生产力",但卢梭显然秉承了古代先知的遗训与洞察力,也认为农业是人类文明、也是人类罪恶的开端。[1][2] "谁第一个圈了一片土地,还想到要跟别人说这是我的土地,而且还找

---

① 《圣经·创世记》(4:3—7):有一日,该隐拿地里的出产为供物献给耶和华;亚伯也将他羊群里头生的和羊的脂油献上。耶和华看中了亚伯和他的供物,只是看不中该隐和他的供物;该隐就大大地发怒,变了脸色。耶和华对该隐说:"你为什么发怒呢? 你为什么变了脸色呢? 你若行得好,岂不蒙悦纳? 你若行得不好,罪就伏在门前;它必恋慕你,你却要制伏它。

② 至于其中的理由,康德给了一个解释。牧人的生活安逸,不缺乏饲料与土地;农人生活艰苦,要充分保护他们的土地。牧人憎恨农人限制了他们的放牧自由,而农人憎恨牧人的畜群践踏他们的粮食,后一种危害要大得多,因为一年的收成可能都没有了,所以"很可能是农人首先使用武力来对付牧人"。尽管康德的《人类历史起源臆测》与卢梭的《二论》颇有相互印证之处,而且都与《圣经》的隐喻有莫大的关联。然而,这一解释却未必是古代先知的原意,也未必是卢梭的意思。若是按照卢梭的"原理",原因很可能是,与农人相比,牧人的生活方式更要依赖自然法则。尤其是在冬季,牧人更是要尽全力保护畜群。反倒是农人收割了粮食,可以不受外界压力的约束,无所事事,闲暇时间罪恶孳生。其实,康德自己也承认,"大自然的历史是由善而开始,因为它是上帝的杰作;自由的历史则是由恶而开始,因为它是人的创作。"但二人对《圣经》的隐喻的理解有较大的出入。康德,1990:68,71—72。

到了足够单纯的人相信他,这个人就是文明社会的真正创立者。"① 那么,以"捕猎"与"采集"为主的人类的青年期如何"跳跃"到具有固定财产的农业社会的?这一问题的艰难、过程之复杂实在让人望而却步。② 本书也只能按照卢梭的"原理"阐释大体的逻辑。

接下来的问题是,如果身体保全的必然需要没有增长,人们就应当止步于既有的状态,没有必要进一步开发生产力与储备更多的食物,逻辑上说,后者纯粹是多余之举;所以应当有新的力量促使他们这么做。对已经具备与自然相平衡能力的人来说,这一力量不可能再源自大自然,它必然来自人本身。

2. "道德密度"的增加与人性的异化

卢梭与马克思都认为,"人口的增长"是人类从事新的生产活动的动力。按照自然界的规律,物种种群有自我调节的能力,最初的人也一样,人口的规模与食物、水源的数量始终保持一种动态均衡关系。然而,当人具有了剩余生产力之后,相对剩余的食物就可能导致人口的增长,这又迫使人类继续运用与开发生产力,于是增量的人口与剩余生产力形成一种相互刺激的状态。③

这一看似成立的推理,其实很有值得商榷的地方。首先,对以身体需要为限度的自然人来说,"够吃就好",它不需要多余的生产力(剩余生产力),所以也没有必要开发;其次,即便是温带的人,需要在秋冬之际增加生产劳动,储备相对剩余的食物,从而导致人口短暂的增加,但这些人口未必直接刺激生产力的进一步开发。这不仅因为人的生育时间跨度较长,初民社会人口增加的幅度很有限,更因为在人烟稀少的初民社会,完全可以通过迁徙的方式解决生存压力。对自然人来说,较之提高生产力,迁徙可能更容易。换句话说,进一步开发剩余生产力的真正动力因不是所谓过度增加的人口,而是"道德密度"的增大或者说日益频繁的集体生活与社会交往导致的"群体内部的竞争与对抗"。

如果说集体劳动需要人与人之间的通感,从而大大激发了人的同情机制,那么生产力的提高与**闲暇时间的增多**,就为业余时间人与人的社会交往提供了可能,或者说为道德密度的增加提供了充分的条件。这个时候,社会交往的

---

① Rousseau,1997a:161.
② 康德,1990:71。
③ 马克思,1972:25;卢梭,2007:86。

形式就不只限于争夺性伙伴"仪式",其他各种集体仪式(祭祀等)与社交活动都接踵而来。

社会交往,就过程而言,就是人与人之间的相互"同情"。然而,频率过多的同情,或者说高密度的社会交往,会让个体习惯于以"他人的目光"来看待自己。更为有害的是,他人的目光经过社会交往的"催化"与"提炼",迅速形成一种"约定俗成"的评价体系(最初的公共舆论),例如,男子的强健、勇猛、技艺精湛、善于发明、组织才能,女子的能歌善舞等等。[①] 如果说采集与捕猎期间的危险,直接"催化"了简单的合作与粗糙工具的使用,那精雕细琢的工具就产生于"闲暇"的时间:

> 他们使用这些闲暇时间获得各种便利之物(conveniences),这些便利之物是他们的祖先不曾知道的;这就是他们想都没想就加在自己身上的第一副枷锁,也是他们为他们的后代准备的最初的罪恶源泉。[②][③]

本来,指向他人的"移情"与指向自身的"同痛感",若保持良好的比例,就既能够维护群体的合作与团结,也有利于个体的独立与自由。然而,既然他人的目光已经对个体的行动具有支配力,就意味着,同情心整个都蜕变成了"移情",每个人都渐次以他人的目光来审视自己,甘心向舆论(public opinion:公众意见)屈服。于是,一切社会秩序都按照这种"约定俗成"的公众意见来安排就会毫无障碍,例如、食物的分配、人与人之间的劳动分工等等。

当每个人都处在他人目光的包围中,受制于这个社会评价体系之时,他的主要念想就是展示自己"与众不同"(distinctive)的才能,为自己在这个公众意见(public opinion)的评价体系中争得一席之地。这就极大地刺激了人们的"尊己抑他心"(amour-propre),人与人之间的竞争与猜忌也就愈演愈烈,直至炽热的程度。

这时人们逐渐习惯于这种评价体系及其载体公众舆论对自己的压迫,反

[①] 卢梭,1978:528。(《爱弥儿》第五卷开篇关于男女在性匹配上自然差别的讨论)
[②] Rousseau, 1997a:164.
[③] 《圣经·传道书》(7:29):我所找到的,只有一件,神造人原是正直(uprightness),但他们寻出许多巧计(inventions)。

倒会为某个人没有按照自己的"价值"或者说"价格"来评价自己而感到"愤怒"。换而言之,之前确实是人的力量的弱小(weakness)迫使人与人相结合,形成相对稳定的社会生活,而日渐成型的"社会"反转过来以一种"对社会评价的需要"让人更加弱小,为舆论的力量所宰制,被嵌入到舆论构建的等级化的社会时空秩序中,或高兴或愤怒。不论是愤怒,还是高兴,都只是一个"舆论奴隶"的愤怒而已。至于鞭挞这个"奴隶",那是卢梭情绪的事情,让我们继续回到卢梭"体系"的思路中来。

紧接着一个非常重要的问题就是,要获得他人的赞许、肯定与尊重,就必须在社会的评价体系之中,占有"舆论"认可推崇的东西。考虑到这一时期,生存仍然是重要与紧迫的任务,强健的身体、超凡的技能与食物的占有量等必然就构成了人的价格(price)的重要砝码,特别是食物的占有量(财产)必然逐渐成为获得群体评价的一个最重要标准。

概而言之,新生的社会评价体系,为人性的构成(constitution)添加了一种与生理(身体)需求迥异的新成分、新属性,一种道德(人世、社会)的成分与属性。较之生理需求的不变性,道德构成可以随着社会生活的变化而变化,具有自我再生产与自我革新的性质,而且它之于人的分量也与日俱增,直至使得人的自然属性失去了存在的意义。用卢梭的话说,"人类越是聚拢,就越腐化,身体的不健全与灵魂的恶性都是过度拥挤的必然结果"[①]。就这样,道德密度的增加、社会评价体系的再生产、欲望的败坏、人性的异化、剩余生产力的开发及相互争夺与战争,这一系列事件相互强化,开启了人类全面的"加速运动","随之而来的所有进步,从外表上看,似乎大大成就了个人的完善,然而就实际效果而言,却是人类的退化。"[②]

三、财产:外物何以成为人的属性

承上所言,相对稳定的集体(群居)生活不但为剩余生产力的开发提供了可能,促进了生产技艺的精细、合作的有序与各种技能的代际传递,更重要的是,形成了与自然秩序截然不同的社会秩序,并最终催生了文明社会的基础性

---

① Rousseau,1979:59.
② Rousseau,1997a:167.

要素：财产。这里有必要在学理上就人与物的关系做一简要辨析陈述，证明物之所以成为人的属性，与人之间形成一种能超越时空限制的、排他性的关系，就源自人类稳定的群居生活及其形成约定俗成的集体意识，而不是通常所谓的劳动。

首先，就自然状态而言，自然人只关注与自我保全相关的好东西（goods），比如休息的地方、食物、水、交配期的对象等，而且它对这些好东西的关注仅限于与当下的保全有关，当拿着物填饱肚子时，自然人才有一种最单纯的、感觉意义上的"拥有"（possession）。一旦保全的需要消失，也就无所谓拥有了，就如一只吃饱的狮子无视眼前一只肥硕的鹿一样，甚至他连自己的身体都意识不到。较之我们今天这种超越当下乃至跨越时空的所有权，自然人只是对物的即时把抓（comprehend）而已。就算自然人，如洛克所说的那样，使用体力让物发生了"位移"或者"变形"，但这只是自然系统内的欲望的满足而已，或者说整个运动过程都是自然系统的一部分，人与物的关系随之自我保全的运动结束而终结。

其次，当面对急剧恶化的自然条件与生存环境，人们开始"主动"使用自己的力去寻找食物，即采集阶段。采集阶段就产生了洛克所说的"用劳动把自然物品移出原有状态"的情况。[①] 之前，自然人是在被动的欲望刺激之下去寻找食物，因此任何一次觅食活动都是一次性的"毁灭"，从来不涉及人与物的关系。而所谓的采集时期，生存的激情给人以持久的动力，导致人与人、人与物之间相互作用的频率与强度都大大增强，对双方来说，力的作用（人与人的争斗、人多摘果品）效果都很明显，特别是与竞争对手（其他物种）抢夺稀缺的食物、水源，通过排斥他们形成对食物、水源的专属占有。正是人的这种能动性，才有了洛克所说要"划拨为己有"（appropriation）的概念，当然更准确地说，这是一种人类的群体占有。这一时期，与之前满足瞬时的需要不同，人对物占有逐渐转变为一种持续的占有，但要特别强调的是，这种持续占有的排斥对象是其他物种的竞争者，而不是人与人之间。此时"物"还远没有达到人的"一部分"或者说"属性"（property）的程度；因为维系人与物的关系的力，毕竟还只是来自人对物的"有用性"（usefulness）的感觉与记忆。基于感觉的记忆，这种"感觉持续再现能力"的持续时间再长，也总有限度。换句话说，物之于人的绝

---

① Locke, 2003: 288.

对意义还没有确立起来,尚未形成人与物的恒定关系,也谈不上一种"普遍的排他性"(universal exclusiveness)。这也是为什么,当大自然稍稍施加了新的恩典之后,有些地方的自然人又退回到自然状态的原因。

最后,真正致使人与物之间确立超越时空的排他性关系的是"社会"。如上所言,以集体仪式为核心的社会生活大幅度提升了人与人之间的互动频率与强度,形塑了与自然秩序截然不同的新社会秩序,一种看不见、摸不着的等级化的社会时空秩序逐渐生成,并借助仪式等社会组织形式进行持续的自我再生产。堕入其中的人非但不可能摆脱这一等级秩序,而且日渐卷入其中,渴望在这一等级秩序中高人一等。简单地说,这个时候的自我保全(self-preservation)已经不只是身体的保全,而主要是社会(道德)人格的保全,对多数人来说,所谓道德人格无非就是得到公众舆论(他人目光)的认可与赞许。公众舆论催生了普遍的"尊己抑他心",促使人们关注"物的所有",从事一种"根据自己的劳动进行私人占有"的生产方式,物品的私有也逐渐得到认可与普及。"所有毫无节制的激情,窒息了自然的同情心与更为微弱的正义之音,让人变得贪婪、野心勃勃、邪恶"①。同情心的力量受到了有力的削弱与遏制,之前的原则无法维持了,物品不再归群体所有,分配也不再是根据"需要"与"功绩"(merit)的原则。卢梭所说的那"第一个划地打桩"的人,其实不是欺骗了众人,相反他是得到了众人认可的,因为众人随之也跟他一样试图垄断性占有脚下的土地与物品。这种"约定俗成"的认可正是物的排他性所有的正当性的最初来源,是社会作为集体意志(最终上升为法律)对人与物的关系(及其他各种道德关系)的重新规定。

社会评价体系与等级化的时空秩序一旦形成,就会成为一种自我再生产的"社会事实",凭借社会对个人的绝对优势,迫使个体打破自己的"独特性",从一个"普遍他人"的视角审视与规定自己,彻底重塑个人的人性构成、行动轨迹与存在状态。在卢梭看来,正是这种"普遍的"社会力,把人与物整合为一体;准确地说,是人被夷平为一个没有质的差别的"财产量",即是说,是"社会"让人异化为了物的奴隶。此时,在人的存在状态中,"独处的自然人"的部分丧失了它的实存,大自然对人的作用效果也几乎可以忽略了,人类的"青年期"渐入尾声,而人作为一个普遍存在的历史,即文明人的历史、奴隶的历史开始了。

---

① Rousseau, 1997a: 171.

所以,现代人若不能克服以财产为核心的市民社会的异化问题,就不可能解放自己。这一点在《爱弥儿》财产教育还要继续深入讨论。

四、"罪恶丛生"的人力平衡体系

(一) 膨化的欲望与贫富分化的相互刺激

财产的正当权利(right of property),尽管已经成为了一种"约定俗成";但要在"法"的意义上确立一种普遍"名分"与"效力",则还需要再经历一个"痛苦"杀戮与欺骗的过程,这就是国家的成立。这一阶段人类社会的主要任务是如何维持这个"物欲横流"、"尔虞我诈"的群体的平衡。这个问题极其复杂,可以从人们竭尽全力去占有"物"的欲望来讨论。

剩余生产潜力的开发必然带来一个结果,即,"身体健壮的人劳作得更多;技术更好的人收益更好;能干的人可以找到方法缩短劳动时间……"[①]这样,有些人就占据了越来越多的土地与牲畜,成为了富人。相比之下,那些"体弱或者懒惰的人","尽管什么都没有失去,但是因为周围一切都变了,但他们没变",所以就成了穷人。[②] 于是,各人在社会评价体系中的位置与分量也逐渐悬殊,富人成为了事实上的主人,穷人则成为了事实上的奴隶;"在不知不觉之中,自然的不平就导致了不平等的社会结合。"[③]

然而,情况很快发生了变化。因为此时人的劳动的动力主要来自"要提高自己的相对财富的狂热欲望","这种欲望不是出自真正的需要,而是要超过别人"[④]。甚至于在一些人的心里,已经到了连"怕死"都节制不住这种"害人的野心"的地步。尽管"不冒犯他人"已经是一种约定俗成的义务,然而义务与罪恶往往是双生子。一个人,如果觉察到他有能力做他不应该做的事情,就意味着他很快就会找种种借口或者谎言来掩饰自己的过错与罪恶,各种虚情假意、忌恨乃至赤裸裸的相互抢夺都随之而来。[⑤][⑥]

---

① Rousseau, 1997a: 170.
② Rousseau, 1997a: 171.
③ Rousseau, 1997a: 170.
④ Rousseau, 1997a: 171.
⑤ Rousseau, 1979: 101.
⑥ 《圣经·创世记》(13: 7):亚伯兰的牧人与罗得的牧人相争。

在贫富分化之初，人们还可以选择通过迁徙来解决问题。① 然而，一来土地无法迁移；二来在相对肥沃的土地区域内，可耕作的土地占有率逐渐逼近"不损害别人的东西，不可能再扩大他们自己的"程度②；第三，也是最重要的是，富人的心理已经扭曲到了这样的地步：

> 富人们一尝到统治的快乐，其他快乐就不值一提了：他利用他原来的奴隶来臣服新的奴隶，他们唯一的心思就是征服与奴役邻人；就如贪婪的豺狼一般，一旦尝到了人肉，就不想吃所有其他东西了，至此之后就专门吃人。③

而且，随着贫富分化的加剧与"尊己抑他心"的炽盛，人与人之间的竞争终于到了"战争"的地步。最强者，根据强力的原则，无止境地占有他人的财产；弱者则根据需要的原则，劫掠他人的财物。④ 竞争、敌对、"暗中的损人利己之心"⑤，都随着财产私有化接踵而来；而报复与杀戮似乎是唯一可以恢复平衡、解决问题的方式。强力、需要、劳动、先占、征服、反抗，都宣称自己具有"正当性"(right)，实际上在人们的意识中，似乎没有哪一种比另一种更正当，社会亟待一种新的稳定秩序，有财产的人更是期盼着重归和平。⑥ 照此逻辑，人与人的战争状态并非像霍布斯所说的，是社会状态的起源，相反它是社会状态的结果。⑦

简单地说，实现了以农业为主的生产革命(含畜牧)的人全面脱离了纯粹的自然力平衡系统，使用人力抵偿"社会的压力"，尝试构建人类社会自身的平衡系统，一个变化无常、罪恶丛生的平衡系统。

---

① 《圣经·创世记》(13:6)：那地容不下他们，因为他们的财富甚多，使他们不能同居。(13:9)(亚伯兰对罗得说)："请你离开我：你向左，我就向右；你向右，我就向左。"
② Rousseau，1997a：171.
③ Rousseau，1997a：171.在《爱弥儿》(第三卷)中卢梭也有类似的看法，"一有了剩余的产物，就不可避免地要进行产物的分配与劳动的分工……当一部分人闲着而不劳动，就需要其他劳动的人协力合作才能弥补那些人懒惰坐吃的消耗"，当然这种情况"只能在社会中产生"。参见卢梭，1978：246。
④ Rousseau，1997a：171.
⑤ Rousseau，1997a：171.
⑥ Rousseau，1997a：172.
⑦ 涂尔干，2006a：58。

在人们联合起来，用共同的劳动在人与自己的产品建立一种平衡之前，只要自然照看这种平衡，他们就能够生存，今天必须用人力来维持；自然以剧烈变动的方式来维持或重建这一平衡，就如今天的人们用他们的变化无常来维持它一样。①

(二) 财产的正当权利的确立与罪恶丛生的人力平衡体系(国家与法律)

对比穷人与富人，穷人除了生命与自由，这两样大自然的恩赐之外，此时几乎一无所有，而且这两样东西是他作为一个人的根本，即便有人暂时奴役他，也没有人可以拿走它们，随时都可以反抗与报复。② 相比之下，富人要照看他的财产，时刻担心别人来劫夺。"我们有理由相信，是那些政治社会对之有用的人的发明了它，而不是政治社会对之有害的人发明它。"③④所以，必然是富人要急于寻求机会，以共同和平与安全的理由，以所谓和平与正义的规则为幌子，要求每个人都必须遵守这些规则，从个人及群体弥散的力量统一于至高无上的权力，宣称这种权力能保护与守卫这个共同体的所有成员。于是，国家与法律或者说最初(畸形)的公民状态就形成了。⑤

在卢梭看来，国家的成立与法律的制定，无非是富人给穷人设的一个圈套而已，他们的真正用心是"保证每个人都占有属于他的东西"⑥。这样穷人就不能掠夺富人了，而富人却照样奴役穷人。更可悲的是，自从穷人钻进了这个圈套之后，他们就一直被不同的链条紧紧锁住，丝毫都没有放松过。国家成立之后，卢梭在《二论》开篇所说"奇迹"⑦就要依次粉墨登场了：首先是法律与私有财产的确立，政治社会的主角是富人与穷人；其次，设置执政官，对

---

① Rousseau, 1997a：276. 至于其中的原因，下一节要细致讨论。
② Rousseau, 1997a：171；卢梭，2003b：12。
③ Rousseau, 1997a：175.
④ 当然，卢梭也承认，国家最初的成立必定要有一种普遍的必然需要的压力，以及普遍的"约定俗成"的效力作为基础。如其所言，一切政治权利的基本准则是，"人民设置首领是为了保卫他们的自由，而不是奴役他们。"只是在《二论》之中，卢梭特意强调了这种"约定俗成"当中的阴谋。Rousseau, 1997a：176；卢梭，2003b：5。
⑤ 涂尔干，2006a：58。
⑥ Rousseau, 1997a：173.
⑦ 卢梭曾在《二论》开篇，就它的批判主题写道："在事物的进程中，什么时候权利取代了暴力，自然受制于法律；并解释通过怎样的一连串奇迹，强者可能决心为弱者服务，人民决定以真正的极乐(felicity)为代价来换取一种臆想的安宁。"参见 Rousseau, 1997a：131。

应着认可强者与弱者;最后,合法权力变成独断权力,承认主人与奴隶的关系。① 在这个过程中,财富、身份(nobility)、品位(rank)、权力、个人的功绩之间的关系变幻不定;阴谋、党派、内战接连不断,"公民为国家抛头颅洒热血,而国家却总是成为野心家的私产"②;其败坏之加速进程着实让人惊讶。唯一能够维持这个腐败不堪的人世秩序的力量,大概就是强者的统治与相互杀戮、智者的讹诈与相互算计、弱者的忍耐与甘愿臣服、愚者的无争与浑浑噩噩。③

如其所言,国家的历史始终伴随着强力压迫,且日益走向扭曲与专制。"小孩子指挥老年人,傻子领导智者,一小撮人脑满肠肥,吃用不尽,大多数人因生计匮乏而饥肠辘辘"④,所有这些不平等随着历史的进程转变为习俗,成了奴隶们习惯的锁链,得到了各种正当性的粉饰。在《二论》结尾处,卢梭明言,文明的历史,若任其堕落,难免走入这样的境地:

> 人民习惯了依附、宁静与生活的安逸,为了确保他们的平静,他们同意扩大自己的奴役状态,这也是为什么,首领世袭之后会认为执政权是他们家族的私产(possession),会认为自己是国家的所有者,其实最初他们不过是公务员(officer)而已,还会宣称他们的同胞是他们的奴隶,像清点牛羊等财产一样清点人民,而且宣称自己与诸神、列王之王平起平坐。⑤

所以,卢梭在《二论》结尾,围绕国家的正当统治问题,严厉批驳了父权制、奴隶制等学说,认为这些理论都是为既有的统治装饰辩护而已。

1. 父权制。"柔和的父亲权威与专制主义的残忍精神是风马牛不相及的",行使父亲权威的人,通常是得不偿失的,因为"按照自然法,只有在孩子需

---

① Rousseau,1997a:182.
② Rousseau,1997a:182.
③ 康德也意识到"战争"这种最大的争斗,是"文明民族所承担的最大灾难",然而,这位一生都躲在柯尼斯堡的哲学家竟然认为,"战争乃是带动文化继续前进的一种不可或缺的手段",是他那"世界公民状态"必须经历的阶段。康德大约就是卢梭所说的没有心肝的哲学家的代表。参见康德,1990:14,75。
④ Rousseau,1997a:188.
⑤ Rousseau,1997a:182.

要父亲帮助的时候,父亲才是孩子的主人;过了这段时间之后,父子就是平等的了;此后孩子就完全独立于父亲,对父亲要尊敬,但不必服从;报答父亲确实是一种应该履行的义务,却不是一种强制索取的权利。"卢梭认为,父权不是文明社会的基础,恰恰相反,正是文明社会造就了父权,"父亲作为自己的财物(goods)的真正主人,他的财物让他的孩子依赖他。"父亲与成年的孩子之间是一种相互承担义务的契约关系,孩子有义务尊重、报答父亲,父亲有义务根据孩子对自己所尽的义务分配自己的遗产。简单的说,父亲对一个成年的孩子没有什么正当的权威;既然如此,国王,即便是亚当的长子,对民众也没有什么权威可言。①

2. 奴隶制。对宣扬奴隶制的政治学家,卢梭认为这些人"总是基于他们看到的东西,来判断他们没有看到的东西",纯粹是以既成的事实作为正当,"看到眼前的人以极大的耐心承受奴役,就认为人有受奴役的自然倾向"。在卢梭看来,"人的自然倾向到底是赞同奴役,还是反对奴役,应当根据一切自由民族反抗压迫的伟岸成就,而不是被奴役的民族的堕落状态来评判。……我看到许许多多完全赤身裸体的野蛮人,对欧洲人的奢侈不屑一顾,而且忍饥挨饿、冒着战火和死亡的危险,只是为了保卫自己的独立,因此我觉得,不能用奴隶来讨论自由问题。"换句话说,为奴隶制辩护的人,只不过是同义反复罢了。②

这也正是卢梭在《二论》开篇就认定,在当前的情况下,约定俗成确定的不平等与自然的不平等之间,根本"没有什么本质的关联"的理由。③ 因此,若是有人企图在既有的政治经济制度中发现权力、财富的自然正当性,以及它们与德性之间的必然关系,那不过是自欺欺人罢了。

3. 思考

为什么人类的"社会状态"会加速走向朽坏呢? 因为在社会交往作为一种必需处境的条件下,已经成型的贪婪、嫉妒、高人一头等"人造的激情与欲望"(artificial passion and desire),非但难以遏止且会日甚一日。任何外在的力量都不可能扑灭这些激情、遏制这些欲望,就连死亡都无效力,更勿论一纸法律,

---

① Rousseau, 1997a: 177-178.
② Rousseau, 1997a: 176-177.
③ Rousseau, 1997a: 131.

"法律条文终究拗不过激情,它只能限制人,不能改变人"①。

正因此卢梭才说,任何政治体的成立都是出自遏制某种社会罪恶的必然性,却也常常为这种罪恶所消灭。政治国家本质上是一种不完善的状态与偶然的产物,先天不足、后天畸形,因此贤明的立法者们开出的小修小补的疗方,或许能治一时之病,却"不能根治国家体统(constitution)的恶性"②。所以,卢梭认为,首要的任务应当是确立一种"总体的改造计划"作为方向,否则其他的具体改造都是事倍功半。正如卢梭在《忏悔录》中所言,让一个人"抵抗已经完全成型的各种欲望",远不如"在这些欲望的源头进行预防、改变或纠正"来得有效。③ 所以卢梭才说,唯一可行的救治办法,应当如斯巴达的莱格古士(Lycurgus)一般,"清扫打谷场,抛开陈砖旧瓦,以为了之后建立一座好的建筑"。④ 卢梭的《爱弥儿》、《新爱洛伊丝》与《社会契约论》等著作正体现了卢梭思想的这个"纯粹道理"的面向:抛开沉重的文明史,重新"拯救人的自然"并以之为基础,彻底清洗文明的陈砖旧瓦,择其精要,重建一座宏伟的大厦。不过,这一切都取决于卢梭的一个基本立场:人本身是一个可塑的存在。

五、人的可完善性(perfectibility)是一把双刃剑

(一) 人的可完善性的开发历史就是一部"滥用"与"罪恶"的历史

让我们重新回到一个基本问题,即,《二论》这部奇书的目的是什么? 卢梭在《二论》结尾处,说得最清楚,这本书"要解释人的灵魂与激情,如何在不知不觉地参杂之中,可以说本性发生了变化;为什么长期以来我们的需要与快乐的对象发生了变化;为什么,在原处的人消失之后,除了一群假人(artificial man)与虚假的激情之外,社会再也不能向贤明的人提供什么,这些假人与虚假的激情,就是所有这些新关系的产物,它们在大自然之中没有真正的基础"⑤。他在《忏悔录》中也曾就《二论》这部作品说到,它"追述了歪曲人的自

---

① Rousseau,1997a:182.
② Rousseau,1997a:175.
③ Rousseau,1995:343.
④ Rousseau,1997a:175.
⑤ Rousseau,1997a:186.

然的各个时代和各种事物的进程,并且比较了人为塑造的人(homme artificiel)与自然人,向他们指明,人的苦难的真正源头就在他自以为的完善(pretended perfection)之中。"①简单地说,《二论》想告诉人们,人是"怎么变坏的"。确如涂尔干所言,《二论》没有考察如下问题,即"究竟是人在相当长的时间内保持自然状态,还是从他产生之日起就开始从自然状态中偏离出来"②,但这不意味着历史,特别是人的自然变化史,对卢梭不重要,相反我们要反思的正是人的自以为的完善的历史,考察这一偏离过程,以为后来者为借鉴。那么,人的真正完善与自以为的完善有什么区别,人的可完善性又是怎么一回事?

上文我们比较细致地论述了人与大自然压力的角力演进过程。正是人类以一种集体劳动的方式,积蓄了一种足以抗衡、偏离直至悖逆自然法则的力量;这不只是说集体层面形成的"合力";也指在个人层面形成的"自行其是"的力量:

> 大自然命令每一种动物,动物听从之。人也经历了同样的压力(impression),可是他认识到自己能够自由地默许或者抗拒;而且人的灵魂的精气神(spirituality)主要就在于意识到这种自由。③

人的这种"自由抉择"、"自由意志"的力量,即是卢梭所谓的"作为自由能动者的潜能"(capacity as a free agent)。④ 就这种潜能,有关键的两点需要说明:

首先,人的自由行动是一种"精神行为",是"机械力学的法则"(laws of mechanics)所不能解释的东西,既不遵从感觉的机制,也不遵从观念的形成机制。如果说,世间确实有它遵从的法则,那只能是它"自己给自己立的法"。

其次,Capacity(潜能)是指人本身内含一个"能力与德性的胚胎"。这个胚胎具有一种自我调节与自我塑造的可能,如果任由它发展,加之外界的精心

---

① Rousseau, 1995: 326.
② 涂尔干,2006a: 49.
③ Rousseau, 1997a: 141.
④ Rousseau, 1997a: 140.

培育，各种能力与德性就能实现完美的配置与同一；一颗种子可以长成参天大树，一棵幼苗可以蔚然成林。用卢梭自己的话说，人的这种"完善自身的能力"，"在环境的帮助之下，它能按次序发展所有其他能力，这种能力既存在于人类之中，也存在于个体之中"①。

然而，可塑性就意味着可好可坏，可自我提升，也可自我堕落。事实上，人常常是"偏离到于他有害的地方"②；按卢梭的说法，人类已有的文明史或者说"培植自然的历史"(history of cultivation of nature)，就是一部人滥用自己的力量、纵欲无度、败坏自己的历史；更是一部人类"集体疯癫"的历史。

> 我们不得不悲伤地承认，正是这种与众不同的、几乎是无限的能力是我们一切苦难的源泉；正是这种能力，随着时间的推移，把人赶出了原初的处境(condition)，他本可以在原初的处境中过一种宁静的、纯真无邪的日子；正是这种能力，千百年以来，促成了人的启蒙与错误、恶性与德性的发展，最终让人成为了自己与自然的僭主。③

因此，就人这种潜在的"剩余力"，卢梭是既赞叹其神奇，也怒其不争。"所有的动物都有精确的、自我保全必需的能力。唯独人有剩余的能力，这种剩余竟然是他的不快乐的工具，这难道不奇怪吗？"④

（二）卢梭"悲天悯人的乐观主义"

这里还需要说明一个问题，即尽管卢梭极力批判人类滥用了自己的剩余力量，但他坚信，人可以学会好好使用这种力量，实现自己的"重生"，为个体、人类与大自然造福。就卢梭的"乐观主义"态度，我们可以试着与伏尔泰的态度做一比较，以彰显其特色。

对伏尔泰来说，1755年的里斯本大地震是他"神义论"思想的转折点，这一事件令他彻底抛弃了《老实人》与《天真汉》中对自然仅存的一点敬畏之心。

---

① Rousseau, 1997a：141.
② Rousseau, 1997a：140.
③ Rousseau, 1997a：141.
④ Rousseau, 1979：81.

第二篇 自然人、剩余生产力与"善恶同体"的社会

伏尔泰在论里斯本地震的诗歌①中指出，从大自然到人类社会的整个体系（system），从部分到整体，都处在一种"不规则的状态"（irregularity）。大自然整体无序，没有一个物体是"严格的数学图形"，没有一次运动遵守运动的因果律原理，"造物与造物主之间没有渐进的序列"，至于人类社会更是"苦难深重"。②

伏尔泰的诗歌看似悲天悯人，骨子里却是一个典型的"渎神文人"。他试图把人世的一切罪恶，尤其是"文人、富人"等陷入迷途而不自知的人的罪恶都推给神，无形之中就为人的罪恶做了开脱与豁免。就此，卢梭在 1755 年 8 月 18 日写给伏尔泰的信（通常称为《神意书简》）中对伏尔泰的诗歌作了如下评价：

> 现在你的诗告诉我什么？"不快乐的人啊，永远受苦吧。如果有一位神创造了你，毫无疑问他是万能的；他本来可以防止你的全部罪恶；因此不要希望这些罪恶会终结；因为如果你不受苦，不去死的话，你就不理解你为什么会存在。"③

---

① 1755 年伏尔泰曾就里斯本大地震，撰写了《论里斯本灾难的诗，或考察"一切都是好的"的公理》，以下是这首诗的一部分内容（转引自卡西尔，2002：43—44）：
无益的痛苦，便是那对话，永无休期！
呆头笨脑的哲人们大叫："凡事皆属正义。"
来——来看看这惨淡的废墟，
这衣衫褴褛的人们，这悲惨的地方，这瓦砾，
妇女和孩子们一个个堆起，
断裂的大理石压着破碎的尸体；
你说，这是永恒规律的必然
难道上帝选择了这样的悲惨？
再不用向我激动的心叮咛
这规律多么必然，多么永恒，
这个肉体、魂灵和世界的锁链。
呵，深刻的空想！呵，学究的梦！
上帝手执这条锁链，可他从未被束缚；
全靠他善意的选择，一切都是命定，
只有上帝自由而公正，他从不通融。
我们干嘛要忍受这样一位严明的天公？
② Rousseau, 1997a: 237-239.
③ Rousseau, 1997a: 233.

其实伏尔泰的意思，反过来理解就是，为什么在神意的法则之中，人没有特权，竟然跟动物一样受苦！按伏尔泰的推理，"似乎世界的秩序要根据我们的虚妄之欲(whims)①来改变，自然必须受制于我们的法律……"

为了凸显伏尔泰的这种用心，卢梭还把他和蒲柏、莱布尼茨的神义论做了一番比较。蒲柏与莱布尼茨认为，"在所有可能的配置系统(economies)②中，神选择了那个最少的恶与最多的好相结合的一个"。其实"这种盲目乐观的预定和谐"也缓和了人类的"负罪感"；但至少他们两位还是敬畏神意的，所以卢梭才说，如果必须"在两种错误之中选择一个"，他宁可选择蒲柏与莱布尼茨。③

概而言之，伏尔泰诋毁"神意"的言论只能表明"启蒙文人"的狂妄。在充分驳斥了伏尔泰的观点的同时，卢梭充分阐释了自己的神义论观点，其中一个最重要的观点就是自然秩序(physical order)与人世秩序(moral order)的区分："在自然秩序中考虑问题，应当通过相对的视角，在人世秩序中，则应该是绝对的视角。"④这句话，我们可以作以下两层意思解：

1. 就物理存在而言，应该把它放入到整个物理世界中考察，这样我们就能发现，大自然本身遵守"严格的精确性"。"只有大自然能够准确调整手段与目的，配置力与反作用力。……毫无疑问，那些看似的不规则，是因为那些我们不知道的法则造成的，大自然切实遵从这些法则，就如遵从那些我们知道的法则一样……"⑤即是说，大自然确定了无比精确的"法"，每一个物体都在法的意义上运动；至于那些看似零乱的现象与事物，只是说明有一些法尚未为人们所发现。"我能构思最伟大的神意观点，就是每个人物质存在，就与全体的关系而言，都以最可能好的方式得到了安排。"⑥

2. 就人而言，卢梭做了一个非常重要的区分：人的自然属性与社会属性。

---

① whims 是卢梭的一个重要术语，是指"一切不是真正需要的、只能通过他人的帮助来满足的欲望"。这个词有多种中译，这里权且译作"虚妄之欲"。卢梭自己的解释，Rousseau, 1979: 84。
② Economy 就其神学意义而言，指统治世界的高效体系与方式；这是卢梭自然神论的一个重要依据。同时，Economy 也是卢梭建设"道德社会"的基本指南。他的目的是希望能创造一个厉行节俭、摒弃奢华、人与人之间简单相处的市民社会与公民国家。
③ Rousseau, 1997a: 233.
④ Rousseau, 1997a: 242.
⑤ Rousseau, 1997a: 237.
⑥ Rousseau, 1997a: 242.

就人类作为类的"物理秩序"而言,神意是"绝对普遍的",照看着"属与类","每一个存在都能感到自己的存在,存在总比死亡要好";但这一规则是就"每一个有感觉的存在的总体持续而言的",并不涉及持续期间的某些特殊事件,即"人世的生活"。① 卢梭认为,在人世的生活中,一切对与错、罪与罚都是"取决于共同的法律",是人自己的事情;神意"并不忧心每个个体如何渡过他短暂的一生"②。至于人们为什么总是给自己带来身体与精神的双重痛苦,那是因为自作孽,是自己主动的"失乐园",他们滥用了生命与大自然的秉赋,"让生命成为了一种负担"③。正如卢梭所言,"我不知道,这位正义的存在,是否会在某一天惩罚那些以他的名推行的全部暴政;但我非常肯定,至少,这些暴政与他无关……"④

因此,就伊拉斯莫的问题,即"有没有人愿意在相同的处境中再重生一次"？答案是：如果只是腐朽的社会与腐朽的生活,当然不愿意;但卢梭认为,尽管人们给自己带来了罄竹难书的罪恶,"但他们有可能避免这些罪恶"⑤。诚然,卢梭对人的自然的变化历程告诉我们特定的社会组织形式与社会评价体系败坏了人的德性,但也如涂尔干所言,卢梭何尝不是证明了人的智慧与道德发展是社会生活的产物,证明了"如果一个人被剥夺了他从社会中得到的一切,他就会被还原为一个感觉的存在物,几乎无法与动物相区别"⑥。鉴于大自然对人的恩典与人自身的"可完善性",卢梭与他的前辈及对手洛克一样,相信只要人们找到一种合理的总体改造方案,就有可能能在"下一代身上恢复德性"⑦,重新确立人的构成(constitution)与道德秩序,完成个人人格与社会体统的改造。这也是他撰写《爱弥儿》抱定的使命。

卢梭坚信,将来一定会有人能直面伊拉斯莫的问题,做出与罗马公民卡托同样的回答,"我并不遗憾活过,至少我以某一种方式活着,这种生活方式允许我认定,我生来不是为了虚度年华。"⑧据此,笔者以为,卢梭才是抱着一种真

---

① Rousseau, 1997a: 242.
② Rousseau, 1997a: 241.
③ Rousseau, 1997a: 236.
④ Rousseau, 1997a: 244.
⑤ Rousseau, 1997a: 234.
⑥ 涂尔干,2006a: 51。
⑦ Locke, 1989: 131.
⑧ Rousseau, 1997a: 236.

正的悲天悯人的乐观态度,来面对丑陋的人世①;他相信"灵魂的不朽与仁慈的天意","我感觉到它,我想得到它,我期待它,我要为之辩护直至生命最后一刻"②;甚至"幻想",当他的"千禧年"到来之际,

  所有那些相信神圣的声音(divine voice)在召唤全体人类奔向启蒙与上天智慧的快乐的人;所有这些人都会实践自我要求履行的德性,就如他们学着懂得这些德性一样,由此,努力配享他们必然期待的永恒奖赏。③④

---

① 麦金太尔认为,卢梭对未来是一个悲观主义者,这似乎有些不妥。或许他对文明的历史与当前的现状都很悲悯,但卢梭还是相信,未来或许有可能变好,只要人自己努力。麦金太尔,2003:252。
② Rousseau, 1997a: 246.
③ Rousseau, 1997a: 203-204.
④ 《圣经·启示录》(2:5、7):"所以应当回想你是从哪里坠落的,并要悔改,行起初所行的事。……圣灵向众教会所说话,凡有耳的,就应当听。得胜的,我必将神乐园中生命树的果子赐给他吃。"

第三篇
寄居社会的自然人

"我实实在在地告诉你,人若不能重生,就不能见神的王国。"

——《圣经·约翰福音》(3:3)

本篇导语

一、爱弥儿的理想人格是什么？

卢梭在《爱弥儿》开篇就说，"生活"是他要教给爱弥儿的"事情"(job)[①]；而且是一种"快乐的生活"。在《一个独处者的漫步遐想录》（第五次漫步）中，卢梭曾就这种"快乐的生活"写道：

> 如果有一种状态，灵魂无需追忆过去或汲汲以求未来，就能找到一个足够坚实的基础用以栖身，时间无足轻重，当下绵延持续，而且注意不到它的持续，也没有时间流逝的痕迹；除了关于我们实存(existence)的情感之外，别无其他匮乏或享乐、快乐或痛苦、渴望或害怕的情感，只有实存的情感充盈自身；只要这一状态持续，发现自己身处其间的人就可以说自己是快乐的……这是一种充分、完美、圆满的快乐，灵魂感觉不到需要填补的空虚。[②]

要达到卢梭所说的那种"与神一般的自足状态"，"就必须心静，没有什么激情扰乱心的平静。能经验到这种状态的人，必然是井井有条的，能与周围的对象有良好的相接(conjunction)"[③]。要强调一点，卢梭的心静是摒除搅扰，而

[①] Rousseau，1979：41.
[②] Rousseau，2000：46.
[③] Rousseau，2000：46.

非绝对的静止(rest)。快乐的人的心态应该是一种"匀速、中道的(moderated)运动,既没有突然的颠簸,也没有偏离正道"①,而是恒定如一。这种状态让人想起《二论》中在树下酣睡的"自然人"。那么是否如一些研究者所言,卢梭要教导爱弥儿回到文明史之前的自然状态呢?本书第一篇与第二篇已多次驳斥这种观点,但考虑到这一问题的重要性,此处仍有必要再次澄清混乱。

首先,现代人的需要(欲望)必然不只限于身体(生理感觉)。退一万步讲,就算现代人可以让自己清心寡欲到身体的层次,面对给定的财产分配境况,他也不可能像自然人一样自力更生,他要维持物理生命所需的"好东西"(goods),就必然要与社会系统进行交换。更何况,作为一个现代社会的人,爱弥儿的人格构成必然有社会属性与道德要素,而且还是主要成分。如卢梭所言,"在当前的各种结构中,人们持续出现的各种需要,规定了积极的(active)生活是他们的一种义务,如果他们渴望这些甜美的喜悦,却厌恶积极的生活,这绝不是一件好事。"②所以,尽管卢梭本人十分向往过一种遗世独立、自给自足的退隐生活,但他心里很清楚现代人不可能真正过这种生活。

其次,卢梭要把爱弥儿培养成一个"淡泊名利"的独处者,同时也要求他承担作为一个社会人的"道德义务"③。爱弥儿不是抽象地栖息在社会世界之外的,"在现实性上",他也是"一切社会关系的总和"④,是家庭、市民社会、宗教团体、国家,或者说,他是一个现实的"多"。但"现时代的现实"是各种社会要素相互勾连成了一套整全的"非人"秩序;而且各要素的原则常常朝云暮雨,相互抵触,"没有一样东西保持着恒常的、固定的形式"⑤,常常让人无所适从。痛苦的巴黎生活让卢梭深深感受到,"一旦涉及了人的世界,便产生了大量无法估计的、没有规则的、变化无常的关系,人们总是不断地在改变着它们;有一个人力图把它固定下来,就有一百个人把它们推翻"⑥。于渺小的个人而言,一种给定的社会秩序就意味着一种社会评价体系,卷入这种隐形的约定俗成的评价体系的人,总是渴望得到众人的肯定评价,渴望高人一等,越是陷入高

---

① Rousseau,2000:46.
② Rousseau,2000:46.
③ "只有一门科学需要交给孩子。这就是人的义务。"Rousseau,1979:51.
④ 马克思,1972:18.
⑤ Rousseau,2000:46.
⑥ 卢梭,2003b:186(《社会契约论》(日内瓦手稿)第2章)。

密度的"社交生活"与舆论的漩涡。这种尊己抑他心就越重,它激发的情感状态(激情)就越可能让人偏离自己的运动轨迹,被"舆论"之风牵着鼻子走。

我们可以用卢梭的前辈帕斯卡尔的话来总结这两点:"自然只是把人造成了人,习俗却为他们造就了各种处境(all conditions of men)。"①人被抛在尘世之中,必然要面对给定的"习俗"处境,这本身也是人作为人的"理想存在状态"的应有之义。对现代人来说,应对人世处境是他的必然命运,所以卢梭说:"我们真正的研究是关于人的处境(condition)的研究。"②试想一下,即便是一个庄重威严的君子,在这个漠视"道理"、充斥着歪风邪气的人世之中,都未必能立定扎根;更何况爱弥儿"这个年轻的舵手"③。一个孩子,若被卷入舆论的狂风骇浪之中,他的心必然被各种社会化的欲望所吞噬,在流光溢彩的"外力"牵扯之下,堕入红尘,迷失自我。

问题就在于,当社会性是人的必然规定性时,当"歪风邪气"是他的必然处境时,一个人如何能维持一种"恒定如一"的自由、快乐生活?如此矛盾的问题,就构成了卢梭教育必须解决的问题,也是他本人生活与思想最紧张的地方:

> 有所是,成为自己,而且总是一(one),为此一个人必须言行一致;他在抉择之时,必然总是毫不犹豫(decisive;毅然决然),风骨高尚,坚如磐石。我期待着能看到一个奇迹,想知道他是一个人,还是一个公民,或者他如何同时是人、又是公民。④

卢梭的这段话有两层递进的意思:

第一,一个人不论他是贯彻作为"人"的原则,还是作为公民的原则,都应该坚持绝对一致的立场,不能在多种"原则"之间犹豫不决。"一个人应该如何,在紧要的时候,他比任何人都知道如何为人;运气必然会试图让他改变位置(place),然而他总是坚守之。"⑤可是,自从"祖国故土"(fatherland)的总体

---

① Pascal,1950:35.
② Rousseau,1979:42.
③ 卢梭,1978:12。
④ Rousseau,1979:40.
⑤ Rousseau,1979:42.

理念消失之后,"公共训导就没有了,也不可能再存在"①,所以现代人不可能再是古代城邦这样一个"统一体的一分子",也不可能再有斯巴达式的"去自然"教育。换句话说,现代人不可能再成为纯粹的斯巴达公民,更勿论是一个能社会交往的"纯自然人"。

第二,爱弥儿的教育要实现人与公民相统一的"奇迹"。卢梭的教育蕴含着一个绝大的悖论,用他自己的话说,他要把爱弥儿塑造成一个"只为自己(uniquely for himself)",同时也能为"他人"(for others)的人。② 较之自然人当下、即时的身体保全,爱弥儿作为现代人的自我保全(self-preservation)是身体与道德在绵延时空结构中的双重"自我持存";当爱弥儿必须为此目的而与人发生社会交往时,他应当是一种既需要他人、又不受他人支配的状态,他不会伤害他人,而且还能履行对他人的义务。理论是灰色的,现实是残酷的。在"物欲横流"的人世环境中浮沉,在"纷扰躁动"的时代精神中俯仰,面对家庭、市民社会、国家等各种异化的社会组织交往形式的包围,又有多少人不沦落为"成天装作事事为别人,却时时都考虑自己"的社交人或者说虚伪的"场合人"呢!③

卢梭自己也承认,物体的运动有两个乃至多个方向,即"自然的好"与"社会的德性",这本身就是"荒谬"的。他说,"我们为自己设立了这一双重目标,如果有人有幸能通过消除人的诸种矛盾,结合成一个单一目标,就消除了他快乐之路上的一个巨大障碍。"④人世虚幻的功名利禄与种种"恼人"的人际关系,曾一度让卢梭深陷其中、痛苦不堪,以至于他说,"我们当中,谁最懂得如何承受此世的好与坏,依我之见,谁就是受了最好的教育……"⑤

在《爱弥儿》中,卢梭为何让爱弥儿经受一种走钢丝式的实践与磨练,因为惟有经历了这般锤炼的人,才有可能克服与摒弃一切"人为的激情"与"想象的欲望"的操纵,在人生每一个阶段都知道自己真正的需要与义务(身体的或道德的),实现"自己的好与别人的好"的和谐统一,以此为基础与限度发展自己的能力,实现需要与能力的平衡,同时知道如何抗拒、克服、肯定与包容"异化

---

① Rousseau,1979:40.
② Rousseau,1979:41.
③ Rousseau,1979:41.
④ Rousseau,1979:41.
⑤ Rousseau,1979:42.

的社会属性",在自己的天地里犁出一条深刻、明晰的运动轨迹。一言以蔽之,爱弥儿的理想人格是实现自然人之淡定纯一与道德人的严格庄重的结合,能"坚忍不拔"(fortitude)地守持与修养自己的"道德自由人格"。①

二、教育的纲要

卢梭教育方案的总原理,简单说是以自然人的存在状态为底色实现自然与文化(cultivation)的相接,康德总结之为"文化必须如何前进才能使人类的秉赋得到发展,从而使文化不再与作为一个自然物种的人类相冲突"②。至于如何贯彻这一总原理,有以下几点需要说明:

(一)教育的目的是成就一种"普遍人格"。卢梭笔下的"文化"不是某一国家或地区的文化,他明确指出,爱弥儿是一个普遍的、抽象的"模范"③,而特定、偶然、变化多端的雕琢装饰"不在我的计划之内"④。这一模范以"人的自然状态"为起点,以"自然人的良好秩序"为参照,重新配置各种人世要素在人格中的意义与分量。

(二)轻文明、重自然。卢梭不倡导文明、历史、社会之于人类的正当性,这些都不能与自然的正当性等量齐观,但他承认它们的必然性;他的教育包含

---

① 在《论一个英雄最需要的德性,或论英雄德性》一文中,卢梭认为,不论是"勇气"、"节制"、正义等古典世界推崇的德性,还是资产阶级推崇备至的"审慎",都不足以成就一个英雄,尤其是在现代社会中,唯有"坚忍不拔"是英雄必需的德性。卢梭在这一问题上,几乎完全秉承了洛克的观点。洛克指出,"坚忍不拔是其他各种德性的保障与支柱……真正的坚忍不拔就是一个人能镇定自若(the quiet possession of a Man's self),不论前路有何祸患或危险,都能一如既往地履行自己的义务。"卢梭上文的结论与洛克这一论断一致的。Rousseau, 1997a: 305 – 316. Locke, 1989: 175.
② 康德,1990: 69。
③ Rousseau, 1979: 35,51,52. 这并不是说所有的孩子都是一样的。这里需要认识到卢梭的普遍人性与个体特殊性之间的紧张。一方面,爱弥儿是一个普遍的模范;另一方,卢梭也认为教育要因材施教,应当以充分认识孩子特殊的天赋为基础,以确定何种人世的道路更适合他。每一人的心智都有自己的形式,必须据此进行引导;教育成功与否也取决于此。对 12 岁之前的孩子来说,应该让他自由发育心智的种子以窥其全貌。相反,过早开放心智往往遮蔽甚至损害其天赋的发育,不利于发现适合孩子的人生道路,而且过早接触各类知识也常使孩子误入歧途;卢梭对知识的负面作用的态度是一以贯之的。这也正是卢梭要求 12 岁之前尽可能锻炼孩子的身体、器官、感觉与体力,而闲置心智的缘由。当然,这种特殊性是囊括在普遍的教育进程之中的。Rousseau, 1979: 93 – 94.
④ Rousseau, 1979: 35.

这些社会必然要素,但十分谨慎,取其必要,弃其浮华。

(三)总体而言,爱弥儿是"自我教育"。"真正的教育更多是实践,而不是训诫。"①这是贯穿爱弥儿整个教育历程的基本原则。人通过体力与道德力的使用,明了自身与世界万物的规则与限度,这是教育的关键。凡是孩子应该知道的东西,卢梭都以适当的方式,让他自己去实践与学习,这是教育的基本方法。所以,孩子需要的是一个"导师"(governor),而不是一个"训诫者"(preceptor)。导师的责任不是告诫孩子规矩或者迫使他学规矩,"应该让孩子们自己发现规矩"②。

(四)卢梭的自然教育是一次彻底的"新生"教育。这一点可与洛克的教育做一简要对比。洛克认为,"亚当的子孙极少幸运到,生来自然脾性中就没有缺点,而教育的任务就是消除或者抵消这些缺点。"③卢梭则认为,人的自然是一种"秩序井然的好","自然最初的运动总是正确的","人心之中没有原初的邪恶";洛克所说的孩子的统治欲等诸多欲望,或者说《圣经》中的"原罪",都与自然无关。④⑤ 所以,尽管他们两位都主张"节欲",洛克是教导人们如何克制已然败坏欲望的继续膨胀;卢梭则是努力维持"自然人"的需要与能力的平衡状态,并引导与巩固这种"自然秩序的好"成为社会行动的规范。

(五)爱弥儿的教育是一次既依据自然原则,又人为设计的程序。我们可以引用卢梭的一段精彩的论断来说明:

> 在万物的秩序之中,人类有自己的位置(place);在人生的秩序之中,童年有自己的位置。成人必须作为成人看待,孩子必须作为孩子看待。给每一个人都配置一个位置,让他定在其间,以及按照人的体格(constitution)⑥来安排人的诸种激情的次序,这就是我们能为

---

① Rousseau,1979:42.
② Rousseau,1979:52.
③ Locke,1989:198.
④ Rousseau,1979:92.
⑤ 在卢梭看来,《创世记》的"原罪"隐喻指的是原罪来自人本身,"出自造物主之手的一切东西都是好的,一到人手中就蜕变了",这也是《爱弥儿》遭焚毁的原因之一。
⑥ Constitution 一词比较复杂,它可以是人的体格,是国家的国体,国家的宪法,概而言之是指事物能按照一定的原理形成秩序,具体对译应当视情境而定。

他的健康成长(well-being)所做的一切。①

至于教育的具体步骤问题,朗松曾提出一种观点,认为卢梭《爱弥儿》是以《论不平等》的思路为线索的,"这本书或多或少重新阐述了《二论》中的人性进程"②。郎松的这一观点,尽管有些笼统且缺乏论证,却是一语道破了爱弥儿教育的精髓。正所谓"前车覆,后车诫";本书认为,与其说《爱弥儿》重新阐述了《二论》的人性进程,不如说依据既有文明社会的善与恶,修正重组了这一进程,既汲取必需的文明要素,又时时刻刻提防文明社会舆论的败坏,主要有以下几点:1、极力消解欲望过度增长的可能性,维持力与欲望的平衡,尤其是引导人们正确使用自己的"剩余力";2、在爱弥儿未进入社会之前,就使之确立了产权与契约观念,以着力规避市民社会的"战争状态";3、构筑健康、中道的"社会生活"与作为"普遍意志"的政治体。据此,我们把《爱弥儿》的教育分为三个前后相继的阶段:自然教育(主要是婴儿期到儿童期早期)、物的教育(主要是儿童期后期到少年期)与人的教育(少年期及其后)。

---

① Rousseau,1979:80.
② Gustave Lanson,2006:20.

第八章 "拟自然"的教育与个人自然的好

一、作为教育指南的自然与卢梭的"修复自然"

(一) 自然何以能作为教育的模板

根据卢梭在《忏悔录》中的回忆,在写《爱弥儿》之前,他受孔迪亚克神父的影响,曾计划要写一本《感觉的道德》(*sensitive morality*),后来因种种变故只完成了一份粗糙的草稿。① 这本书的核心思想是,我们的感觉不断改变着我们的行动,所以外部对象的先入印象对我们的生活方式有很大的决定作用,"气候、天气、声音、颜色、黑暗、光、元素、食物……这一切都作用于我们的身体,继而作用于我们的灵魂"。若是能充分利用其中的"自然原理"(physical principles),制定一种针对外部环境的生活秩序(regimen)②,"就能放置灵魂于一种最有利于德性的处境之中"。尽管卢梭在《爱弥儿》中的思想,已经大大超越了之前的"感觉-道德",然而自然教育与"感觉-道德"的思想是一致的。卢梭的意思是说,教育首先应当是让自然法则充分发挥它的作用效果,让人谨行遵从,据此才有可能为人的德性培育与人世法则(moral law)的创制奠定坚实的基础。这是自然教育的目的。

在卢梭看来,一个初生的婴孩就是一个"出自造物主之手的"的自然人。

---

① Rousseau,1995:343.
② Regimen 有统治、政体、强化训练、生活制度等意思,它比较能说明卢梭"自然教育"的意图:个人以自然法则为基础确立自己的生活秩序。这一概念正是卢梭第一卷教育的核心内容。Rousseau,1979:55.

他所谓的自然的好(natural goodness),不是一种绝对的好,孩子的体力连身体的需要都不能满足,至于道德的要求更不可能。① 其实,自然的好是一种"秩序井然的好"(well-ordered goodness);大自然给人类安排了它的"动物的简约性"(animal economy),让我们的需要与能力达到精准的配置(economy)。② 具体来说,有以下几点:

1. 每个孩子一出生都有身体的需要,但没有满足需要的力量。大自然的安排是令母亲抚育孩子是源自自我保全的需要,从而弥补孩子力量的不足,而且大自然还赋予了孩子旺盛的生命力、快速的发育与良好的学习能力,能迅速达到满足自身需要的水平。

2. 自然人体力的增强始终以身体的需要为限度,其发展水平以维持自身的保全为限度。一旦到此水平就止步,没有"剩余力"的可能。

3. 物种的数量与分布密度取决于物种自我保全的能力与大自然的压力的平衡。

大自然给每个人都精准地配置了他的位置,"在自然秩序里,每个人都是平等的,他们共同的天职就是人的立足之地(estate)"③。凡是按照大自然的法则前进的人,"只想他能够得到的东西,只做自己想做的事情",按卢梭的说法,他是真正自由与快乐的人。④ 大自然已经以最佳的方式为我们每个人配置了人生的开端,并向我们指明了人生道路的法则,相比之下,反倒是我们这些文明人舍近求远、自寻烦恼了。卢梭以一种告诫的口气叹息道:

> 人啊,让你的存在以你自身为止吧,你就不再痛苦了。止步于大自然在万物之中给你指定的位置吧。没有什么东西能够让你离开它。不要反抗必然性的严格法则;不要一意孤行(by your will)耗尽自己的体力(strength)来抵抗必然性的法则,上天给你体力不是为了拓展或者延长你的存在,而只是为了保全你的存在,这是上天的意愿,而且是它的全部意愿。你的自由与力量只能拓展到你的自然体

---

① Rousseau, 1979:35.
② Rousseau, 1995:343.
③ Rousseau, 1979:41.(商务印书馆中译本 estate 译成"人品"似是而非)
④ Rousseau, 1979:84.

力,不要超过这一限度。其余一切都是奴役、幻觉与欺骗。[1]

(二) 卢梭的"修复自然"

尽管卢梭宣称,自然教育的总原则是"纯粹消极(否定)"[2]、任由自然发展;"在你插手代替自然的位置发挥作用之前,先让自然发挥长时期的作用"[3]。或许不少"爱好自然"的研究者,读到这里会为之一振。殊不知,卢梭"纯粹消极"的自然教育,事实上恰恰是最积极的教育。因为尽管理论上"大自然"是孩子的第一个老师[4],但数千年文明历程早已经使得人的自然残缺不全、奄奄一息了,几乎没有人可以免受文明恶果的荼毒。

按卢梭的说法,在自然对人的教育、人对人的教育与物对人的教育三者当中,"自然的教育是我们完全不能控制的,物的教育只是在某些方面在我们的控制之中,只有人的教育才是我们能够真正加以控制的"[5]。而每一种教育都有自己的原则,既然教育的目的要实现三种教育的"相接"(conjunction),实现自然与文化的相接,那就必须"让其他两种教育导向这种我们无能为力的教育"[6]。否则,三种教育各有主张,人心就不可能形成统一的原理,"要么与自然斗争,要么与社会制度斗争"[7],相互之间的斗争就永无休止;还没等到人形成坚实的人格,就已经在各种力量的拉扯之中,心力交瘁而死。卢梭此处的意思,与其说是在张扬自然,不如说阐明了自然面对社会的无能为力;他是半警告、半无奈地说:"一旦人想干涉其中,大自然立刻就会放手不管。"[8]简单地说,现在的问题,不是一个人如何按照自然来教育自己,而是我们通过给我们的学生选择环境来教育他。[9]

作为导师的卢梭不仅要"消极防范"文明流毒的"传染",更要以人为手段"积极修复"自然的教育、利用人为的条件尽可能拟合原初的自然教育,按他的

---

[1] Rousseau, 1979: 83.
[2] Rousseau, 1979: 93.
[3] Rousseau, 1979: 107.
[4] Rousseau, 1979: 61.
[5] Rousseau, 1979: 38.
[6] Rousseau, 1979: 38.
[7] Rousseau, 1979: 38.
[8] Rousseau, 1979: 131.
[9] Rousseau, 1979: 219.

话说,遵从自然的教育次序看似"无为",其实是"有为";修复自然看似"有为",其实是摆脱"妄为",重新实现"无为"。[1] 因此,自然教育不只是消极"确保心灵不要变坏、心思不要误入歧途"[2];同时还要人为创造积极的条件,让孩子尽可能发育他的自然,让身体与良知都达到大自然配置的最好状态,"必须要做的事情就是阻止他人做任何事情"[3]。这两点要求与奥古斯丁主张的堕落者的救赎之路颇有契合之处,即,"只有唯一真正的太初,才能清洗和更新人的自然"[4]、"初人堕落后,除非通过他的创造者的修复,否则就不能回到创造时那么好的自然"[5]。

不过,卢梭的"修复自然"不是为了回到原初的自然,而是恢复自然种子的生命力,并以这颗种子为底色创制人的道德生活。必须强调一点,卢梭的创制不是古希腊或基督教所谓的"流溢"与"模仿",一个健康人格与健康社会的建设,既不能从自然之中"流溢"出来,也不能简单模仿自然,而是向自然"学习"的过程,是发育、模仿、学习、提升巩固的过程。这一过程的最终目的是要培养一个"自然的社会人",是要在自然世界与道德世界之间搭建统一和谐的关系。而这一切都以打碎以往文明的重重封锁为前提,取决于导师的"精心设计",能为太初的自然再次发芽提供良好的环境。它要求导师具有最高的德性与智慧,不仅对"人心的自然发展了如指掌",而且也精通"人本身(man)与每个个体"[6],还要是一个"道德楷模"[7]。一句话,集自然与文明的全部德性于一身,这也是卢梭自嘲对自己"慷慨大方"的原因。[8]

综上所述,教育的首要任务是必须让人的天性种子从文明社会歪风邪气当中复苏过来。"唯一能保存孩子处在纯真无邪状态(innocence)的好办法,就是他周围所有的人都尊重与爱护纯真无邪。"[9]鉴于卢梭对堕落的文明社会的评判,这必然意味着爱弥儿要与充斥着歪风邪气的人世隔绝,否则"自然教育"

---

[1] Rousseau,1979:119.
[2] Rousseau,1979:93.
[3] Rousseau,1979:43.
[4] 奥古斯丁,2008:57。
[5] 奥古斯丁,2008:204。
[6] Rousseau,1979:121.
[7] Rousseau,1979:94-96.
[8] Rousseau,1979:93.
[9] Rousseau,1979:217.

就寸步难行。现在就让我们开始阐述自然教育的第一步：打断一切既有的社会关系。

二、必须打断既有的一切社会关系

（一）自然"惧怕"社会

先人云："蓬生麻中，不扶自直；白沙在泥，与之皆黑。"（《大戴礼记·曾子制言上》）古往今来，严谨的社会思想家多重视社会风气的传染性。卢梭思想的重要来源与对话者洛克曾就此问题写道：

> 最能影响孩子的举手投足的，还是与他们朝夕相处的人，以及与他们比邻的人的言行。孩子的大多数行为都是模仿榜样（成人亦如此）。我们都是一种模仿性动物，近朱者赤、近墨者黑：孩子们耳闻目见，也是理所当然的。[1]

这种模仿传染与社会交往的密度存在正相关关系，交往密度越高，传染越严重。恶性（vice），正是通过各种形式的社会交往，如猛烈的流行病一般在人群中传染，很早就能在年轻人身上种下恶因。"显然，一切恶习都是父母与孩子周围的人，在孩子刚能接受恶习的时候，传染给儿童并在他们身上播下了种子……正是他们直截了当地教导孩子恶习，实实在在地让孩子偏离了德性的道路。"[2]而且只要有合适的社会（社交）条件，这些种子就能蔓延滋长，以后无论如何教育，都很难根除。实际上，卢梭本人就深受巴黎社交生活的折磨，所以在舆论与社会的"歪风邪气"迫使人变形这一问题上，他是有切肤之痛的。所以就爱弥儿的"社会教育"，卢梭再三地告诫人们：

> 不要带他去大人物的交际场所，去绚烂缤纷的聚会。只有当你让他达到了能够按照上流社会的本身来看待上流社会时，才能让他看到上流社会的外表。如果在他还不认识各色人等（men）之前，就

---

[1] Locke, 1989: 126.
[2] Locke, 1989: 126.

让他进入社交界(world),这不是在塑造他,而是在败坏他;不是在教导他,而是在欺骗他。①

至于卢梭为什么要完全切断爱弥儿既有的一切社会关系,我们不妨以《爱弥儿》的对话者洛克的《教育漫话》作为"靶子"来讨论其中的原因,并揭示卢梭对"文明性"的理解。严格地说,洛克关于文明(civil)的本义与卢梭的理解是一致的,是"对一切人的普遍善意与尊重"②。在洛克看来,社会教育真正的目的"教会他们与爱他人,去尊重他人,那么当他们长到需要礼仪的年龄时,他们自然就会按照自己已经习惯的风尚,找到人人都能接受的礼貌表达方式"③。从肯定的面向说,文明性是一个人在与他人的社会交往之中,能仁者爱人,推己及人,并通过一定的礼仪,向每一个人表达恰如其分的善意与尊重;从否定的面向说,"究其根本,文明性(civility)只是一种谨慎,让人在交往中不要表现出对任何人的小瞧或者蔑视。"④概而言之,礼节是人心(仁爱之心)的自然表达,至于礼貌的形式则是末节。

但与卢梭不同的是,洛克的教育除了"文明人"(civil man)之外还有一个目标:为17世纪的英国培养能操持商业(business)的绅士。这一目标必然要求孩子将来必须为众人所认可(acceptable),以便于"打开更宽广的道路,获得更多的朋友,能在社交世界中走得更远"⑤。所以,洛克的civility还有另一层不可或缺的意思:

> 良好的品质(good qualities)是心思的实质财富,但让它们熠熠生辉的是良好的教养(breeding),一个人要想为他人接受,他的行动不仅要有力量,更要有优美。坚实甚至是有用,都是不够的,凡事都有举手投足的优雅,才能给人增添光彩、招人喜爱。⑥

---

① Rousseau,1979:222.
② Locke,1989:200.
③ 洛克,2005:164。
④ Locke,1989:200.
⑤ Locke,1989:152.
⑥ Locke,1989:151.

换句话说,这个人必须要有"外表、语调、言谈、动作、体态以及所有外显的行为举止的体面与优雅"①;这是为了"在人群之中,让那些与我们交谈的人感到舒适与高兴"②。当然,洛克知道,这种双重目的让"礼节"蕴含了一种内在的矛盾,即,在社会交往场合的压力之下,"善意与尊重"一不小心就可能蜕变为虚伪的曲意逢迎与大献殷勤。洛克很清楚其中的危险,一方面社交活动作为一种"必要的恶",就决定了不可能"为了使一个年轻绅士避免染上邪恶,就完全不让他知道邪恶的事情";③另一方面,他坚决主张,绝不能为了一些社交技巧或者为了得到社交人士的肯定,就牺牲孩子的"纯真无邪"④。他强调:

> 彬彬有礼(complaisance)并不是要求我们总是全盘承认那些让同伴感到愉悦的推理或陈述,也不意味着对听到的一切都保持沉默、听之任之;有时候,真理与慈爱反倒要求我们,对别人的意见提出反对意见,纠正别人的错误,而且只要争辩小心谨慎、注意场合,也没有违背文明性的要求。⑤

因此,"内在的文明性"与社交活动的"邪恶"之间的冲突,要求人们具有极强的审慎与把握分寸的能力。综合考虑,洛克认为,不如让孩子早些接受教养,熟悉人情世故,以免孩子突然迈出"人生旅程中最危险的一步",堕入到社会的名利场之中,变质为一个虚伪的"乡愿"或堕落放荡的人。⑥ 这就形成了一种极为矛盾与紧张的关系,洛克既要孩子多参加社交活动,又不堕入社交本身,更有甚者还要在社交生活中成就德性;就此而言,洛克的教育方式也是"走钢丝式"的,而且比卢梭的难度还更高。

至于具体的教育方法,洛克认为,唯一能够抗拒人世(World)诱惑的办法就是,一个好的家庭与一个好的导师的结合;"从孩子刚刚能开口说时,就要找一个谨慎、严肃、而且睿智(wise)的人来照看孩子,这个人的照顾能引领孩子

---

① Locke,1989:200.
② Locke,1989:200.
③ 洛克,2005:94。
④ Locke,1989:129.
⑤ Locke,1989:202.
⑥ 洛克,2005:94。

走上正道,不让他们接近一切坏的东西,尤其是不良伙伴的熏染"①。一方面,家庭与导师要起到隔离社会风气的屏障作用,"为了保证一个年轻人的德性,在他离开父亲的羽翼和导师的保护之前,我们应当坚定巩固之"②;另一方面,又要在孩子的承受能力之内,尽可能早地、一步步小心地迈入社会,了解人情世故。③ 简单地说,洛克的权宜之计,是试图既用家庭教育培养一个"有德之文明人",又用社交教育培养"一个得体的社交人",主张以家庭的德性教育为本,兼顾优雅的社交技巧,既要让多让孩子参加社交生活的锻炼,同时又要告知孩子社会的凶险和邪恶,告知他们"世界的真正状态",并力图以家庭之德性剔除社交世界的罪恶。用洛克的话说,他要培养的理想人格是:

> 一个有分量、有价值的人或者说一位真正的朋友,能力出众、待人真诚而且心眼好,但表现过于严肃庄重,这就很难让人感到舒适了。……只有懂得如何让交往的人感到舒适,同时又不卑躬屈膝、辱没自己的人,才算是找到为人处世的真正艺术,到处都能受到欢迎与器重。④

卢梭对洛克"社交教育"颇有不满之处,大致可以归结为两点:1."儿童期是理性的睡眠期"⑤;因此"与孩子讲道理",让他们及早明白德性的原理与人世的险恶是徒劳无功的,因为"知道善恶,明了人的种种义务的理由,不是一个孩子的事情"⑥;2. 在变化莫测的社交场合,一个孩子绝对不可能保持洛克所说的"恰切、自若(due and free)的沉着状态",必然在不知不觉中沦为一个虚伪的社交人。简单地说,洛克既严重低估了社会风气的力量,更高估了孩子的理解道理的能力与抵抗风气的能力。

至于洛克对家庭的厚望,卢梭也承认,家庭是"一切社会团体(societies)中最古老的,也是唯一自然的社会团体"⑦,健康的家庭生活则是"不良风化最好

---

① 就导师问题,卢梭倒是赞同洛克的观点,Locke,1989:149。
② Locke,1989:126.
③ 洛克,2005:95。
④ Locke,1989:203.
⑤ Rousseau,1979:107.
⑥ Rousseau,1979:89-90,107-108.
⑦ Rousseau,1979:42.

的解毒剂"①。可是,就卢梭所处时代的情况而言,家庭是否能承担,培养孩子德性的任务呢？卢梭持否定态度,他的理由简单而充分。

首先,母亲德性的败坏。的确,一位好的母亲是大自然赐给人类最好的礼物,母亲的天职就是维持健康的家庭生活。然而,在法国乃至整个欧洲,年轻母亲最渴望的事情是"到城市里寻欢作乐"。②③ 生育孩子与照顾家庭已经成为她们避之不及的负担。保姆、托儿所、寄宿学校这些不伦不类的社会制度,它们既不是家庭教育,也不是公共教育,却承担了母亲最神圣的自然义务。对此,卢梭气愤地说道,"女人已经不再是母亲了；将来也不会再是；也不想再是"④。正是母亲的堕落导致了家庭生活的彻底沦落与文明社会的歪风邪气。"整个道德秩序都退化了；每个人心里的自然性都泯灭了……习惯也不能增强血缘的关系了。"⑤一个"父不父、母不母、子不子、兄不兄"、"每个人都只想着自己"的家庭,卢梭是信不过的。

其次,很多母亲过分溺爱孩子。这些母亲不是不关心孩子,而是过分关心孩子,"把她的孩子塑成了一尊偶像供着"⑥。就身体而言,孩子一出生就用厚实的襁褓包着,"生怕空气进入了他的鼻孔",远离一切身体的磨练,以至于连感觉都退化了。就道德而言,孩子要什么,母亲就给什么,"什么让他高兴我们就做什么","还不懂得说话,就开始下命令了","直到有一天幻想着支配全世界"⑦。在这些家庭里,孩子往往都是"驼背的、瘸腿的、膝盖内弯的、患佝偻病的、患脊骨炎的及各种畸形的人"⑧；在为人处世方面,则是一个力图主宰自己周围世界的僭主,同时又为这个世界所主宰的奴隶。

(二) 暂时打断既有的一切社会关系

"树欲静而风不止"。在现时代,不论是家庭教育,还是社会教育,每时每

---

① Rousseau, 1979: 46.
② 卢梭,1978: 17. 关于法国与欧洲其他国家妇女放荡淫乱对道德风气的败坏,亦可参见孟德斯鸠,2006: 45—48;92—94;98—101.
③ 《圣经·传道书》(7: 27—28): 传道者说:"看哪,一千男子中,我找到一个正直的人；但众女子中,没有找到一个。"
④ Rousseau, 1979: 46.
⑤ Rousseau, 1979: 46.
⑥ Rousseau, 1979: 42.
⑦ Rousseau, 1979: 42.
⑧ 卢梭,1978: 16。

刻都有可能败坏孩子"自然的好"。只要孩子一进入这个变化无常的邪恶人世,就可能在"众人之中忘记了如何做人",因为"当一个人只要开始把自己想象为另外一个人,不久以后就会完全忘掉自己"①。其实,卢梭并不像某些研究者(马特斯,卢梭全集的编订者)所说的那样乐观,认为社会习得的教育与习惯不能彻底摧毁人的自然品质。② 爱弥儿与人世的隔绝不正好说明自然裸露面对社会的无能为力与必死无疑,这也正迫使卢梭与"既有的教育准则"决裂,"人为"打断既有的全部社会关系,准确地说,暂时打断孩子与既有文明的关系。

> 你想保持它原初的形式吗? 它一来到这个世界,就保持它的原状。它一生下来,就掌握住它,直到它成为一个人。③

就这样,卢梭把爱弥儿放置在一个远离人世的"真空"之中,成了一个无父无母的"孤儿",以便于"让这棵新生的灌木远离大路,确保它免受人类舆论的影响"④。这一隔离就犹如卢梭自己在日内瓦的童年生活一般。对此,卢梭说道:

> 既然文明的奴役(civil servitude)一到理智的年纪就要开始,何必还要让它承受私人的奴役(private servitude)呢? 大自然没有给我们强加这种枷锁,让我们允许一个免于枷锁的生命阶段,让童年能够运用自然的自由,至少能在一段时间内,远离奴隶状态沾染的恶性。⑤

---

① 卢梭,1978:341。
② 马特斯,2013:158。
③ Rousseau,1979:48.
④ Rousseau,1979:38. 这里再次说明一个问题,尽管它本不该成为一个研究者反复批评的问题。卢梭说得很清楚,爱弥儿的"隔离防护"(fence),准确地说整个爱弥儿的教育,都是一种理念的推理,"谁最接近目标,谁就最成功"。《爱弥儿》整本书多处强调这一点。Rousseau,1979:35,38,80,94,95.
⑤ Rousseau,1979:89.

三、体格的锻造（15岁之前：婴孩期到儿童期）

"健康的心思寓于健康的身体之中。"①身体乃精神之本，良好的体格是良好的人格的基础。② 相反，"一切感觉的激情都驻扎在娇滴滴的身体之中。身体越是不能满足激情的需要，激情就愈加炽盛"③。我们经常能看到，身体虚弱的人总是处在一种有缺与不安的状态，弄得人一点精气神都没有。自然教育的第一步就是身体的发育与体格的培养，此时爱弥儿绝对是大自然的学生，导师则是一个抵制外力干扰的"防护罩"④。至于卢梭的体格教育的纲要，可以直接引用一段最简洁明了的阐述：

> 遵从自然，沿着它已经为你定好的线路前进。它不断锤炼你的孩子；用各种考验磨砺他们的脾性，教导他们从小就知道努力（effort）与痛是什么。……出生的前几年几乎都是疾病与危险。有一半的孩子不到八岁就夭折了。一旦经历了考验，孩子就获得了体力；到他们能够使用生命时，生命的本原（principle）就更健康了。⑤

具体的目次如下。

（一）饮食

1. 哺乳与乳母。自然的原理告诉我们，母亲乳汁的浓度是最有利于孩子的健康成长（well-being）的，它随着孩子身体的发育而发生相应的变化，所以新生儿必须吃母乳。然而，卢梭对教育原理的绝对统一的要求，使得他担心母亲的教育与导师的教育发生冲突，更担心亲子之间的感情，影响导师与孩子之

---

① Locke, 1990：83.
② Rousseau, 1979：125.
③ Rousseau, 1979：47.
④ 卢梭，1978：46。
⑤ Rousseau, 1979：47.

间的"朋友关系",所以竟然拒绝亲生母亲为孩子哺乳。① 为此,卢梭必须找到一种"拟自然"的权宜之计,即用一个"刚坐过月子"的乳母来代替②。而且,为了让爱弥儿保持"植食动物"的健康状态与温和的脾性,这个乳母还必须是一个清淡素食的、身心健康的乡村妇女。此外,卢梭还要求乳母只能进行哺乳,其他时间不能与孩子多接触,以免爱弥儿"染上"她不好的习惯。③

2. 断乳之后的饮食。爱弥儿只能得到身体必需的营养物品,而且不做任何不必要的加工,更不能吃刺激性的食物,以免产生偏食、厌食等恶习。④ 按卢梭的说法,应该让"食欲成为调味的作料",让爱弥儿感觉到,能提供身体必需营养的东西就是"好"东西。⑤ 至于饮水,凉的清水即可,"即使是汗流浃背,即使是隆冬,也无需加热";唯一需要注意的是,身体的运动状态尽可能不要与水温有太大的反差。例如,剧烈运动之后,应当稍事休息,等身体凉下来之后,再饮凉水。⑥

(二) 抚育地点

"城市是人类罪恶的深渊。"⑦城市的物理空气会败坏婴儿的身体;城市的"邪恶风化"(black morals)更会扭曲人的灵魂。⑧ 有鉴于此,爱弥儿必须在农村(自然)长大;他之所以必须回到农村,不仅是为了精神的健康发展,同时也为了身体的"恢复"。在卢梭看来,文明社会不仅败坏了人的心思,还伤及了人的身体本原,所以需要一段时间让孩子复原他们"元气"(primitive vigor)⑨,这就类似于《爱弥儿》开篇所说的那些植物需要时间恢复它们的自然倾向一样。

---

① 卢梭,1978:38—39。卢梭之所以有这么"极端"的行为,其中一个原因,是他在教育杜宾夫人的孩子时,与杜宾夫人发生了冲突。这一极端做法只是说明一个道理,即,教育原则不能朝令夕改,也不能有多人指导。卢梭,1978:143—148。
② 关于乳母的选择,卢梭,1978:39—42。
③ 卢梭,1978:46。
④ 卢梭,1978:191。
⑤ 卢梭,1978:212。
⑥ 卢梭,1978:155。
⑦ Rousseau, 1979: 59.
⑧ Rousseau, 1979: 95.
⑨ Rousseau, 1979: 59.

(三) 身"体"的发育：自由生长

身体发育的首要原则是让孩子的身体如雨后春笋一般"自由生长"，充分释放旺盛的生命力，不让它受到任何外来力量的压制与干涉。

1. 衣饰。对一个正在发育中的身体来说，衣服的每一个部分都应该有充足的余地，凡是不必要的修饰物都要废弃。① 襁褓、帽子、带子、鞋子、塑身衣、佩饰等诸如此类的东西，不仅压迫身体的自然发育，而且总是让孩子处在一种不舒适的状态，这很容易激怒孩子的脾性，让他从小就养成激动的情绪，统统都应该扔掉。随着孩子的发育，他的衣着必须宽大，一切不必要的浮华装饰与时尚要素都应该去掉，确保不妨碍他们的运动与发育；而且，要让孩子感觉到简朴的衣服是舒适的，绚烂而不实用的时装是拘束的。

2. 物理环境。从婴儿期到儿童期整个发育期间，都要尽可能让孩子的身体逐步适应环境的变化，以外力强化体格。婴幼之时就要让他适应不同的气温、水温与湿度；待其稍长，就要让他"风吹日晒、绝大多数时间都在户外活动，一直都要衣着单薄，以适应空气与温度的各种变化，毫无不舒适之感"②。日复一日，爱弥儿将会视寒暑易节如无物，视风雨交加如平常，不用刻意关注自己的身体健康与否；唯有如此，他身体的韧性与忍耐力才算达到了卢梭的要求，准确地说，大自然的要求。③

3. 充足的睡眠与休息。作为一个孩子的爱弥儿只有两种状态：运动与休息的交替。首先，自婴幼之时，爱弥儿就要养成"日出而起，日落而息"的习惯，并随着季节的变化而变化，冬长夏短。第二，要注意选择睡觉的地方，要让孩子睡硬板床，而且要"习惯于在糟糕的地方睡觉"。第三，考虑到孩子运动的时间较成人多，运动疲惫之时就是休息之时，做到随时随地都能休息。④

4. 可以随时调整生物钟。尽管卢梭宣称，按时睡眠是大自然规定的法则，但"拨动"这一法则的也是他。"毫无疑问，人必须服从规则，但最重要的是，有必然需要之时，能毫无风险地打破规则。"⑤所谓必然的需要，意思是说，

---

① 卢梭，1978：44—45，151—152。笔者 2007—2008 年游学美国期间，惊奇发现美国青少年的衣着肥大者居多，相反，中国的青少年反倒更喜欢穿紧身显身材的衣服。
② Rousseau, 1979：127.
③ 卢梭，1978：44，153—154。
④ 关于睡眠与休息的讨论，Rousseau, 1979：129-130。
⑤ Rousseau, 1979：129.

现代工商业社会的必然处境不可能让一个人完全遵从自然的睡眠时间表。当社会的时间分割机制与自然的时间表发生冲突之时,必须要求一个身处在社会的人,不论是出于义务的要求,还是被迫的需要,都能轻松改变自身的自然睡眠时间。当然,"拨动"过程是逐步实现的。一开始,必须让爱弥儿"毫无阻滞地遵从自然的法则";只有当孩子的体质长到足以抵制暂时缺乏睡眠的时候,才培养他能在必要时能中断睡眠的习惯。① 要说明一点,卢梭的方法,不是随意的强制方法,而是一种"自然的方法"。因为打断睡眠是一件"痛苦"的事情,所以"问题不是用强力来让他行动,而是借助某种渴望(appetite)来促使他醒来,我们要从自然的秩序之中细致甄别这类渴望,以便于达到一举两得的目的"②。这也是卢梭用"钓鱼"、"远足"等游戏(自然调味品)来中和、平衡爱弥儿早起的痛苦,最终做到"一言不发就能让爱弥儿自己醒来起床"③。这样,卢梭就在不知不觉中用"拟自然"的方法让爱弥儿适应了社会变动不居的时间规则。

(四) 身"用"的习惯:力的自由使用

这一阶段的孩子的行动还停留在必然性的限度之内,身体的运动或者说体力的"使用"的原则就是让他充分使用他的体力,尽可能保持身体的自然运动轨迹或者说"自然的习惯",坚持"自由运动",这是卢梭自然教育的第一个原则。④ "唯一允许孩子养成的习惯就是不染上任何习惯"⑤。理由有三点:

1. "力的自由使用"是他作为一个自然人的根本属性,也是他意识到自己存在的必然条件。在约定俗成的舆论与成见还没有败坏孩子的自然倾向之前,孩子的快乐就在于"使用自由"。⑥

2. "孩子的一切运动都是它们试图增强自身体格的需要。"⑦所以,运用体力的方向、大小、作用对象都应该任凭孩子自己,既不给他加力,也不干扰,"让

---

① Rousseau, 1979:129.
② Rousseau, 1979:130.
③ Rousseau, 1979:130.
④ Rousseau, 1979:68.
⑤ Rousseau, 1979:63.
⑥ Rousseau, 1979:85.
⑦ Rousseau, 1979:86.

他总是能够自己做主,只要他有意愿,就随便它"①。这是确保幼儿新陈代谢的最好方法。至于饮食、睡眠、大便的时间表还不需要人为的强制规定,孩子是知道自己的需要的,它会用哭声与身体的行动来表达。

3. 这个时期,孩子连满足自己需要的力量都没有,没有剩余的力量也就谈不上滥用;所以在不危及生命安全的情况下,要让孩子充分学习如何使用自己的力量。至于人们特别担心的受伤,卢梭认为,根本不必。这些小小的皮外伤,是大自然对孩子最大的教育,快乐有其自身的限度,同时也是一种忍受痛的磨练,而且还是大自然增强体格的方式。

(五) 疾病:如无十分必要,远离医生与药物

就小孩子的疾病问题,卢梭与洛克的主张是一致的,"除非是到了绝对必需的时候,儿童的娇嫩身体应该尽量少加干涉"②。因为他们都认为,大自然规定的生活方式,就是最好的治疗方法。这种"自然的技艺"既让孩子知道自己生了病,也能医治它的病,实际上,外伤与内疾都是大自然以否定的方式来增强人的体质的方法。所谓"是药三分毒",医生与药物,在绝大多数情况下,在败坏人的身体,而且还可能让人对医生与药物产生依赖,终其一生变成药罐子。卢梭甚至认为,医学"这门骗人的技艺,更多是治疗心思的疾病,而不是身体的疾病"③。

(六) 小结

概而言之,"只要是与身体需要有关的一切,不论是智力,还是体力,人们都要帮助与补足孩子缺乏的东西",这本是大自然的安排,但因卢梭以一种人为的方式打断了母子之间的自然关系,所以也就成了他教育的第二个原则。④但要注意,在此过程中,导师借力给儿童应当以自我保全需要的满足为限度,至于其他的要求,必须一律予以拒绝,其中原因下文将进一步讨论。

---

① Rousseau,1979:63.
② 洛克,2005:26。
③ Rousseau,1979:55. 卢梭,1978:77。
④ ,Rousseau,1979:68.

四、感觉的引导与"痛"的忍受能力的培养

(一)最初的感觉能力的训练

感觉在卢梭的教育体系中具有基础性的地位。与唯心论的观点不同,卢梭赞同孔狄亚克与 17、18 世纪的自然哲学(自然科学)的观点,他也认为"所有进入到人的理解之中的东西都要通过感觉"[①],人的知性、理性都以感觉为基础,这才是自然的秩序。

孩子生命伊始,感觉(以视觉为主)是它把握世界的唯一方式,它的状态就如森林中的自然人一样,"只关注作用于它的感觉的东西"[②];它试图以感觉的方式与周遭一切物体直接相接,认为周遭的东西都是可以"够得着的(reachable)"[③]。对周遭一切事物的触摸、看、尝、听、嗅,都"是给他的记忆做准备,以便于有一天能以同样的次序提供给他的知性"[④]。

上文(第四章)曾指出,在最初的自然状态中,周而复始的自然秩序促使自然人的感觉敏锐性始终保持在足以维持自我保全的程度,而且他们认为自己与大自然是浑然一体的关系,统一是最初人与自然关系的正题,而对立则是副题,二者之间转换是在极其残酷的情况下发生的,并持续了很长时间。对作为后来者的现代人而言,婴幼儿时期的教育主题也是通过最简单的感觉训练构建自身与世界的物理关系,不同之处在于副题与正题的转换转瞬即至,而且也不可能再以那种残酷的方式进行。为此,卢梭不得不采取了一种在他看来比较有效的替代方法,一种拟自然的方法,即引导并辅助孩子多运动,如其所言,"只有通过运动,我们才认识到有些东西不是我们自己"[⑤]。准确地说,只有连续不断的、充满差别(different)的运动,才有可能促使人迅速形成远近、大小、快慢、轻重等物理观念。这一阶段的教育需要完成两项任务:1. 带着孩子多走动,它的感觉指向哪个方向,就抱着它去哪个地方,"让他感觉到地点的变化";2. 等到孩子产生了模糊的物理观念,"感觉不再能误导他的时候",导师就

[①] Rousseau, 1979: 125.
[②] Rousseau, 1979: 64;并参见第九章"感觉训练"一节的训练次序。
[③] 卢梭,1978: 55。
[④] Rousseau, 1979: 64.
[⑤] Rousseau, 1979: 64.

要主动"改变作用于孩子的力(effort)的那些动因",对孩子接触的物体要加以甄别,尽可能让孩子多接触各种属性有差别的物体。①

(二)"痛感"的训练

初生婴儿的力量弱小,不能满足自己的需要,所以它总处在匮乏或力量不足的状态。对感觉尚未精细化的婴幼儿来说,任何一种匮乏,比如饥饿、冷、热、压迫、对新事物的恐惧等,都只能造成一种感觉:"痛";而孩子表达自己的痛的唯一手段就是哭喊与眼泪。② 必须仔细辨别婴幼儿两种不同性质的哭泣:(1)身体的痛感引发的哭泣;(2)孩子试图支配周围的事物,又无能为力的哭泣。两种哭泣的应对遵循同样的原则:研究鉴别孩子的语言与体态,区分自然的需要与妄念;以自然的需要为限度补足孩子力量的不足。这是卢梭教育的第三与第四个原则。③

针对第一种哭泣,我们需要辨别四种情况:

1. 饥饿、口渴等生理缺乏造成的哭泣,要立即满足它们的需要。

2. 身体的自由活动受到了阻碍。导师的任务只限于解除人为的束缚,比如衣服的约束、过窄的活动空间等。至于周遭事物的物理限制阻碍了孩子的运动引发的哭泣,就不必理会了。因为"只要孩子发现阻力来自物,而不是人们的意愿(wills),他就不至于反抗或愤怒"④。

3. 孩子活动时的伤痛。孩子自由活动时受点皮外伤是很正常的事情,与自由活动的真正快乐相比,这种痛是微不足道的。实际上,疼痛的感觉本身消失得很快,真正让孩子感到痛的不是伤口本身的痛,而是周围的人的过度反应。⑤ 只要旁人置之不理,孩子很容易就能忍受乃至忽视这种必然的痛,甚至对痛"脱敏",一直要到"痛得不得已的时候才会哭出来"⑥,"当孩子一个人的时候,他是很少哭的"。⑦ 卢梭特别强调,必须让孩子无视痛感,若反其道而行,就可能导致洛克所说的后果,"孩子的心思变得柔弱,遇到一点点伤痛就支

---

① Rousseau, 1979: 63, 64;另外关于 effort 的理解,参见前文注释。
② Rousseau, 1979: 65.
③ Rousseau, 1979: 68.
④ Rousseau, 1979: 65.
⑤ Rousseau, 1979: 77.
⑥ 卢梭,1978: 60。
⑦ Rousseau, 1979: 77.

持不住;于是就沉浸于受伤的那部分,只感到这一部分,此时的伤口就不痛也痛、愈加疼痛了"①。

4. 对新事物的恐惧。因为这一时期孩子需要多看"新的"东西,它"对一切新东西都感兴趣",然而孩子可能会对一些不认识的新东西感到恐惧,乃至引发身体的"痛感"。解决的办法与第三点一样,即"脱敏"疗法。按卢梭的话说,"让他习惯于看到新的物体,丑陋的、恶心的、稀奇古怪的动物,但要一步步来,从远到近,直到他习惯它们为止,而且通过看到别人摆弄这些东西,最终他自己也摆弄。"②

卢梭这一略显"不人道"的痛感教育有两重用意:第一,通过肉体的磨练加强孩子对痛苦的承受力,让"痛"如家常便饭一般。唯有如此,孩子的忍耐力才能达到不屈不挠的水平,能够抵御未来人世的压力与变故,"抵挡一切向他射来的夺命之箭",即便是顷刻就死,也不过如此,绝不至于稍遇挫折,就要死要活、半死不活"③;第二,卢梭教育的目的是要让爱弥儿成为一个快快乐乐的人,然而人生如逆旅,不如意者十之八九,灾难常常不期而至,不如把"痛"变为"苦"的一剂调料,让这场时刻都可能遭遇痛苦的人生游戏变成一次快乐的旅行。④

至于第二种哭泣的应对方法,简单地说,就是置之不理、决不纵容。如卢梭所言,"造物主给了孩子一种积极的本原(active principles)",让它觉得"有足够的生命力让周围一切活跃起来"⑤;但却没有给孩子足够的体力让这种积极的本原发挥作用效果。一开始,孩子只是"一声不响地"使劲伸手;当它发现其体力不足以支配对象时,就用哭泣表达自己的无能为力。对此,我们只需置之不理即可:首先孩子要把抓某物不是一种必然需要;其次孩子的意愿(will)与注意力都还没有到专注的程度,持续不了多长时间。经验与体力很快就会让它明白自己的限度,哭泣的时间就会越来越短,很快它就不哭了。

那么,为什么会有很多孩子哭个不停,非要"命令"别人去拿某个东西呢?按卢梭的话说,这种命令已经不是一种感觉的需要,而是一种支配他人

---

① Locke, 1989: 173.
② Rousseau, 1979: 63.
③ 卢梭,1978: 158。
④ Rousseau, 1979: 130-131.
⑤ Rousseau, 1979: 67.

的欲望(desire to dominion),而且这种支配欲"是我们的服务"造成的。① 最初孩子周围的人,没有细致辨别孩子的哭声与体态语言,孩子一有要求就赶紧满足。经历若干次之后,他们就会发现,哭声可以使周围的人成为他满足欲望的工具。"无需太长的经验,它们就能感觉到,借他们之手来行动是多么惬意的事情,只消动一动嘴就能搅动整个世界又是多么惬意的事情。"② 更危险的是,通过支配他人力量来满足自己的欲望,可能导致一种无限循环的恶果。孩子每一次发现能通过哭声成功支配他人满足自己的欲望,它的占有欲就会随之增强一分,就愈发想支配他人或者说依赖他人。"当体力的弱小与支配相结合,就只能产生愚妄与痛苦",这样一个孩子,既是僭主也是奴隶,而且是"最卑贱的奴隶"③;所以卢梭才说,哭声往往就是"社会秩序长长的锁链的第一环"。④

> 命令的欲望没有与产生它的需要一起消失。支配唤起了尊己抑他心(amour-propre),并使之悦纳,习惯又强化了这种心态。于是,虚妄之欲取代了需要;成见与意见(opinion)扎下了最初的根。

所以在卢梭看来,孩子的"虚妄之欲(whims)"纯粹是人为败坏的结果,人的自然之中也没有洛克所说的"天生的支配精神"⑤。卢梭不同意洛克关于支配欲是人的天性的论断,但洛克关于支配欲与贪婪是"一切不公正与争端的根源"、"一切罪恶之源"⑥、"儿童恳求的东西,绝不可让他得到,他哭着要求的东西,就更不能让他得到"⑦等论断,卢梭是举双手赞成的,他特别强调,"要趁早让他习惯不对人或者物下命令,因为他既不是人们的主人,也没办法让物听到他的声音"⑧。

---

① Rousseau, 1979: 66.
② Rousseau, 1979: 66.
③ Rousseau, 1979: 88.
④ "自以为是其他一切的主人的人,反而比其他一切更是奴隶。"卢梭,2003b: 4。
⑤ Rousseau, 1979: 68; Locke, 1989: 173.
⑥ Locke, 1989: 170.
⑦ Locke, 1989: 164.
⑧ Rousseau, 1979: 66.

五、小结：保护与巩固"自然的好"

综上所述，自然教育就是以"自然人的有序的好"为模板，在此期间，爱弥儿的需要与力量，在消极防范与积极帮助之下，始终保持一种"拟自然"的平衡状态。卢梭的思路是：首先，要隔离一切社会舆论的影响，不让人世的风化扭转孩子的教育进程。其次，以"人为的权宜之计"尽可能拟合自然的安排，促进孩子身体的健康成长。第三，导师作为真正的"道成肉身"，要拟照自然的次序，培育孩子的感觉，特别是痛感训练。就爱弥儿本身而言，尽管他的力量还不足以满足自身的需要，但他感觉不到力量的不足；相反，他能感受到对自身力量的充分使用，得到完满的存在感。简单地说，这时的爱弥儿与一个充分自由、快快乐乐、纯真无邪的"小动物"无异。

第九章　物的教育、感觉的锤炼与个人德性的充实

一、体力与经验是孩子自由活动的全部工具与法则

（一）立定自身，摒弃舆论塑造的"想象的好"

经过了婴孩期的身体发育，爱弥儿到了儿童期。此时，他已经积蓄了一定的体力，不仅有肉体的力量，更有感觉印象训练形成的、稳定的"记忆力"。①他能够凭借记忆力来把握他与周遭世界的关系了，他开始作为一个有自我意识的个体与外在世界构成一对反题；他的生活也不再是一种纯粹的"当下感觉生活"，而是渐入一种能摆脱物理时空限制的知性生活，一种充满歧途的生活。②

根据上文的讨论，记忆力，究其根本，仍然是一种"感觉持续再现"的能力，是产生想象力的基础。在自然状态之中，一个人能记忆、想象的"好东西"，只限于他感觉范围之内的东西；至于他力所能及（in his power）的"好东西"就更加有限；所以若任由孩子自己发育，他"想象的好"始终受到身体力量的限制，他关注（care）的事情止步于他真实体力的作用"半径"，而且他能认识到，自己的权威（authority）就在这一半径范围之内，所谓的"明天的美满幸福"是不可能进入他的预见（foresight）范围的。③ 实际上，一个真正自由的人，也正在于

---

① Rousseau，1979：78.
② Rousseau，1979：78.
③ Rousseau，1979：84. 另外，"半径"这个概念还出现在同书81页。

"他只想要他能得到的东西,只做他喜欢的事情"①,对分外之事不闻不问。

那么,为什么我们经常能看到,一些"小大人"(孩子)与"大孩子"(大人)的"虚妄之欲"(whims)大到足以能吞下整个世界呢?② 卢梭赞同霍布斯的观点,即"人有一种自然倾向,认为在他的力的范围之内的所有东西都是他的"③;但一个孩子本身力量很有限,而力的真实作用半径自然也就十分有限。那么,这些"虚妄之欲"到底从何而来? 答案是:来自社会、来自风气。

卢梭批判的第一个对象就是父母,准确地说,是"文明社会中的父母"。大自然本来是使用父母的爱心与力量来补足孩子的体力,满足孩子必然的需要,直至孩子能够自力更生为止。可是,文明社会中的父母常常滥用这一自然关系,打乱大自然的精准配置。主要表现为以下三点:

(1) 父母是对孩子欲望的纵容。但在现实生活中,通常是孩子要什么,父母就给什么。父母的惯纵行为使得孩子对自己的力量有错误的估计,感觉自己能够支配世界,于是,孩子的欲望就随着"虚幻"的力的作用半径而迅速膨胀。④

(2) 父母总是给孩子一些超过它需要的东西,这些东西往往都是父母认定的"好东西",久而久之,这些"人为的好东西",习惯成自然,就变成了孩子真正的需要。孩子拥有它们不一定快乐,缺乏就很痛苦。

(3) 父母经常迫使孩子使用它那一点的体力,去做一些舆论(opinion)认为是好的事情,而对孩子来说,这些事情或许毫无用处。但父母的所作所为可能产生一个严重的后果,孩子在还不知道如何正确使用自己的记忆力时,就记住了这些东西是"好"的,于是"他人的目光"就成为孩子分辨好与坏的标准。一旦"约定俗成的好"成为了孩子的好,欲望开始陷入到无限滋长的"跟风"状态之中。⑤

于是,舆论与父母认定的"好东西",这些"想象的好东西"(imaginary goods),就代替了孩子茁壮成长(well-being)真正需要的好东西,在他的内心

---

① Rousseau, 1979:84.
② Rousseau, 1979:83,87.
③ Rousseau, 1979:87.
④ Rousseau, 1979:87,88.
⑤ Rousseau, 1979:84,87.

播下了难以去除的种子,导致他从小就渴望得到舆论认定的那些好东西。① 较之这些好东西,孩子的力量显得那么渺小,它必须借助他人的力量才能得到这些东西。支配他人的力量,也就意味着要依赖他人的力量,做他人的奴隶。所以在文明社会中,欲望-力量的双重奴役很早就形成了,随着年岁的增长,陷入更大的恶性循环,所谓自我及其保全的本质无非是舆论碎片化的认可。这也是卢梭为什么说,这个阶段的孩子"已经能够自己快乐与不快乐了",已经是一个"人世的存在"(moral being)的意思。②

当然,卢梭并不认为,败坏孩子心灵的主要责任在父母,其实孩子的父母也是受害者。在他看来,真正的罪魁祸首是那些操纵"舆论"的人,即"混淆是非的聪明人"与"庸俗的理论家"(reasoners)。③ 这些人主导的"舆论气候","甚至是在孩子的身体还没有长成之前",就通过各种手段(特别是迷惑父母),把"竞争、忌恨、嫉妒、虚荣、贪婪"等所有"最危险、发酵最快,也最适合于败坏灵魂的激情"④,过早灌输到孩子的头脑之中,让孩子幼小的心灵慢慢变成一种激情炽热的吞噬状态。经过这样败坏,孩子从小就显现出专横暴戾的脾性。他们的父母在很小的时候或许还能满足其欲望,一旦他们进入到会,"就会感到,到处都是阻力,这个原来可以随意支配的世界,竟然重到压垮了他们的脊梁"⑤。力量的匮乏与欲望的"求不得"的状态,使他们时时刻刻都为自己的"虚妄之欲"所折磨,也深深为自己的无能为力而感到自卑痛苦。⑥ 用一句话概括,他们的这种痛苦状态就是:"欲望与力量不成比例"。

(二) 调节欲望与力量保持平衡的原则

诚如洛克所言,"良好引导有节制的欲望,乃是成就知足常乐的人生的一条捷径"⑦;就如何解决欲望与能力的失衡引发的痛苦这一问题,卢梭与洛克的观点是一致的:

---

① Rousseau, 1979: 80, 82.
② Rousseau, 1979: 78.
③ Rousseau, 1979: 79-80. 参见前文关于"文人风化"的讨论。
④ Rousseau, 1979: 92.
⑤ Rousseau, 1979: 88.
⑥ Rousseau, 1979: 80.
⑦ Locke, 1989: 192.

> 人的睿智或者真正快乐的道路在哪里？准确地说，不在于减少我们的欲望，因为如果我们的欲望少于我们的力量（power），那么我们的一部分能力（faculty）就要无所用处，我们就不能享用自己的全体存在；也不在于扩展我们的能力，因为如果我们的欲望也以相应比例扩展，欲望就更多了，那我们就要更不快乐了。因此，道路就在于减少超过我们能力的过度欲望，让力量与意愿（will）保持一种完全的平衡状态（equality）。只有在这个时候，行动竭尽全力，灵魂却依然平和，这样的人才是条理井然的（well-ordered）。[1]

这一段精辟论述集中体现了卢梭教育的核心思想：欲望的有限性及其与个人力量的平衡。就这一思想，有三点需加以澄清：

首先，卢梭不提倡清教的"禁欲"；相反，在卢梭看来，禁欲主义是"反自然"的。人对外界特定事物的欲望，是大自然赋予人们的"保全自身的主要工具"；既然自然要求人自我保全，又要人根除激情，"那上帝就自我矛盾了"。[2] 据此推理，"阻止激情产生的人"与"根除激情的人"，其愚蠢程度是差不多的。

其次，自然的欲望是仅限于自我保全。这一点"自然人"一节已有充分讨论。至于其他的欲望都是社会生活造成的，是通过人与人的比较产生的，也是人们痛苦的原因。因此，卢梭要求人们节制各种"虚妄之欲"（whims），以自然给定的平衡为"模范"，保持必需的自然与道德需求，并提升自己的力量使之平衡。

第三，卢梭的节欲要求"从娃娃抓起"。一方面，"睿智者能指导如何立定自身，但孩子却不知道自己的位置，更不能保有它"[3]，所以孩童时期最容易误入歧途；另一方面，卢梭认为，洛克的教育其实是"让一个体面的人（decent man）抗拒他本来应该抵制、但已经成型的欲望"，由此形成的德性至多也就是一个已经败坏的人的德性，远不及从源头上预见、防止与引导的效果。[4] 相比之下，卢梭要求爱弥儿从始至终都要保持合理、平和的欲望，并维持一种与力

---

[1] Rousseau，1979：80.
[2] Rousseau，1979：212.
[3] Rousseau，1979：84.
[4] Rousseau，1995：343.

量平衡的状态;一种"秩序井然的自由"(well-regulated freedom)①。

(三) 充分运用体力,同时充分感受"物的必然性"之于体力的限度

既然孩子关注的"好东西"的滋长是源自社会的灌输与引诱,那么可否用"道德说教"来抵制呢? 卢梭不赞同洛克式的"说理教育",因为这一时期孩子的行动都还取决于感觉与基于感觉形成的简单观念,他们对"抽象"的大道理是一知半解的,而且很可能为了获取奖励或逃避惩罚,不懂装懂,故意欺瞒,最终贻害无穷。② 这里,卢梭依旧采取了拟照自然的教育方法。在自然状态中,孩子"想象的好"有一个最有力的平衡方法,就是他的体力相对弱小,尽管他常常有各种不切实际的欲望,也总是受限于体力的大小及其作用半径,所以很快就会消失。

实际上,卢梭直接利用了这一"自然原理"。尽管爱弥儿身处人世之中,但卢梭却为他人为制造了一个物理环境,让爱弥儿"只受到可以感觉到的物体的影响,他的观念也都止步于感觉……他的周围只有物理世界"③,从而隐藏了社会混沌多变的法则,确保"孩子做任何事情都不是因为被人看到,或者被人听到,一句话,完全与他人无关"④。卢梭正是借助这个人为设计的环境,剔除了人的意愿(wills)的干涉,让**体力与经验**作为节制孩子欲望的唯一法则(law),让他感受且只感受到"物的必然性"。⑤ 当然,要实现这一目标着实不易,因为孩子周围的"邪恶诱惑"实在太多,藏不胜藏。不过,卢梭认为,只要遵从以下原则就能较好地解决问题:

1. 让孩子按照自己的意愿与体力自由活动。孩子的玩耍只要不损及生命,就任他充分自由活动,"跳远、跳高、爬树、翻墙……他根据平衡法则运动与保持姿势的时间,要远早于专门学习静力学"⑥。至于导师,既不帮助他,更不要用人为的权威与恐吓阻止他;阻止他行动的唯一原因,应当是物理的阻力与身体的痛。⑦

---

① Rousseau,1979:92.
② Rousseau,1979:89-92.
③ Rousseau,1979:89.
④ Rousseau,1979:92-93.
⑤ Rousseau,1979:84,85,89,91,92.
⑥ Rousseau,1979:139。
⑦ Rousseau,1979:85,91.

2. 绝不允许其他人命令、强迫孩子做任何与他的"自然的好"无关、甚至相悖的事情①,以避免孩子因为向外界的强力扭曲,败坏了孩子的行动规则。

3. 满足孩子必然的身体需要。若孩子的体力不能满足的"身体需要",只要他一有要求,就应该立刻补足他的体力,并且尽可能让他自己也参与这一实现过程。另外,一旦需要得到满足,孩子能自由活动时,就要立即停止帮助。

4. 坚决拒绝孩子的"非必然要求"。只要孩子的"虚妄之欲"不能实现,只要它们的哭声没有产生作用效果,它们很快就忘记这些欲望。

5. 要屏蔽各种引导他离开自己的"活动半径"的诱惑,这种东西不仅败坏孩子的欲念,甚至导致孩子为了那些无能为力的"好东西"而撒谎。

6. 学习日常生存必备的身体技能。游泳、跳跃、攀岩、摔跤等日常的生存技能也是爱弥儿必须学习的,一切能磨练身体柔韧性与适应力的运动都要磨练,"若人能在空中飞翔,我要让他变成一只鹰,若人能抵御火,我要让他成为火蛇"②;训练还要遵守一项重要的原则,"要根据他的体力来确定危险的程度,同时要经常与他一起经历危险"③。这样,爱弥儿就能既经历痛苦与危险的磨练,又觉得这是生活必然的内容,驾轻就熟,毫无畏惧。

7. 坚决不能让孩子染上那些虚伪的礼貌用语,使之成为孩子实现欲望的工具,滋生命令使役他人的幻觉乃至习惯,否则后患无穷。④

8. 给予与拒绝都要坚决,不能出尔反尔、反反复复。凡是符合孩子"自然的好"的东西,只要孩子发觉你有给予他的意愿,就要立刻给予,不要等到孩子乞求。凡是不想给的东西,就要用某种方式让物体自然离开他的视线,并斩钉截铁地拒绝。⑤ 物的必然性"没有中间地带"⑥,绝不能与孩子讨价还价,否则孩子感觉不到其中的必然性了。这一点极为重要,没有儿童时期对物的必然性的感受,一切人世规则的必然性都无从谈起。事实上,在卢梭的教育体系中,法律等人世规则的坚固性与神圣性就是以物的必然性教育为基础的。

对以上若干原则的坚持,一方面能让孩子的体力得到充分的使用,学会对

---

① "任何人,甚至是父亲,都没有权力命令孩子做不适合他的好(his good)的事情。"Rousseau,1979:85。
② Rousseau,1979:132.
③ Rousseau,1979:139.
④ 卢梭,1978:84—87。
⑤ Rousseau,1979:86.
⑥ Rousseau,1979:91.

他的自我保全最有用的身体与感官能力；另一方面，让孩子认识到，约束它的行动的原因是物的必然性，是一种比它更强大的自然力。孩子对物及物类似的事物（人世规则）约束的经验，能让他逐渐意识到行动的法则与限度，回归并安于自己的活动范围，"就像昆虫呆在它的网中间一样；这样我们就会感到自足，不会抱怨自己的弱小，因为我们从来没有感觉到弱小"①。

二、"感觉-道德"：以感受物的必然性的方式感受人世（道德世界）的诸种状态

（一）道德世界要以"物的形象"呈现

上一阶段的教育，借用涂尔干的话说，还不是导师的"直接"教育，而是导师站在"物的背后"，通过物及其力学法则来贯彻自己的意志，确立了自己与普遍规则类似的权威。② 正是导师的"精心设计"，让孩子感觉到"事事都是自己作主"，实则在这种不受外人干涉的"自由外表"后面，是导师在做主。③ 实际上，只有导师树立了与自然法则同样磐石不移、一以贯之的权威，他才能把爱弥儿逐步从"一"的物理世界引入"多"的道德世界（moral world；人世）的领域，而不至于堕入人世的惊涛骇浪之中。对此，卢梭说道：

> 如果一个人不知道，怎样只是借助可能的法则（law）与不可能的法则，引导孩子进入他想要孩子进入的状态，那么这个人就不应该培养孩子。因为孩子对两种法则各自的范围都同样无知，所以人们可以在孩子的周围随意扩大或缩小这两种法则的范围。④

卢梭这段话意味深长，特别是"随意扩大或缩小"两种法则的范围，这一表述有力驳斥了怀特关于"理性与自然本性始终和谐"的论断。尽管卢梭一再声称要以"物理原理"（physical principles）作为指南巩固孩子"自然秩序"，一再声称自然教育就是要"浪费时间"，可是他也很明白，"在社会当中，不可能抚养

---

① Rousseau，1979：81.
② 涂尔干，2006b：339—340；卢梭，1978：141。
③ Rousseau，1979：120.
④ Rousseau，1979：92.

一个孩子到12岁却不给他一丁点人与人的关系的观念,与人的行动的道德(morality)的观念"①。换句话说,他已经而且也必须在"物的教育"的同时进行道德(人世)教育。这一时期的关键之处就在于卢梭试图借助导师人为的设计把人世(道德)关系通过物的必然性教育引入进来,逐渐实现从自然到文化的过渡。必须再次强调,卢梭设计这次教育不可能是《二论》所描述的人类数万年的自然历程与社会历程的重现,而是以之为借鉴进行人为的修正与拼接。

具体地说,鉴于生活在"自然天堂"里的孩子,只知道自然的"好"与"坏",对人世的"善"与"恶"还没有切身的感觉,在孩子尚未知晓物理关系与道德(人世)关系的差异时,把道德关系拟照物理关系进行教育。最初的方法应当是,"把人世的各种模样按适合爱弥儿心智的方式呈现给他",让爱弥儿从"第一天堂"的自然迈入混沌的人世时,觉得"道德法则"与"必然的物"是一回事,遵从同样的"法则"。② 卢梭的方法,就是通过类似于感受物的必然性的方式,让爱弥儿一步一步感受此时"必须遵守"的道德法则;这就是卢梭的"感觉-道德"教育的精髓。

(二)"感觉-道德"的教育

大体而言,卢梭的"感觉-道德"教育包括以下五个步骤:

1. 形成简单的"道德健康"与"道德疾病"的观念。因为爱弥儿可以感觉"疾病"与"病痛"之间的"必然因果联结";所以,卢梭就小心翼翼地让爱弥儿观察人们行动时的"道德失常状态",让他形成一些"道德健康"与"道德疾病"的简单观念。③ 这是卢梭夯实爱弥儿"道德铁律"的方向上迈出的关键一步。

2. 爱弥儿要为自己的"道德疾病"承当相应比例的"痛苦"。准确地说,爱弥儿还不知道何为"道德"与"善恶",所以即便他的行动冒犯到了别人,他也不知道。尽管如此,应当让他为这种冒犯担负责任,但惩罚的方式不是口头责备与道德说教,而是采取类似于"物的必然运动"的方式。④ 这其中还存在两种不同的情况:一、损害"物"的道德疾病。例如,爱弥儿贪玩或者生气打碎了窗

---

① Rousseau,1979:97.
② Rousseau,1979:96.
③ Rousseau,1979:95,96,97.
④ Rousseau,1979:92.

户,那就让他在那个房间冻着,让他感受到自己的行为给自己带来的"痛"。①
二、损害"人"的道德疾病。例如撒谎,虽然爱弥儿不会有意撒谎,不过他可能会为了得到"好东西"或"避免痛苦"而无意撒谎。惩罚的对策就是,"经过安排,以便于让撒谎的所有恶果一起"来反对他,让他认识到,谎言给他招致的罪恶是"事情本身的秩序"②。

3. 就惩罚的"痛感强度"而言,应该强烈到让他一想到越轨的后果就"噤若寒蝉",一有越轨的想法,就急切企盼"回归"到正确的行动轨道。经历了这种"痛苦"教训的爱弥儿,就能记住,我使用我的力量获取我的"好东西"时,对人对物都要有一定的限度,到了这一限度就必须止步,尽管他对为什么要有限度还不甚明白。

4. 痛苦的解除必须以"约定"(agreement)的形式完成。每一次立约时,导师都必须把"约定视为是神圣、不可违犯的"③。必须让爱弥儿感到约束他的力量来自约定,而不是导师的人为意志,就犹如物的必然性对爱弥儿的约束一样。若是爱弥儿"违约",则应当按约惩罚。这一契约教育直接指向市民社会契约的坚硬性、神圣性与"道德约束力"。

上述的教导已经涉及了人与人之间的关系,但严格说来还不是真正的人与人的关系。这一阶段还是向道德世界过渡的状态;因为爱弥儿还只是一个涉足道德世界的物理个体而已,他依然以物理世界的眼光审视周遭的一切。按照《二论》的人性进程,人的社会(道德)属性是在集体的生产生活、社会评价体系与物的所有权等一系列社会过程与社会要素的熏陶下形成的,然而卢梭为了让爱弥儿不受社会歪风邪气的浸染,执意要爱弥儿与社会绝缘,也就无所谓集体生活与社会评价体系,也不可能形成"我的"(mine:物的所有权)这一现代市民社会必然的道德人格要素,更遑论以他人为反题的自我意识与现代个体的独立人格。然而,既然爱弥儿要进入社会(道德)世界,他就必须具备这些道德要素,所以卢梭又不得不人为设计了一系列道德环境以塑造他的道德观念,以拟自然的方式输入道德要素。

---

① Rousseau,1979:99.
② Rousseau,1979:101-102.
③ Rousseau,1979:100.

三、正义在个人领域的初步确立：我的正当权利（财产）与不损害别人（10—12岁）

（一）人世的道德应当以我之应得（"财产"）为基础

按照卢梭的思路，人世（道德）关系与是非观念最初就源自财产（我之所有：mine）；"最初的是非观念就来自财产的形成过程"[①]，源自食物、战利品，尤其是土地的分配规范。如卢梭在《二论》第二部分开篇所言，"谁第一个圈起一片地，说这是我的，而淳朴的人们也相信了他，这个人就是文明社会的创立者"[②]。而后世文明社会的秩序、混乱、杀戮也都与财产息息相关。对后来者而言，财产关系是一种历史给定的基本社会关系，是社会属性与道德人格的必然成分；特别是到代以个人人格与个人产权为基础的市民社会，财产关系已经成为其他一切社会（道德）关系的先导要素。有鉴于此，要改造现代人与现代社会，首要难题就是改造人的财产观，澄清物权所有的正当基础及其界限，而且必须使财产相关的运行规则（及人世其他规则，特别是法律）与物的运动规则一样明确，不可任意变动，以坚如磐石的规则体系消弭人世无休止的侵害与争斗。

这就要求导师必须在爱弥儿的心智中嫁接入自然秩序中闻所未闻的"财产观"，准确地说，是财产观念中"我之应得"的观念（尚未涉及针对他人的社会义务观念）。诚然，从人性史的进程看，财产观是人世（文明）的产物，但卢梭并没有等到爱弥儿完成自然教育进入人世之后再行引导，而是试图在爱弥儿尚未完成自然教育、更未进入社会之前，就以"拟自然"的方式植入财产观，使财产观牢固嵌入自然系统，让纯粹的人世观念尽可能与自然原理"无缝衔接"。

于是，卢梭就在自然教育的口号之下悄悄地引入了道德教育，也引出了人世最根本、最复杂的财产问题（property：所有权、属性）。如上所言，现代市民社会的个人德性与道德秩序始于清晰的财产关系，而清晰的财产关系的第一步就是"我的"正当权利及其界限的明确、维护与伸张。按照卢梭一贯坚持的

---

① Rousseau, 1979: 98.
② Rousseau, 1997a: 161. 按卡尔斯米特的说法，norm 一词在希腊文中的原意为"土地丈量法"，也佐证了卢梭这一看法。

自然原理,"人的首要义务是对自己负责;我们最初的情感是关注自身;我们的一切自然运动首先是围绕自我保全与健康成长(well-being)。因此,最初的正义情感不是我们要根据正义给予多少,而是根据正义我们应该得到多少"①,简单地说,正义的第一条原则就是"各得其应得"。这样,卢梭在尝试以物的形式引入道德要素的同时,也把自然的原理引入了道德世界并作为后者的基础,第一次在自然与文化之间实现了嫁接与跨越,相应的问题就成了:作为一个即将进入社会的"自然人",爱弥儿首要的德性教育是明辨哪些是他应得的,应得的正当理由是什么,应得的限度是什么。

2. 正当的财产:"第一个用劳动占有物的人的权利"②

如上所言,当爱弥儿第一次以自然人的状态触及道德秩序,其首要任务就是知道"我应该得到什么,得到多少"的正当权利(right),这是正义在个人德性领域的基本原则。但从学理上说,人世的财产问题要比之前自然状态中的食物、异性的角力争斗复杂得多;抽象的财产概念更不是12岁之前的爱弥儿所能把握的;于是就有了"爱弥儿种蚕豆"的这幕戏剧。③ 这部戏剧是"自然状态"与"道德状态"的第一次碰撞,其重要性不言而喻,有必要细致讨论一番。

首先,劳动是人形成对物的排他性所有的必要条件,是物体成为人私有的一部分或说属性(property)的必要条件,也是确立"所有权"(right of property)的自然条件。按卢梭的意思,正当的"应得",要具备三个要素:体力的使用、力的作用对象、力的作用效果。④ 结合上文所言,唯有一个人通过他的"劳动"对"自然物品"的"存在状态"施加一种能改变它的惯性的力(effort)⑤,对它进行新的配置,让它产生了新的(使用)价值,成为一个劳动产品(product)之后,才有权利宣称把这个东西"划拨为己有"(appropriation)。用卢梭的话说,劳动让人形成了对物的专有,劳动产品与人的关系,就如人与手的关系一样。⑥ 此外,还有更深一层的意思,"自我"与"劳动产品"是一对相互作用、相互生产、相互支持的连体概念。人通过力的使用,即"劳动",投入到

---

① Rousseau,1979:97.
② Rousseau,1979:99.卢梭关于正当的财产必须同时具备劳动与先占两个要素,与洛克是一脉相承。Locke,1980:19-30.
③ Rousseau,1979:98-99.
④ Rousseau,1979:99.
⑤ Rousseau,1979:99.
⑥ 卢梭,1978:105。

了物之中，与物形成了一种排他性的隶属关系直至成为人格的属性。这种排他性不只是个人对物的专有，也意味着人对物的劳动过程使"人-物关系"与外部世界形成了疏离与反题的关系，人通过劳动从自然中形成的产品促成了"自我"的确立。一言蔽之，自我、劳动、财产是一种共生关系，这样卢梭也为作为"文明社会"（市民社会）第一要素的财产正了名。

其次，当后来者的劳动遭遇先占者的劳动。正当爱弥儿全身心投入种植蚕豆时，卢梭插入了最具戏剧性的一幕：罗伯特（Robert）破坏了爱弥儿的劳动产品。此时，"约定俗成"的道德秩序与爱弥儿的"自然秩序"出现了第一次直接对立，爱弥儿与罗伯特的冲突实际上是一种"人格的冲突"[1]。随之而来的对话与冲突的解决十分关键，也是爱弥儿确立正当的所有权中的"道德要素"的重要一步。针对爱弥儿的指控，罗伯特提出了更有力的"控诉"（complaint）：他先于爱弥儿之前，已经在土地上种了马耳他瓜，也付出了同样辛勤的劳动，这就意味着，是爱弥儿先损害了他的劳动。问题在于，爱弥儿并不知道应当尊重先占者的权利。这个时候，是导师表示，我们应当尊重罗伯特先前的劳动对土地及其产物的优先权，准确地说，应当尊重所有先占的劳动者的优先权；同时，导师向罗伯特表示要赔偿，以作为越界损害他的权益的惩罚；这是爱弥儿可以理解的。最后，导师卢梭还说了一句非常重要的话："以后，在弄清楚是否已经有人先于我们耕作了土地之前，我们再也不会耕作了"[2]；以向爱弥儿表示，要承认与尊重先占的劳动者对土地的所有权。

第三，自然正当嫁接合理的社会（历史）正当。针对导师这句话，罗伯特做了三项重要的回答：一、鉴于爱弥儿没有故意损害的**动机**，免除他的赔偿；二、不论是他的先占，还是其他所有人的先占，都源自"父亲改良的土地"；这是在宣称或者说承认既有历史的正当性。考虑到爱弥儿还感觉不到社会与历史约定俗成的"道德力"，这一点尚不能对他的行动构成约束力。所以，罗伯特就以一种爱弥儿的想象力能理解的形象方式说明社会领域既有的财产界限与规则，"没有人去动邻人的园地。每个人都尊重其他人的劳动，这样自己的劳动也能得到保障"[3]。三、"现在已经没有空闲土地了"，而且罗伯特认为，爱弥儿

---

[1] Rousseau，1979：100.

[2] Rousseau，1979：99.

[3] Rousseau，1979：98.

没有土地与他（既有的土地与其他财富的占有者）没有直接的因果关系。于是，自然权利与历史正当就发生了焦灼的冲突：后来者怎么办？

3. 后来者（穷人）自然正当的生存权：劳动、土地、契约、交换

既然卢梭引导爱弥儿承认土地的先占权利，**不主张以和平或暴力革命的方式重新分配**，也就承认了文明社会的既有财产分配具有一定的正当性。当然，这不意味着，既有财产分配具有不可置疑的正当性，而只是说站在历史的时点上，后来者无法明确辨析哪些财产来自合理的先占与劳动，哪些来自不正当的强占；若以社会（财产）革命的方式对既有财产分布推倒重来，势必殃及无辜的诚实劳动者，造成另一种不公平。在"自然正当"与"历史正当"之间，在后来者的自然需求与先占者的正当所有之间，卢梭不主张一种暴力革命与重新分配的方法，在《政治经济学》中，他就明确提出一方面承认既有的得到法律认可的财产分布；另一方面，在尊重自然正当与自然禀赋的差别原则上，以"有限财产"为抓手，通过累进制税、遗产税等手段，严格限制资本（财产）的收益，保护尊重劳动的收入，逐步实现贫富调节。

具体回到这幕戏剧，导师试图通过协商与订立契约的方式，让"富有的"罗伯特给"一无所有"的爱弥儿一小块土地耕作，而爱弥儿则以一半的劳动产品来交换土地的使用权。卢梭设计的这幕戏剧的结局似乎充满了马克思所说的资产阶级的"脉脉温情"，"富有的"罗伯特竟然答应无偿给爱弥儿一块土地，交换条件是不再损害他的权益（马耳他瓜），即是说，尊重既有的财产状态；导师与爱弥儿欣然同意这一契约，贫富双方通过这种温和的部分财产的无偿让渡实现和解。

这一幕戏剧既表明了卢梭对先占者形成的既有财富分配秩序一定程度的承认，同时也体现了他以人的自然正当的生存权与有限产权为依据作为调节贫富的原则与限度。他在《社会契约论》进一步明确归纳了财产权确立的三个条件：

> 一般说来，要认定（authorize）对某块土地的最初占有权的权利，就必须具备下列的条件：首先，这块土地还不曾有人居住；其次，人们只能占有为维持自己的生存所必需的数量；第三，人们占有这块土地不能凭一种空洞的仪式，而是要凭借劳动与耕耘，这是在缺乏合法

名分(legal titles)时,所有权能受到别人尊重的唯一标志。①

自我保全的自然权利、对先占者权利的尊重、有限产权、劳动作为财产获得的必要条件,这是卢梭"财产观"的基本原则(与马克思等人的财产观有极大出入),是《爱弥儿》教育的重点,也是后世西方社会财富分配与调节贫富差距的重要理论依据。下文的慈善赠予教育就涉及到了他向爱弥儿的心智中"赤裸裸"植入财产"天然"承担着社会义务的问题。

4. "绝不损害任何人":作为否定性义务的个人德性②

就爱弥儿无意之中越界损害罗伯特权益的事件,卢梭自然而然就引出了个人德性最重要的戒律:绝不损害他人。在卢梭看来,这一否定性的德性是最崇高的德性,也是最难履行的。首先,不损害他人的德性是一种绝对普遍的社会德性,它需要人们时刻都要审慎地从一般他人的角度考虑问题,相较随手与人方便或每日一善之类的行为更难。另一方面,不损害他人作为一种"不动",于人于己都没有实际的快乐与好处,特别是对自己而言,自我保全的本能还经常促动人们去有意或无意的损人利已,特别是是在工商社会,其利益纠葛的复杂程度与发生利益侵害的几率,绝非采集、畜牧与农业社会可以相提并论的。③

要真正实践这一德性,至少要做到以下三点:第一,同情心发育健全,形成了"一般他人"的观念,为人处世能时时顾及到他人,礼让三分;第二,没有"非分之想"(whims),明了、驻足、关注、耕耘自己的领地,"非礼勿视,非礼勿听,非礼勿言,非礼勿动"(《论语·颜渊》);第三,应当是尽可能少掺和周遭社会的事情,即尽可能独处(solitary)。④ 这一阶段的爱弥儿因为社会属性尚未形成,所以卢梭主要关注后两条的教育:关心自己,不多事。

5. 暂时无需承担对他人的义务;积累同情心的势能

在卢梭看来,"善行之所以是道德之善,是因为它本身出自仁善之心"⑤,没有善心的善行,也就无所谓功德。就一个人而言,真正的善心或者说德性,

---

① 卢梭,2003b:28;据英译本略有改动。
② Rousseau, 1979: 104 - 105.
③ Rousseau, 1979: 105 - 106.
④ 关于独处的讨论参见 Rousseau, 1979: 105 页注释。
⑤ Rousseau, 1979: 104.

不在于"顺从自己的倾向行善，以求自己的快乐"，而是"当义务要求时，为了履行义务规定的事情，克服自己的倾向"①，抵制甚至放弃自我保全（或自爱）想要的好东西。然而，此时自我保全是爱弥儿行动的全部动力；他还没形成指向他人为了"他人的好"的同情机制，不可能克服自爱去行善，更不可能牺牲自己的好来成全别人的好，所以卢梭不赞成童年的爱弥儿做施舍之类的社会行动。

或许我们经常看到一些孩子有"乐善好施"的行为，对这类行为，我们应该注意到，首先孩子对布施品的价值往往一无所知或毫不在意，"孩子是宁愿赠予他人一百个金币，也不愿赠予一块蛋糕的"②；其次，孩子的乐善好施或者是"模仿"他人的行为，或者源自旁人的怂恿，以为了获得旁人的赞扬。其实，这些孩子的心中已经充满了对"看似的好"（apparent good）的渴望，正是这些虚幻的荣誉，促使其模仿成人的义举。因此，孩子的赠予行为更多是一种"虚"乃至"虚伪"的善行，无所谓功德（merit）。

这里，卢梭已经否定了洛克的"慈善与赠予教育"。洛克认为，就市民社会（civil society）的"占有观念"而言，不可能有一种"自我牺牲的利他行为"。唯一的解决办法，就是从小鼓励孩子的赠予行为，培养大方的品质，用"大量的赞扬与信誉鼓励之，让他觉得慷慨大方没有损失什么东西"，形成"最慷慨的人往往回报最大"的观念，以缓和市民社会的冷漠与敌对状态。③ 对此卢梭认为，洛克的做法非但不能培养孩子的善心，相反可能让孩子歆慕这些模仿行为带来的"回报"，导致善行蜕变成博取掌声的虚伪行为，非但善心没形成，虚荣心与自私心倒是滋长起来了。④ 按卢梭的方法，要检验孩子是否已经形成为了他人的善心，只需看他是否愿意让渡与赠予自己的好东西（例如美味的点心），不难发现，孩子是很难克服自我保全的阻力的。

这是否意味着，12岁之前就无需"义务"教育呢？不然。卢梭认为，就人的社会义务而言，这个时候要做的是用"道德榜样"来培育爱弥儿行善的意愿、积累移情作用的"势能"，为日后能克服自爱的惯性与财产的私心做好准备，而卢梭的教育也十分奇妙。首先，"不着急要求我的学生做慈善行为，相反更喜

---

① Rousseau，2000：51.
② Rousseau，1979：103.
③ Rousseau，1979：103. 洛克的原文参见：Locke，1989：170。
④ 卢梭，1978：113，115.

欢当着他的面,我自己去做善事,并且甚至要剥夺他模仿的手段"①。卢梭这么做是为了给爱弥儿树立道德榜样,使之产生义举带来"荣誉"的印象与渴望,刺激人性潜在的同情机制。其次,当爱弥儿在观察导师行善的过程中追问原由,导师竟然告诉爱弥儿一个子虚乌有的约定:"穷人之所以希望遇到富人,是因为富人答应过要养活那些既不能依靠自己的产品、也不能依靠自己的劳动的人"②,也就是说财产中已经包含了帮助他人的社会义务。③ 卢梭正是用这样一种"纯粹虚构"的约定的效力来平衡与财产相关联的自我保全的情感与可能膨胀的自私心,让爱弥儿觉得不应该为了获得赞扬的虚荣心而善行,而是因为富人救助穷人是作为人的必然(社会)义务。导师的行善及其"契约谎言"与前文罗伯特答应无偿赠予爱弥儿一小块土地,形成了一种相辅相成的教育效果,追加了植入的"有限产权"观念的效力,限制了富人对财产的"过度"占有。④

四、训练感觉官能:个人德性必需的力量(12岁前后)

上一阶段,卢梭给爱弥儿自我保全的"好东西"名单植入了市民社会生活必备的要素,即,正当的财产及其运行规则;下面就要对爱弥儿这位体魄强健的儿童进行感觉官能的培育(随后是心智力量的开发),确保他在不依赖他人的情况下,也有充分的自我保全能力,获得自身所需的好东西(财产),为其能在市民社会自力更生形成必备的力量。

上文曾提到,在最初的自然状态中,周而复始的自然秩序促使自然人的感觉敏锐性始终保持在足以维持自我保全的程度,而且他们认为自己与大自然是浑然一体的关系。自然环境的极度恶化消灭了绝大多数地区的人,只有极小区域里的最强悍者得以幸存,后者经历了最残酷的生存淬炼,并最终突破了原初的感觉存在状态,而导致感觉能力向理性能力突破的催化力量就来自集

---

① Rousseau,1979:104.
② Rousseau,1979:104.
③ 鉴于爱弥儿尚年幼,导师没有解释为何会有这种约定,本书第十章将讨论卢梭关于财产中蕴含着社会义务的观点,且财产越多,社会义务越大。
④ 《社会契约论》中论"财产权"的第二点,"人们只能占有为维持自己的生存所必需的数量"。参见上一页第6个注释。

体劳动与业余密集的社会生活,而这种力量绝非是个人所能实现的。

回到爱弥儿的"自然教育",不难发现现代人不可能去重复原初自然人突变的过程,作为后来者的现代人,既不可能真的与最初的自然人一样长期生活在"感觉"阶段,也不可能与后来的自然人那样去历尽苦难,耗费千百年的时间来突破纯粹的感觉状态,而是在导师(文明有益部分的载体)的帮助之下,用两三年的时间完成自然人数千年的历程,所以新生儿到儿童期的感觉训练与《二论》所说的自然人的感觉历程必然有极大的不同。但问题在于,卢梭更不希望爱弥儿重蹈自然人在社会中败坏的覆辙。的确,高密度的社会生活及其形成的社会力促使了人的败坏,但其对自然人感觉能力的加速发展及其突破也功不可没。然而,卢梭本人对社会的恐惧致使他没有正视社会(集体劳动)之于人的积极作用,遮蔽了社会改善、完善人的那一面,没有给予社会应有的实践与学理正当性,相反,他一直力图将人的社会性降低到最低水平,万不得已时引入人与人的社会交往活动。这两点决定了爱弥儿的教育不是简单重复《二论》的人性历程,而只是以之为借鉴与参照,就感觉教育而言,卢梭尝试在他设计的没有社会交往的"拟自然"环境中培养孩子的感觉能力。

(一) 开发感觉官能与心智力量的要旨

1. 摒弃浮华无用的知识;根据个人德性的要求与发育状态确定培养的内容与方式

按照卢梭的阶段划分,15岁之前是儿童期,理性在此之前都处在睡眠状态,[①]但这不意味着孩子的脑中不能产生或灌入观念;卢梭在《二论》中所说的人的潜在可塑性,在儿童时期特别是生命力旺盛的儿童后期是最明显的。这时孩子的记忆力很强,但理解、推理能力尚未形成;"流畅、明亮的大脑就像镜子一样能反射呈现给他们的一切事物",但却不明白是这些概念的明确意思。[②] 所以,此时若按照社会流行的教育方法,进行语言、历史、地理、寓言等百科全书式[③]的强迫灌输,表面上可能有立竿见影的效果,实际上则是脑中积聚了一大堆似懂非懂、几乎无用的垃圾知识而已;轻则损害大脑,磨灭兴趣,重

---

① Rousseau,1979:107,165.
② Rousseau,1979:107.
③ 在卢梭看来,法国百科全书派的哲学家多是一些玩弄概念、不懂装懂,只会说些俏皮话的"孩子"。
　　Rousseau,1979:112.

则邪念滋长,贻害终生。①

正如洛克所言,教育的根本目的是塑造人的心灵(heart),使之具有优良的德性与端正的人格。对一个心思端正的人来说,智识能大大增进他的德性与智慧,反之则是看似聪明非凡(appear to be wisest),到头来害人害己。因此若一味执迷于智力的开发与知识的增长,不注重中正心思(mind)的培养,"那么语言、科学以及以其他一切教育成果都没有意义,只会造就出一个更坏或者说更危险的人"②。所以,即便是背负着培养商业绅士任务的洛克也承认,学识(learning)是一件"最不重要的事情"③;相比之下,"德性与一个性情温和的灵魂,比任何学识或者语言都更为重要"④。

就"德"与"知"的关系,卢梭对"知统于德"这一古老命题的执着尤胜洛克。《一论》对看似文明、实则邪恶的伪"科学与艺术"的猛烈批判即是明证。他认为,应当根据儿童期个人德性的要求来规定学习的内容与方式。首先,这一阶段对爱弥儿的要求是能实现自己的"自我保全"与"健康成长",同时不损害别人,鉴于爱弥儿还在卢梭设置的"人世孤岛"中独处,加之上一阶段"感觉-道德"的教育,他还谈不上故意损害他人的问题。其次,考虑到这一时期爱弥儿"全部所学都在感觉领域之内"⑤;即使是他的记忆力与想象力,也还是一种"持续再现感觉的能力",不能脱离物体的具体形象,用卢梭的话说,"他还是在看"。⑥ 因此,我们让爱弥儿接触学习的,必须是他感觉得到、能持续再现的事物。一言以蔽之,这一时期的爱弥儿提升自我保全的能力集中于感觉官能领域。

2. 人为限定记忆力的作用对象

此时孩子的感觉能力主要是记忆力。如上所言,记忆力是一种高级的感觉能力、一种持续再现(represent)物体具象的能力,已经可以超过当下感觉的时空限度,并进一步提升为重组物的形象的能力,即想象力;同时,孩子巨大的潜在记忆容量与强烈的好奇心,使得"周遭的一切事物"都可能成为爱弥儿的

---

① Rousseau, 1979: 108 – 116.
② Locke, 1989: 234.
③ Locke, 1989: 207.
④ Locke, 1989: 234.
⑤ Rousseau, 1979: 108.
⑥ Rousseau, 1979: 107.

书本,他会不加选择地"丰富他的记忆"①。儿童记忆力的柔韧性与潜能意味着这潜藏着危险,必须确保记忆的作用对象是与他的个人德性所需紧密相关的事物。这也是卢梭说需要一种确保爱弥儿保持"无知"的艺术的原因②:

> 训练记忆力这一头等重要的能力的真正艺术(art)在于选择周围的对象,在于一直小心谨慎地向他呈现(present)他能明白的东西,隐藏那些他不应该知道的东西;人们必须通过这种方式,努力在他头脑中形成知识库存,这有益于其青年时期的教育与一生的行为举止。③

那么,此时的爱弥儿能明白的东西是什么?卢梭所谓"保持无知的艺术"的精髓正在此,让爱弥儿始终驻足自我保全与健康成长的半径之内,关注与他"直接的"(immediate:无需书本之类的中介)、"感觉可及的"(palpable)、"感兴趣的"事物④,让他全部的感觉能力都与这些东西相互作用、磨练提升。"不要引到你的学生偏向其他地方、其他风土、其他时代甚至上天入地,让他立足自己的天地,专注与他直接相关的事物,你会发现他能感知、记忆甚至推理。这就是自然的秩序。"⑤卢梭设定的理想效果是"他完全不懂得社会流行的知识,但很清楚如何完成他要做的事情"⑥。

3. "此时此地的兴趣"(present interest)是孩子学习的自然驱动力

为何要选择"直接的"(immediate:无需中介的)、"感觉可及的"(palpable)、"感兴趣的"事物呢?因为这一时期的爱弥儿还处在"感觉"阶段,所以要选择"直接的"、"感觉可及"的;更因为他还处在"纯粹顺动"的状态。⑦若没有额外力的推动,他的惯性会保持不变。不过,对一个发育中的孩子来说,这不是什么难题,因为大自然已经为我们解决了这个问题。

上文(本章第一节)曾经提到,卢梭在《爱弥儿》第一卷点出了一个重要观

---

① Rousseau, 1979:112,116.
② Rousseau, 1979:126.
③ Rousseau, 1979:112.
④ Rousseau, 1979:108.
⑤ Rousseau, 1979:117.
⑥ Rousseau, 1979:119.
⑦ Rousseau, 1979:107.

点,即,初生孩子的生命蕴含了一种内在的"积极本原"(active principle);较之老人乃至成年人,这种本原"都是过剩的、向外扩张的",甚至可以说,如果他有足够的生命力,"就会让周围的一切都充满生机"①。形象地说,这种积极的本原,犹如常青藤一般,只要必然条件允许,就能尽情生长直至布满大地。其实,在整个婴幼与儿童早期,一切感觉范围之内的事物,即使与真正的"自爱"无关,也能引发孩子的兴趣;可即便潜藏有积极的本原,但考虑到此时孩子的身体力量很有限,且还分散于一切感觉可触及的事物,所以不能积聚起足够的势能(potential energy:位能)来克服自身的"惯性"与物的必然性的限制。简单地说,他不可能独自跨越自然划定的边界。

经过卢梭的"自然教育"之后,到儿童后期的爱弥儿,积极的本原愈加旺盛,肌肉的力量与感觉能力也有了相对充足的准备,而且他的注意力很容易就集中到他应该注意的事物,几乎没有什么不切实际的"虚妄之欲"。他已经"蓄势待发",时刻准备着开启未来的人生,开启人与自然相互作用的历程,摆脱被动状态与自然的"单纯运动"的过程。当然,这时的儿童还不具备把握事物的"主动性"(activity),用不太恰当的话说,是从被动向主动过渡的"中间状态"。这种中间状态,我们可以借用卢梭的一句精辟的话说明:"当我们处在弱小与不足的状态的时候,对生存的关注,会让我们寓于自身;当处在有权力与力量的状态之时,拓展自身存在的欲望,就促使我们离开自己,跳跃到到尽可能远的地方。"②

所以,儿童仍需要一股来自外界的驱动力来轻轻一推,这就是卢梭所说的"此时此地的兴趣"(present interest)。③ 在卢梭看来,能激发起孩子主动学习的,惟有他感觉范围内的、就在此时此地的"好东西";因此只要精心安排,让孩子不断接触这些适当的东西,在学习欲望的刺激之下,势能就可以不断转化为动能,知识的学习自然水到渠成。按卢梭的话说,此时此地的兴趣是"巨大的驱动力(great mover),是唯一能引领孩子在学习之路上走得又稳又远的东西"。④

---

① Rousseau,1979:67.
② Rousseau,1979:168.
③ Rousseau,1979:117. Present 有时间与空间两层意思。
④ Rousseau,1979:117.

4. 训练从对物的直接感觉开始；拒绝书本与模拟品

爱弥儿的教育之所以要从感觉开始，一方面是因为儿童期的"全部所学都在感觉领域之内"，即使是记忆力与"想象力"，也还是一种"感觉的持续再现能力"，不能脱离物体的具体形象；①另一方面，卢梭充分接受了孔狄亚克等人关于知识起源的学说，认为概念源于感觉②，人必须经历 present（感觉）、represent（记忆想象或持续再现）、represeantation（以确定的概念持续再现）三个阶段，才能让事物的具体形象摆脱感觉与时空的限制，从感觉的经验抽象出与物相对应的准确观念（idea）。这也是卢梭对当时社会教育极为不满的地方。他认为，那些迂腐的学究们给孩子灌输的是"一串莫名其妙的符号"（signs）。这些虚幻的观念，由于没有经验与实践的基础，始终带有模糊不清的"流动性"；非但无助于认识事物，反倒妨碍了未来的判断力。③ 孩子的脑子里满满的国名、地名、历史人物等符号其实都是一个个"鬼画符"式的图案，毫无经验基础。④

至于通过事物的虚假模拟来代替事物本身（地球仪、地图、卡片）的教学方法，卢梭更是深恶痛绝。⑤ 因为在他看来，"只有当一个人看到了事物的真正形式（genuine form），才可以说，他叫出了事物真正的名（name）"⑥。所以，观念的形成，若不是以真正的感觉作为基础，那么在孩子的心思里，世界很可能就是"一个纸球"。⑦

由此，卢梭完全倒置了古典哲学关于 Idea 与 Sense 的关系，也取消了"理念（理性、神圣、灵魂）王国"与"现实（感觉、世俗、身体）王国"之间的二元对立，他把 idea（观念）与 sense 并置并统一入了一个认识过程中，这是他试图在"地

---

① Rousseau, 1979: 108.
② 孔狄亚克宣称《人类知识起源论》就是要证明一项原理："一切知识都来自感觉"，都以感觉为基础；并明确提出，"我们得抛弃天赋观念的假说"。孔狄亚克, 1989: 5, 15。
③ 卢梭特别就当时流行的拉封·登寓言作了长篇的批判，认为他的寓言对心性稳固的成年人确有提升德性的意义；但就孩子的理解力而言，非但难以明白其中的寓意，反倒容易走入岔道。卢梭, 1978: 129—134。
④ Rousseau, 1979: 109, 126.
⑤ 卢梭, 1978: 123, 135, 144。
⑥ Rousseau, 1997a: 253. 在这一问题上，卢梭已经隐约意识到了西方文明内在的"不稳定性"。每一种文字都蕴含了文明特定的思维方式，就欧洲文明的"字母"文字而言，字母符号到底在何种意义上与"自然的"感觉再现形成的观念保持着实质的联系，这是值得思考的，这也是后世困扰西方语言学的主要问题之一。Rousseau, 1979: 109; Rousseau, 1997a: 256-261[《论语言的起源》（第五章）]。
⑦ Rousseau, 1979: 109。

上"结合两个王国的认识论基础。下文还要就此问题做深入讨论。

5. 这是一次历经艰辛的教育。爱弥儿的学习必须自由、充分地与物发生相互作用,要精心安排以让孩子亲身了解一切他力所能及的"实验"。① 与笛福笔下流落荒岛的鲁滨孙一样,"耐心"(时间)与"体力"是爱弥儿唯一可以借助的工具。② 这其中还有另一层深意,在文化的时代,"第一自然人"的感觉直观与生存状态已经一去不复返了③;爱弥儿是作为一个现代人,认识自己在自然秩序的位置、确立自己与物的自然关系,通过与物充分的相互作用获得一种深入骨髓的"现代自然状态"。

6. 爱弥儿力的作用对象的阻力与危险要适度。力的使用的教育要谨记力学的基本原则,即,较之孩子的力量,认识、克服"物"所需的力量既不能太大,也不能太小;要用适当的"力的差距",始终吊着孩子的胃口,不断激发儿童去寻求正确使用感觉-判断力的方法,学习协调分配、合理使用自己的体力,用感觉的判断来"指挥体力的使用",让各种"力的合作"达到最大的作用效果。④ 这是卢梭锻炼孩子充分、正确使用诸种感觉能力的要义。

7. 教育方法与预期状态。儿童期的一切都只是或者说都应当只是游戏与玩耍,所以应当用儿童可以把握的方式进行教育,即基于感觉的**游戏教育**,"一切都必须是、也应当只是游戏,这是大自然希望孩子轻松、自愿的运动方向"⑤。至于这一阶段预期实现的教育目标,可以直接引用卢梭的一段话来说明:

> 就这样,让他做自己意志的主人,就不会养成任性的毛病。因为他从来不做不适宜的事情,所以不久他就只做他应该做的事情;尽管他的身体持续运动,但因为他只是关注直接、易察觉的兴趣(interest),所以你会发现,他发展了所有他能发展的理性(reason)。⑥

---

① Rousseau,1979:144,148.
② 笛福,1955:106。
③ Rousseau,1979:151.
④ Rousseau,1979:132.
⑤ Rousseau,1979:147.
⑥ Rousseau,1979:120.

(二) 按自然次序训练各种感觉官能的纲要

在卢梭看来,不论是从理性形成的秩序,还是身体发育的自然次序,"最初形成的、趋向完善的官能(faculties)是感觉,所以应该得到最早教化(cultivated)也是感觉"①。经过十余年锤炼锻造的爱弥儿,到 12 岁时已经是一个淳朴无华、"全身都像脸部一样健康"②的善良农家子弟;健壮的体格与发育良好的器官已经为感觉与心智的精细训练做好了充分的准备。孩子这一阶段的感觉器官已经充分发育,其官能也得到了日常生活必要的锤炼,完全能依据物体的各种属性指挥感官与四肢力量的使用,所以教化也就不同于婴幼儿时期纯粹被动的印象接受与痛感教育,更不是为了增强体质的机械使用,而是对诸种感觉官能的精细训练。卢梭期望,感觉训练时期的爱弥儿能锤炼每一种感觉,不仅相互之间可以印证获得的认知结果,而且要做到凭一种感觉就可以自行验证,以达到能"用感觉进行正确的判断"的水平,为观念的形成奠定坚实的基础。③ 关于感官教育的次序,卢梭指出,应当先是触觉与视觉,然后是听觉、味觉、嗅觉。至于理由下文会逐一说明;这里要先强调一下感觉教育的总要求,即,"让每一种感官都各尽其用",确定与之相应的物体的力量比例,并引导各种感觉"相互印证"、相互合力。④

(三) 触觉与视觉

人的五种感觉官能在日常生活中的使用是不平均的。⑤ 诚然,五种感官的使用常常是同时或交叉进行,但与其他三种感觉器官相比,触觉与视觉的使用频率更高,获得的知识量更大,所以卢梭认为应当先对它们进行精细化训练,而且要二者捆绑训练,至于原因要从它们的物理作用机制与优缺点中寻找。

---

① Rousseau,1979:132.
② Rousseau,1979:128. 卢梭这句话是隐含了一个古希腊的故事,其梗概是一位雅典人问一位西徐亚的哲学家"为什么你能在霜雪中裸露身体";哲学家回答道,"你的脸为何能经受冬天的寒气?"雅典人说,"习惯了"。哲学家说,"我的身体就像脸一样。"参见英译者阿兰·布鲁姆所作的第二章注释 57,Rousseau,1979:486。
③ Rousseau,1979:132,205.
④ Rousseau,1979:132.
⑤ 卢梭,1978:202。

1. 触觉与视觉的对比表①

		触觉	视觉
作用对象		直接或通过其他媒介可触及的事物	视力所及的事物
使用特点	优点	1. 运用时间最长,只要清醒时一直发挥作用,"像永不休息的护卫一样警戒一切伤害。"(133) 2. 作用范围集中,因而获得的认知最明确,"为我们的生存提供最直接的必需知识。"(138)	1. 速度最快,信息量最大。(140) 2. 通过透视的错觉、尺寸与光线的远近变化,认知物体的广延属性及其各部分的比例,形成空间感。(140)
	缺点	1. 作用范围有限。(138) 2. 粗浅、不全面。(138) 3. 触觉的经验与磨练最充分,所需专门训练最少(133)	1. 视觉判断物体大小与距离是根据物体在眼睛中的角度大小。由于角度大小的形成原因比较复杂,不能一一甄别,所以犯错误的概率较大。(140) 2. 视觉的优点造成其他感觉很难纠正其错误的判断。(140)
替代性		在不直接接触对象时,也能获得大量我们习惯用视觉获得的认知。(133)	不能替代触觉
初步教育方法:寓教于乐		领着若干好玩的孩子一起轻松快乐地做夜间寻宝游戏,看谁能最先找到指定的东西。(134—135)	蛋糕-跑步**游戏**: 1. 先让其他孩子同等距离比赛,众人为胜者欢呼庆祝; 2. 借用蛋糕与荣誉的双重力量引导爱弥儿主动参赛,开始时要确保他胜出; 3. 悄悄让每条线路的距离不等,误导爱弥儿去选择看似好的线路; 4. 爱弥儿苦练视觉判断力。
效果:物理与道德		1. 让爱弥儿的指尖上长着眼睛(137) 2. 对黑暗习以为常,用习惯克服黑暗引发的各种想象与本能恐惧。(135)	1. 眼睛成为目测仪。(143) 2. 从独享胜利果实到与他人分享;引导得当的集体活动与社会荣誉,扩充孩子的心灵,克服其自爱,激发慷慨的德性。(142)

① 表格括弧中的数字是《爱弥儿》英译本的页码。

2. 专业的视觉训练：绘画

鉴于其天然优点与缺点，视觉是所有感觉中最能影响心智判断的，也是最容易犯错的，但错误不是来自视觉本身，而来自人的使用。所以，卢梭要求爱弥儿向建筑师、测量师、泥瓦匠、画家等专业人士学习，用专业的训练方法，精准把握物体的距离与高度这两个决定性因素，修正视觉角度的不精确性。[1] 他强调，一开始"要使视觉服从触觉，要用触觉的稳重、规则来验证、抑制视觉的浮躁"[2]；可以让孩子通过行走、抓握、计算、测量等方法来修正视力的估计量，少依赖测量仪器；多用双臂、脚步等自然测量工具，少借助手脚，只用眼睛估测。[3] 不过，要精准判断物体的广延与尺寸，还需要专业的透视法训练，所以卢梭决定让爱弥儿学习绘画（素描）。就绘画这项学习，要注意以下几点：

第一，绘画只是手段，认识自然的万事万物才是目的。再强调一句，这只是为了孩子的眼疾手巧，不是为了艺术而艺术，更不要以为卢梭在偷偷引入现有的文明成果。所以，无需在意所谓的绘画效果与品位(taste)，而是要着力于"更精准的一瞥、更灵巧的双手，掌握动植物、自然物体的大小形状及其真实比例关系，形成得心应手的透视法经验"[4]。

第二，既然要认识物体的真实比例与自然的秩序美，就应当给孩子直接呈现(present)实物，而不是"转而再现"(represent)的图片或模具；大自然是爱弥儿从事绘画活动的唯一老师，现实的物体是他唯一的模特。[5]

第三，导师是一位不造成"嫉妒"的竞争者。为了能让爱弥儿饶有兴趣地从事绘画，导师也要假装共同学习，并根据爱弥儿的学习进度调整步伐，既不引发爱弥儿的嫉妒心，又保持其兴趣与动力，使之成为一个**良性竞争游戏**。[6]

第四，劳动成果的有意处置。对起先粗糙的作品要用金边画框装裱，以提升孩子的学习兴趣，尊重其劳动成果；到后期出手就可以得到的精美作品，反倒应该用简朴的黑框，让孩子明白，美源自画本身，而不是装饰，人亦如是。

---

[1] Rousseau, 1979: 140.
[2] Rousseau, 1979: 140.
[3] Rousseau, 1979: 143.
[4] Rousseau, 1979: 144.
[5] Rousseau, 1979: 144.
[6] Rousseau, 1979: 144.

3. 视觉训练与作为图解艺术的几何学

作为继绘画之后的一项专业视觉训练，卢梭笔下的几何学，并不是人们通常理解的一门推理论证的学问，而是一门孩子可以理解的"看的学问"，"一门使用尺子与圆规的艺术"。这里，卢梭充分贯彻了孔迪亚克"理性源自感觉"的学说，把最高深的定理化解为最直观的图形（figure），用精准的图像比较教导爱弥儿认识物体的比例关系。

4. 视觉与触觉相互印证的屈光学课程详解："水中曲棍"

第一步：爱弥儿基于之前对透视法的认知，对棍子是否折断的问题不急于回答，试图细致寻求证据。

第二步：绕着棍子转圈，发现折断的角度随着所站位置的变化而变化；可见弯曲可能与视觉角度有关。[1]

第三步：从露在水外的那一段的顶端往下看，棍子的弯曲度明显变小，而且曲折处有影像晃动。

第四步：搅动水面，棍子折成几段，成"之"字形摇动

第五步：放水，水位下降，原来曲折的地方变直了。

第六步：若孩子还不能理解，就用触摸的方式，用触觉来修正屈光的错觉。

（四）听觉

听觉与其他感觉略有不同，它不仅有接收器官（耳朵），而且有主动的发声器官（声带），所以卢梭认为，听觉的训练方法应当是主动的发声器官（声带）与被动的接收器官（耳朵）交互训练。卢梭认为，人可以有言语音（说话）、旋律音（歌唱）与重音（激情）三种，但孩子不知道如何结合，也没有必要知道。爱弥儿要学习的内容包括：

1. 说话时声调匀称清晰，吐字准确，音量充沛；

2. 唱歌时声调稳准、柔和、响亮，耳朵紧跟节拍韵调，为了同时训练声带与耳朵，要确保歌词简单适合儿童，曲调要朴实简单；

3. 起初用耳朵来学习乐谱；但为了更好地理解音乐，要练习撰写谱曲。

不得不说，在五种感觉的训练中，卢梭关于听觉的训练与整部《论教育》的

---

[1] 笔者自己做了一下简单的实验，与卢梭书中的描述略有出入。Rousseau, 1979：206.

教育原理有些不协调。若按之前的原则,爱弥儿应当到大自然中倾听、辨析万物的声音,向鸟类等动物学习美妙的自然歌曲,像盲人一样训练,获得无与伦比的听觉能力;反倒要与众人一起唱歌、学习谱写乐曲。这是何原因?

笔者以为,这或许与卢梭早年在巴黎的音乐经历有关。从《忏悔录》描写巴黎生活的篇章看,七年的巴黎生活,特别是撰写音乐剧的经历及与伏尔泰等人的音乐辩论,对卢梭的影响极为深远;以至于 10 多年后,撰写《论教育》时也不忘批判法国音乐,并十分在意让爱弥儿学习正确的音乐,从字里行间能觉察到,他有些陷入其中而不自知。[①] 更重要的是,他个人的音乐天赋似乎可能使他认为听觉的训练轻而易举,即是说,卢梭在无意中忽视了听觉与发声对现代人生活的重要性,听觉论述之简短即可证明这一点。[②] 这也是为何,卢梭在谈完法国音乐的缺点之后,笔锋戛然而止,"音乐谈得太多了,只要确保音乐是一种游戏,爱怎么教怎么教"[③]。

(五) 味觉

味觉的训练要注意以下三点:

首先,选择简单、清淡、普通的食物。味觉是选择食物以延续生命的必备能力;在自然状态下,食欲是味觉最好的、唯一的调味剂,"水果、蔬菜、无盐无调料的烤肉都是初人的盛馔",正因自然人口味的清淡与味觉的粗糙,其饮食的适应性与可塑性都很强。相比之下,经过"虚妄之欲"雕琢与刺激的文明人,特别是精于饮食烹调的法国人,其口味过于厚重独特,卢梭嘲笑一些法国显贵若没有了厨师就要死去。既然爱弥儿是一个以自然为基础的普遍模范,他也应当尽可能保持原初的普通、简单、清淡的饮食,让身体茁壮成长带来的好胃口作为唯一可靠的调味品,保持口味的可塑性与适应力,以应对未来可能出现的命运多舛。[④]

第二,以肠胃的生理反应为饮食的时间表,满足儿童的食欲。一方面,吃是儿童期的主要关注与生命力的表现;有鉴于此,饮食规律要以肠胃为准,而不是人为规定的饮食表,饮食的量要适应身体生长与活动的需要,"爱吃多少吃多少,爱怎么玩怎么玩",以避免孩子在饥肠辘辘与暴饮暴食之间落下消化

[①] 参见本书第一篇导言及《忏悔录》第八章等。
[②] 在英译本中,触觉与视觉的篇幅为 15 页;听觉为 2 页略多;味觉近 7 页;嗅觉仅 1 页半。
[③] Rousseau, 1979: 150.
[④] Rousseau, 1979: 151-153.

不良的毛病。① 另一方面,不必担心儿童期产生与吃相关的"虚妄之欲",因为味觉的作用对象都是生理的与物质的,最不易为想象力所渗透,只要确保饮食清淡与及时,想象力对味觉是无能为力的;更何况一到少年时期,其他的欲望就能抑制食欲,使之不能掀起激情的波澜。所以,卢梭非但不担心贪吃的毛病,而且主张儿童期应该经常用一些适度的美食来引导孩子的行为(例如视觉训练的蛋糕-跑步比赛),但必须注意,这些美食只是作为劳动或活动的"物质果实",不附带任何社会荣誉。②

第三,杜绝肉食的习惯。卢梭认为,人天性喜好蔬菜、水果、乳制品等植物性食品,拒斥肉食。这与他《二论》关于"人是植食动物"的判断是一贯的。他主张人要保持原始的自然口味,别沾染吃肉的习惯。在他看来,"素食既无损健康,更有助于陶冶性情",为此他还特地批判了自称绅士的英国人与爱吃肉的野蛮人无异,这即是隐晦批判了霍布斯《利维坦》刻画的争斗不休的人其实是爱吃肉的英国人。③ 此外,根据卢梭《二论》主张的"人性论"第二项原理:人天性对有感觉的生物有同痛感(commiseration),厌恶看到它们受戕害;所以人对其他有感觉的生灵就有不故意戕害的义务。在他看来,只有当大地荒芜、草木枯绝时,人为了自我保全的自然需要才能吃掉我们的"同伴(companion)";一旦需要满足,就应当停止。就此,卢梭引用了普鲁塔克的话严厉批判了文明社会为了穷奢极欲而对大批动物的无端残杀,直指这是"违背自然的谋杀";更何况,杀戮有感觉的生灵还泯灭了人的同情心,致使社会戾气与杀气过重。所以,卢梭坚决反对爱弥儿养成吃肉的习惯,以免他泯灭了社会交往与德性修养必需的同情心。④

(六) 嗅觉

嗅觉的训练最能说明上文关于爱弥儿要形成一种"现代自然状态"的论断。对自然人来说,嗅觉是寻找食物的必备能力,它对自我保全的作用不亚于视觉,按理就应该培养与猎狗一样的嗅觉,但卢梭笔下的嗅觉训练几乎为零。原因在于,按自然的配置,嗅觉是一种对相应器官作用力较弱的感觉,而且人的嗅觉作用机制直接关联味觉,与其说是嗅觉本身在作用于人,不如说它引起

---

① Rousseau, 1979: 155-156.
② Rousseau, 1979: 152-153.
③ Rousseau, 1979: 153.
④ Rousseau, 1979: 154-155.

的味觉想象在作用于人；据此可以说，"嗅觉是一种想象的感觉"。自然人单调的食谱，决定了两种感觉之间的简单映射，没有太大的想象空间，现代人则不同。所以，卢梭主张，人无需培养过分活跃的嗅觉。此外，从实际效用的角度来看，嗅觉对现代人的自我持存的意义也远不及荒蛮时代。①

五、小结：成熟的儿童

每个年纪、每种生活处境都有相应的完善状态，一种相对合理的成熟。经过童年期教育的爱弥儿已经是一位体格健壮、反应机警、充满活力、心无妄念、口无妄言、淳朴无华的"成熟儿童"。"较之城里的孩子，他更敏捷、更茁壮；较之乡村的孩子，他体力毫不逊色，技巧则更胜一筹"②；他的世界里没有成规、风俗与习惯，也不知道什么老规矩、权威与范例；他以游戏的方式专注自己感兴趣的所有事情，以"痛"的方式使物的必然法则成为他的唯一"习惯"，其经验与感觉判断力能指示他行动的最佳路径与界限；他具有基于物的必然性法则而形成的少许道德观念，明白物品的所有权属于"通过劳动的先占者"，明白简单的相互帮助与契约原则，认为众人都与他一样平等。

经过身体锻造与感觉训练的爱弥儿度过了童年，获得了儿童应有的理性，也获得了体格允许的快乐与自由。他已经行至"理性"的地界，临近成人的世界。③ 就卢梭本人的意愿而言，他是多么希望爱弥儿能停留在这一阶段：

> 人啊，让你的存在囿于自身，你将不再痛苦，驻留在自然于存在链条中配给你的位置。没什么东西能让你离开。不要反抗必然性的坚硬法则，不用随着你的意愿耗尽体力来反对这一法则；上天赋予你的体力不是为了让你扩展或延长你的存在，而只是按照上天的意愿保持你的存在，并谨随其愿。你的自由与支配力（power）必须以自然体力为界，不要超过。其余的一切都只是奴役、幻觉与欺骗。④

---

① Rousseau，1979：156－157.
② Rousseau，1979：161－162. 卢梭试图结合城市文明与乡村文明各自优点的理念是一以贯之的。
③ 本小结是基于《爱弥儿》第二卷末尾有关成功的儿童教育的长篇论述，Rousseau，1979：158－163。
④ Rousseau，1979：83.

第十章　物的教育与个人德性的完满：相对剩余力、效用价值观与判断力

一、人成为矛盾的正题："相对剩余力"

（一）相对剩余力："诡异"的学习原动力

若按卢梭《二论》所谓的自然状态，在经过精细的感觉训练之后，爱弥儿的教育就可以终止了；因为根据自然力学的法则，人的力量既然能满足自己的有限需要，就没有必要改变当下的惯性。若这个世界真的允许，卢梭倒也愿意这么做。可是，爱弥儿这位"自然人"终究与《二论》的自然人不同；作为后来者，他的处境不可能与史前状态相提并论。尽管卢梭一再批判人具有"社会本性"（social nature）的观点，然而现代人毕竟不可能真的像鲁滨孙一样游离于社会与芸芸众生之外；其原因有两点：

第一，卢梭明确承认，人的需要随着处境的变化而变化，"生活在自然状态的自然人"与"生活在社会状态的自然人"是截然不同的。这意味着，卢梭默认了历史（社会）构成了人性的一部分，或者说默认了部分文明成果的合理性与社会（历史）之于人的坚硬性或者说不可逆性。

第二，对一个已然脱离自然状态的群体来说，单个个体不可能独自保持原初的自然状态。前文庄园主罗伯特就曾对小爱弥儿说："已经没有多余的土地了！"试想一个除身体之外一无所有的人，到哪里去获得他的生存必需品！如卢梭所言，"我们离开了自然状态，也迫使同胞离开。没人能遗世独立，当不可能之时，若还有人想生活在其中，那倒真是远离自然状态了，因为首要的自然

法则就是关注自己的生存"①。对任何一个后来者来说,他被抛入这个世界,是没有选择的,必然要参加社会的生产、分工、分配、交换及必需的社会交往,这是一个不可逆转的给定命运。卢梭所要做的、所能做的,也无非是把这个命运变得简单一些、人性一些。

以上两点集中蕴含了卢梭对社会的双重态度:可恨与不可或缺。就爱弥儿作为"个体"的存在状态,卢梭写道:

> 爱弥儿不是一个要退回到荒蛮时代的野蛮人,他要成为居住在城市中的野蛮人。因此他必须懂得如何在城市中获得他的生活必需品,利用城市居民,即便不喜欢他们,也至少要与之共同生活。这就是说,他要依赖大量有别于自然关系的社会关系,因而需要对这些关系进行正确判断。②

这段话便是对那些认为卢梭要退回自然状态的论点最好的回应。鉴于爱弥儿要进入社会,所以教育就不能止步于体力的强劲与感觉的精细敏锐,他必需习得一个社会人必备的能力,按照力学的基本原理,这时就需要有一种外力促使他向前运动;而"自然教育"的原则又决定了导师不能寻求来自外部的力量,特别是不能用人世的"舆论"力量激发爱弥儿,这就迫使他要在人的自然本性中寻找一种"牵引自身运动"的动力,于是就有了所谓的"相对剩余力"。

在卢梭看来,12 至 15 岁是爱弥儿人生的独特时期(童年的第三期),他体格健壮,感官能力的发育水平与潜能也足以辅助、指挥体力,与此同时他的欲望还很有限,青春期那种对异性的渴望又尚未形成。因此,他不仅能自给自足(self-sufficient),而且个人能力较之当下的欲望还有剩余,形成一种"相对力量最大"的存在状态、一种箭在弦上、蓄势待发的势能状态,只需轻轻一推就能策马疾驰;关键是把势能转化为动能的这个推动力源自何处?

卢梭就此写道:"当人弱小、不足时,对自我保全的关注令其囿于自身。当人强大、有力时,拓展存在的欲望引领人超越自身,策马扬鞭,奋蹄疾跃,奔向

---

① Rousseau, 1979: 193.
② Rousseau, 1979: 205.

远方。"①这就是说,人在力量充沛有余时,其本性是要求扩大我的内容的,拓展自己的"良好存在状态"(well-being:活得精彩)。这是"人心自然具有的原动力";正是感觉官能的训练为孩子拓展物理活动空间提供了可能性,也对周遭事物产生了好奇心,而当下又缺乏充分掌握外物的力量,这就促使他持续探索新的实现方法。② 若联系《二论》对人与世界关系的分析,可以说人与世界的关系发生了倒置,人开始成为正题(thesis),世界成为反题(antithesis),人主动把握世界的阶段已经到来,用卢梭的话说,爱弥儿"劳动、学习、研究的人生阶段已经到来"。③

只需略微回顾一下《二论》的观点就能发现,卢梭利用自然原理证明相对剩余力的正当性的逻辑有些牵强。若按《二论》的观点,经常饥肠辘辘的"第一自然人",既不可能有剩余力,也不可能在已经实现自我保全的情况下还去拓展"良好的存在状态",即便真有此举动,也必然为自然系统的力量所阻止。

可是,生活在人为设定的"社会孤岛"中的爱弥儿却不同,他没有来自自然系统的阻力,更重要的是,他必须为即将进入的社会世界迅速积累力量。所以,卢梭就为爱弥儿免除了必然的生存压力,并允许其内在生命力在物理世界(phsical world)中迅速而有计划地释放、拓展;实际上不只是允许,而是人为地保持、调节与激发,为好玩的孩子学习科学真理提供源源不竭的动力;"让你的学生关注自然现象。不久他就会感到好奇。为了哺育好奇心,绝对不要急于满足之"④。

需要注意的是,在短期内释放、拓展相对剩余力,让好奇心引领爱弥儿的学习,是一件充满风险的事情。相对剩余力及其激发的好奇心作为一种潜在的势能,没有明确的运动方向与作用对象,而且好奇心是"随着激情与见识(enlightenment)的增长而增长的",所以要尽早、尽快引导;若引导得当,就能为人生所需奠定坚实基础;否则,若为舆论(opinion)或于己身无用的观念所误导,就贻害无穷。卢梭此时的语气不同以往,"生命初期是用来浪费以免误用。

---

① Rousseau,1979:168.
② Rousseau,1979:167.
③ Rousseau,1979:166.
④ Rousseau,1979:168.同样的论述较多,例如 172 页:"倘若他自己向你提出一些问题,你的回答应当止步于培养他的好奇心,而不是满足它。"

现在正好相反,我们要争分夺秒去做一切有用的事情"①,以应对即将步入的社会生活,而其中关键是要确定力的作用对象与作用方式,让爱弥儿能坚固地立足自身、专注自己。

2. 导师的转型:柔和的伙伴渐变为严格的纪律者

如上文所言,爱弥儿储备的"剩余"的力量是一把双刃剑,若不善加引导,就可能做无方向的漫溢,且随时有可能堕入社会舆论的评价体系,为赢得他人的赞许而炽热焦灼;一旦这种"虚荣心"萌发,舆论的奴役就随之开始,人生也就误入歧途了。② 导师精心设计的一幕"鸭子戏法"戏剧就是试图告诫爱弥儿,为了博取他人的掌声而滥用力量,很可能陷入"不能自己"(beside oneself)的境地,最终损人损己。

这幕戏剧的大略是:导师带着爱弥儿到集市玩耍,看到一个人表演用面包引着蜡制鸭子的戏法,回家之后,导师就引导爱弥儿利用之前发现的磁铁原理揭开其中的秘密,并如法炮制一副工具,且在当天傍晚到集市表演,弄得变戏法者十分尴尬。于是,变戏法者邀请爱弥儿第二天再去表演,观众的掌声已经弄得爱弥儿目眩神昏,十分渴望再次获得掌声,然而第二天变戏法者用更高明的手法弄得爱弥儿的戏法失效,结果在众人面前出尽洋相,羞愧难当。第二天,变戏法者登门拜访,和盘托出更高明的戏法的原理,之后还拒绝了师生二人的道歉礼物,让他们铭记这份羞愧,并训诫导师应当用自己的人生经验作为"权威"指导孩子的行为。③

这个案例,用卢梭自己的话说,"教训极多",主要有以下三点:

第一,虚荣心的极大诱惑力能促使人为了获得他人的肯定与赞赏、赢得一种虚无缥缈的社会地位而背离自己的行动轨迹乃至损害他人的生活状态与权益,最终误人误己,爱弥儿的举动就差点砸了戏法师的饭碗。

第二,卢梭试图用虚荣心导致的羞愧与痛苦来抵御未来人生道路中可能遭遇的虚荣心诱惑,这幕戏剧让初入密集人群的爱弥儿遭受了众人的奚落嘲笑,也背负了对戏法师的愧疚。这种与物理身体类似的"内心痛感"足以让爱弥儿产生对他人掌声的免疫力,日后必定畏之如虎,不敢越雷池半步,"很长一

---

① Rousseau,1979:172.
② Rousseau,1979:167.
③ Rousseau,1979:172-175.

段时间都不会有第二次类似的举动"①,其最终目的是强化爱弥儿对"人群"、"舆论"与"社会"的戒心,以免日后跌入人世的漩涡。

第三,卢梭通过这幕戏剧与戏法师之口说明,因为文明社会的行动规则及其界限晦暗不清,不似自然规则那么明确与坚硬,所以即将进入人世的爱弥儿稍有不慎就可能行差踏错。有鉴于此,导师不能再像儿童期那样,每次都借助物理反作用力(phisical counterforce)的后果约束爱弥儿不再犯错,而有必要在爱弥儿犯错误之前就告诫他。这就要求导师的角色需从原先柔和的伙伴逐渐转变为人世规则的严格执行者,精确、谨慎限定爱弥儿行动轨迹、活动范围与学习内容。②

(二) 限定相对剩余力的作用对象为"有用的"物理实体

1. 拒绝百科全书式的教育。卢梭在《爱弥儿》中再次鞭挞了巴黎的文人风化对人的戕害,批判了知识在其中扮演的负面角色,特别是各种自以为是的谬误与装点门面的知识,据此否定了时兴的百科全书式的教育套路。在他看来,18世纪时兴的教育方法只是向孩子灌输一些"华而不实的科学",令其头脑充斥各种于个人德性修养完全无用的知识;经过他们教育的人,看似学富五车,实则垃圾满腹,常在"烟雾缭绕"的诡辩中迷失自我。实际上,"就科学本身而言,它是一个无底的海洋,浩瀚无边,充满暗礁"③;而人的智力是有限的,他的自我持存的所需更有限,所以既不可能、也没有必要知晓全部知识;教育的真正任务应当是教导孩子一种科学的学习方法,一种有需要时即可及时获得相应知识的能力。

2. 依据自我保全的需要限定学习的范围。承上所言,自然人的简单需求决定了他的快乐也很简单,全部需求都围绕物理身体,即"不痛、健康、活动自由与生活的必需品"④,所以自然人通过感觉就能知道什么东西对他有用(useful)、什么对他有害,自在地(in itself)保持稳定的行动轨迹。道德人(社会人)则不同,他不仅有物理身体的需要,更有社会的需求,后者需要在流动无序的社会处境(含社会化的自然环境)中实现。所以,人的行动轨迹不可能与

---

① Rousseau, 1979: 175.
② Rousseau, 1979: 175.
③ Rousseau, 1979: 171.
④ Rousseau, 1979: 177.

自然人一样简单固定,他需要明确的效用观念,按照周围事物真正的使用价值来判断其对个人自我保全的意义,确保不做无用之事。因此,卢梭明言,原则上人应当只学习对他的"良好存在状态"有用的那一小部分真理。① 所以,他试图再次为爱弥儿"人为"划定一个相对剩余力的使用范围(circle),令其专注于与"良好的存在状态"息息相关的事物,那么,在实践中哪些事物是有用的,又如何让孩子只用心于那些对他有用的事物?

二、塑造自然生成的、自为的"效用观念"作为力的使用的新法则

随着孩子身心的发育,相对剩余力日益旺盛,而其无方向的"漫溢"状态也随之呈现,孩子想知道周遭世界所有他感兴趣的东西。在这一"主动"学习的阶段,在无数能引起他好奇心的事物中,如何选择学习那些对他的自我保全或者说"良好的存在状态"有用的东西?这是一个需要从理论与实践双重视角破解的难题。

(一)理论视角:用自然生成的效用观念引导相对剩余力,重塑行动系统

这一阶段的孩子与原初的自然人不同,尽管二者都经历了物理力学的训练,但考虑到导师为爱弥儿豁免了生存的必需压力,实际上他获取生存必需品的主要来源已经是、也必将是社会(交换),这也就意味着,在当下与未来,物理世界都不会是他行动的主要约束力。

所以在爱弥儿成为人与世界辩证法的正题的人生转折期,导师要为他重塑行动体系,用某种"自然的观念"引导相对剩余力,修正力的作用对象与作用方式,实现其在社会生活中保全自我(力的作用效果)。

由于卢梭十分忌惮社会舆论对个人意志的操纵,加之他培养独立人格的教育目标,所以他坚决反对任何力量扭曲支配孩子的意志,也反对根据成年人世界的价值标准为孩子选择"未来有用"的东西;而是用所谓的人最普遍的"良好判断力"(good sense)作为行动指南。② 坦白说,卢梭所说的最普遍的良好

---

① Rousseau, 1979:166.
② Rousseau, 1979:178.

判断力近乎"诡辩","一旦孩子能自己明白他的良好存在状态所在,一旦他能把握足够复杂的关系以判断什么适合他、什么不适合他,他就能区分劳动与玩耍,真正有用的对象(object of real utility)就能成为他的学习对象,而且较之游戏,远为持之以恒。"①究其实质,它应当是前期感觉锤炼与实践学习的成果,是一种准确判断人与周遭世界的力学关系或者说利害关系的能力。这种能力的获得是一个人成长的转折点。进言之,导师通过给孩子植入一个有自然基础的效用价值观②,让爱弥儿行动有了一个"重心",这样就获得了一个能有力支配孩子的观念工具,从而引导孩子进入卢梭预定的行动轨迹。这也是卢梭说,此后"what is that good for?"(那有什么好?)是一个神圣的字眼,"在我们人生的一切行动中都具有决定性的作用"的意思。③

(二) 实践视角:把基于"物的效用"的世界观镌刻在孩子心中

首先,严格尊重效用的原则。卢梭特别强调,既然"效用"要成为一切行动的指南,就不允许任何撼动这一价值观的事情发生,犹如婴幼儿时期不允许哭泣等因素改变物理力学的规则一样。例如,当导师不能按孩子的理解力说明所学事物的有用性时,就应当立即承认错误,转而学习其他东西。诸如此类的教育案例只为说明一点:必须得到尊重的是效用原则的权威,而非导师个人的脸面,而且尊重规则对导师的权威也是有益无损的。④

其次,世界仍要以"物的面貌"呈现。转型期的爱弥儿尚未进入人世,对人世的等级秩序与评价体系一无所知,所以他只对物的世界感兴趣,全凭自然法则理解周围的世界,所谓"良好判断力"也是依自然法则行事。这时不要急着一下子就引导他进入纯粹思辨的概念世界,更勿论"流动的"人世秩序与社会习俗;还是应当以"直接的"、"物的方式"向他展示周围的世界,让孩子集中精力于他们这个年纪能判断理解的、感兴趣的有用事物,集中于他明确感觉到它

---

① Rousseau,1979:177.黑体字为本书作者所加。
② Rousseau,1979:178.在爱弥儿第三卷中这一部分,卢梭没有区分 useful 与 good;这是因为在个体德性阶段,由于不涉及他人与公益,物的"效用"与"好"是同义的,但进入人世之后,good 的意涵就加入了"善"的意思,道德世界的善恶评价体系就可能抑制物的使用价值。
③ Rousseau,1979:179.
④ Rousseau,1979:179.

们与他当下的良好存在状态(present well-being)密切相关的事物。① 如卢梭所言,"我们真正的老师是经验与情感,只有亲自实际参与的那些关系,人才能准确判断哪些东西适合自己。"②

第三,让孩子在实践中自己发现知识的使用价值。卢梭明确指出,孩子学什么、不学什么不能由导师告诉他,而是要孩子自己想学、想发现真理。③ 导师的艺术在于,不让孩子关注一些无关紧要的琐碎之事,而是要慎重选择那些孩子需要密切关注的知识,在实践中深刻感受它们的有用性。

第四,至于用何种具体的学习对象不是一个很要紧的问题,关键是方法。而且,卢梭第一次明确指出,是通过跷跷板还是吊轮来学习杠杆原理,要考虑到个体差异,因材施教,特别是与人世有关的道理,教育的案例更要因人而异。所以他强调,这一阶段的教育要给孩子多动手展示禀赋的机会与时间。④

(三) 案例解析:辨别方向的天文课

爱弥儿学习辨别方向的天文课集中体现了卢梭的效用观教育的主张⑤:

1. 拒绝使用长篇大论的概念解释,而是通过对问题的实践研究。

2. 导师第一天与爱弥儿一同观察莫朗锡镇北部小森林的地理方位,爱弥儿突然反问"这有什么用处",导师不能说明之,便立即尊重爱弥儿的问题,转而学习其他孩子感兴趣的"有用的趣事"。

3. 第二天,导师有意领着爱弥儿到小森林中玩耍,中午12点要回家吃饭时发现找不到回家的路了,这就迫使饥肠辘辘的爱弥儿要学会如何辨别方向。导师在与其对话过程中逐步引导他用太阳、影子的朝向等要素找到方向,让他铭记天文学与地理方位知识的用处。天文、地理、物理与化学等诸如此类的对物理生命的保全与人世生活(特别是职业生活)有用的知识都应该通过这种实

---

① Rousseau,1979:178. 卢梭谈到,用碱性物质检验酒是否掺假便是超越了孩子理解力,孩子没有掺假、有毒、不卫生之类的概念。Rousseau,1979:182-183.
② Rousseau,1979:178.
③ Rousseau,1979:179.
④ 卢梭在前言中明确指出,他的教育是一种普遍的、抽象的人格培养,所以《爱弥儿》一书中很少提到个体差异的问题,此处是第一次提到。他认为,他的学习方法是一种基础的学习,其目的是为了发现孩子的才能,培养他的爱好,以便于有一天他能根据自己的天赋,选择符合自己天性的道路,独立学习。Rousseau,1979:192.
⑤ Rousseau,1979:180-182.

践方法导入。

三、相对剩余力的作用方式或科学的学习方法

(一) 尊重孩子的喜好(taste)

卢梭一再强调,喜好或者说兴趣是孩子学习唯一持久的动力,所以导师不应该告诉孩子应该学什么知识,而应依照孩子本身的喜好去寻求与发现知识;"不要让他记住科学,而要发现科学"。"导师的责任是让孩子接触到相关的知识,促成他的学习欲望,为他提供学习的途径。"[1]另一方面,独立人格是卢梭教育的根本目标,所以自孩童伊始就得让他感觉到,任何学习都是为了他自己(for himself),体现他个人的意愿(will),而不是为了别人;因此卢梭不允许任何外部力量强迫爱弥儿做任何事,不论于他是好是坏,"对他来说没有什么事情是好的,除非他自己感觉到那是好的",这一点在他个体意志萌芽之初尤为重要,其目的彻底杜绝日后社会风气动摇爱弥儿的意志。[2]

(二) 格物致知:从感觉与经验开始、从局部、特殊的现象开始、去除人与物的中介

1. 从感觉与经验开始。如上所言,要获得正确的概念就必须以感觉为基础,因为唯有经历 present(直接在场)、represent(再现、记忆)与 representation(作为持续在场物的符号),一个人才算真正掌握了与物本身相对应的符号。所以尽管这一阶段进入到了感觉转化为观念的心智教育阶段,但鉴于孩子一开始还是关注感觉的对象,不明白知性的世界,而且"心智最初的活动要一直以感觉为向导"[3],所以还不能一下子从感觉对象过渡到知性对象,要循序渐进。例如,卢梭最初交给爱弥儿的天体学说并不是哥白尼的日心说,而是托勒密的地心说。因为对孩子来说,后者更接近实际的感觉。[4]

2. 从局部、特殊的现象开始。卢梭认为,人,尤其是孩子,认识事物的自

---

[1] Rousseau, 1979:176,179.
[2] Rousseau, 1979:172,178,192 注释。
[3] Rousseau, 1979:168.
[4] Rousseau, 1979:170.

然顺序是"从一个特殊的事物联系到另一个特殊的事物,一直顺藤摸瓜"①,先了解每个特殊(particular),然后发现特殊之间的关系,再发现总体普遍(general)的真理链条,从具体到抽象、由分析及综合,先局部后总体,是经验归纳与演绎推理的统一。所以,他强烈反对18世纪以来法国"哲人"热衷构建哲学体系的时髦做法,认为这既不符合认识事物的真正逻辑,而且有以理论遮蔽、切割现实的危险。在卢梭看来,只有按照正确的认知次序,爱弥儿才有可能成为一个既有总体视野,又有专业能力,博约结合的人才。②

3. 格物致知。以上论述告诉我们,在引导孩子探索自然法则时,要从最常见、感觉最容易触及的具体现象入手,例如石头落地,让孩子视之为现象与事实,后逐步去探索背后的万有引力原理。③ 更重要的是,一个人要获得清晰、明确、有用的观念与真理,不能依靠书本或老师的传授,更忌讳浅尝辄止的坏习惯④;它需要学习者深入事物之中,通过观察、实验等方法解剖每一个自然事物与现象,要"一物一物的格"。如卢梭所言,这三四年的教育不可能让他掌握所有自然科学与技艺,而是要他对所有的自然与技艺形成一种扎实的观念,成为一名"扎实的学者"(a slow learner:一板一眼的学者⑤),通过一次次缓慢、辛苦的实验研究,孩子能在摸索与自我纠错的过程中发现与感觉对象相关的真理,学会如何获得清晰、正确的概念与科学原理的方法。卢梭认为,经过这一过程,这些真理必将烙入他的脑海,终生不能抹去。⑥ 如其所言,希腊文艺女神赫尔墨斯不应该在石柱上镌刻科学原理,因为经过训练的大脑才是镌刻人类知识最好的石碑,而爱弥儿正是作为一名劳动者在不知不觉中成为了一位哲学家。⑦

4. 去除人与物中介。卢梭在强调感觉、经验、格物致知的精神的同时,还特别要求爱弥儿不能使用地球仪、浑天仪、经纬仪、天平、测链等既有的工具仪器,甚至作为文明积累的书本也不用看。在他看来,工具与仪器,尽管在功能上帮助感觉达到了更精确的程度,从各方面增强了人的力量,但从结果来看,

---

① Rousseau, 1979: 172.
② Rousseau, 1979: 172,192.
③ Rousseau, 1979: 177.
④ Rousseau, 1979: 176.
⑤ Rousseau, 1979: 180.
⑥ Rousseau, 1979: 168、169、172.
⑦ Rousseau, 1979: 177,184.

它们也取代了感觉的功用,使感觉官能逐渐退化:"我们的工具越精巧,我们的器官就越钝挫;周围机器越多,我们就越不再把自己当机器用。"① 从这个角度看,作为文明积累的精密仪器反倒成了人与物本身(things in itself)的遮蔽物,而重做那些发现静力学与流体力学法则的粗糙实验,则能让人更清晰了解物的真正本质,所以卢梭要与爱弥儿一起根据"经验"制造所有必需的工具与仪器,"宁可仪器不那么完美精确,也要获得关于仪器的清晰观念与运作原理"。② 这一看似愚蠢的办法,其实用意极深。作为文明的后来者,爱弥儿之所以要重历工具仪器的生成过程,而不是直接拿来既有的文明成果,一则多数成果于自己未必有用,二则要根据个人的需要,重新找到自然与技艺(文化)的结合点。用卢梭的话说,"加诸技艺于自然"(add art to nature)③,这样技艺就是人的自然的延伸,而不是异化的累赘,让劳动者成为工具的奴隶。所以,卢梭明确要求"以世界为书本,以事实为向导",剔除诸如之类的中介(media)或者说转折再现物(representation),让孩子与对象直接相互作用。卢梭十分重视这一点,他明确指出,爱弥儿是不用学习理论物理、代数等课程的,更勿论道德说教,乃至于导师的教学用语都应该是清晰、简单、无感情色彩(cold),因为孩子不明白既有文化附加于自然的情感意义,更不能理解"赋、比、兴"这类文学语言。④

(三) 精准的判断力

上一阶段的高强度感觉锤炼与这一阶段的格物致知的钻研学习,都是为了获得一种高级的判断力,能正确判断自然与人世的一切事物之间的真实关系,以构筑个人的价值世界与行动可能性。相较之下,对原初的自然人(first natural man)来说,这件事要简单许多,他只需要能正确判断感官获得的信息,即可画出精确的轨迹。从发生过程来说,每一种感官获得的信息都是被动的、直接的(immediate),因而没有欺骗的可能性。但若需根据各种信息判断物的总体性状及其与周遭世界关系,那就要进行比较、归纳,就意味着要进入观念的世界。卢梭认为,观念是人纯粹内在的"第六感觉",它本身"没有具体器

---

① Rousseau,1979:176.
② Rousseau,1979:176.
③ Rousseau,1979:176.
④ Rousseau,1979:168-170.

官",而是源自"其他感觉的有序使用","通过联结事物的所有外表特征(appearence)来指导我们认识事物的本质"。① 概而言之,它是对多种感觉的判断的"主动综合",犯错误的机率自然倍增;若判断的对象是流动多变、似是而非的人世关系,那对"经验"、"耐心"与"洞察力"的要求就更不可等量齐观了。

在感觉教育阶段,卢梭用"水中曲棍"之类的教学案例集中体现了他的意图;但仅仅用孤立的个案来训练判断力还不够,还需要用类似的方式教导他判断各个现象之间的逻辑关系。在卢梭看来,必然的法则能教导自然人形成未雨绸缪的能力,那也可以用类似的方法教育孩子,所以应该通过认为设计,让孩子所作的各个实验之间具有特定的相互关联的逻辑,从特殊到普遍、从局部到整体,从归纳到演绎,根据其中的因果链条(chain),形成对周遭事物秩序的判断力。②

四、根据"物的效用"重估社会事物的价值:冷却"发烧"的社会

到 14 岁前后,卢梭对这位即将步入人世的爱弥儿愈发忧心忡忡,深怕他面对社会风气的惊涛骇浪不能自已(not in himself)。这时的卢梭陷入了一种两难的境地:既要让年轻的爱弥儿学会适应社会生活,自力更生(by himself),经受得住人世的风吹雨打,又期望他能按事物对自己的实际用处来评价一切、按自己的方式生活(in and for himself)。怎么办?卢梭写道:

> 要是有人能发明一种处境,其中人的一切自然需求都以孩子的心智能判断的方式得到呈现,而满足这些需求的手段也以同样轻松的方式有序呈现,那爱弥儿想象力最初的训练一定要通过对这种状态生动、天真的刻画来进行。③

---

① Rousseau, 1979:157. 他用了三个术语来定义它,分别是"共感"(common sense)、"知觉"(perception)、"观念"(idea)。
② Rousseau, 1979:177.
③ Rousseau, 1979:184.

事实上在儿童期的最后一年,卢梭确实安排了一系列近乎臆想的教育历程,进行了一系列日后必需、但不含社会交往的"社会实践",简单地说,是以与世绝缘、息交绝游者(isolated man)的状态建立个人的评价体系、学习必需的生产技能、展开物品的交换;目标是引导爱弥儿"在成为一位积极的社会成员之前,一点一滴地形成社会关系的观念"①,让社会关系以个体的需要与物的交换为基础展开。

(一) 爱弥儿与鲁滨孙的比较

卢梭在《爱弥儿》一书中多处痛斥书本的危害,视之为洪水猛兽,但笛福的《鲁滨孙漂流记》是个例外,它是爱弥儿唯一可以阅读的书,更准确地说,是作为教育底本的书,这部书到底有何不同?这需要我们比较爱弥儿与鲁滨孙的异同来发现。

简单地说,笛福笔下的鲁滨孙原本是一个文明社会的普通人,甚至在某些方面(例如追求财富)受到歪风邪气浸染的人,当他意外流落荒岛之后,为生存不得不自力更生。作为一个承载着文明成就(善的与恶的)的人,他充分发掘了其中必要的生存技能,去除或者说忘记了不必要的浮华修饰,基于类似自然人的生存需求实现了对文明的扬弃。待重新回到文明社会时,他竟然发现昔年看重的金钱、地位等文明要素,已经变成可有可无的负担。这一阶段的爱弥儿与鲁滨孙的处境有相似之处,但也相去甚远,二者的异同如下:

异:(1)鲁滨孙是作为既有文明的浸染者与成年人,意外脱离了文明社会的歪风邪气,面对严峻的生存压力,对自己做减法。爱弥儿则是一位未经社会浸染的赤子,他需要进入既有文明社会,遴选必需的事物,对自己做加法。(2)重新回到文明社会的鲁滨孙,是一位既阅尽人间纸醉金迷,又尝尽孤岛筚路蓝缕的成年人,他抵御文明社会诱惑的定力,堕入社会海市蜃楼的危险,较之爱弥儿这位"成熟的儿童"是不可同日而语的。所以,卢梭说鲁滨孙的状态,不是"社会人的状态,也不是爱弥儿未来的状态。"②

同:他们都只需要生存的必需品及其相应的技能,都需要以"以一个与社

---

① Rousseau,1979:193.
② Rousseau,1979:185.

会绝缘者的立场,根据事物对自身的效用,恰如其分地评判之"①。

(二)"冷眼"远观社会:彻底解构社会"流沙般"的评价体系

卢梭引入《鲁宾孙漂流记》这部书的目的,是期望通过这部书的阅读及其相应的训练,能引导爱弥儿迅速、扎实地形成以自己的快乐(生存必需品与自由行动)为基础的评价体系,根据事物对自己快乐的使用价值来判断自然与社会的一切事物。而此时导师的任务应当是,尽可能遮蔽社会的评价体系及由此形成的等级秩序,趁着孩子还以自己的天地为乐,尽快引导他在其中(类似鲁滨孙的孤岛)立定自身。②

这里,卢梭进一步贯彻了《二论》对文明社会的批判。在他看来,从社会自身的发展史来看,人类青年时期的社会对人的完善作用到此时已经全然不见,人不再是闲时独处的自然人与平等合作的生产者的统一;发展至今的文明社会早已蜕变成了异化于人的力量。用卢梭思想的半继承者涂尔干的概念,社会是自成一体的物,不以个人意志为转移,且对人有强大的约束力,而从卢梭的角度说,就成了"非人"的秩序与"吃人"的力量,它的基础就犹如流沙一样脆弱多变。③ 卢梭在《二论》序言有一段慷慨激昂的话:

> 当我们用冷静、公正的眼光审视人类社会时,我们首先看到的便是恃强凌弱的情形;我们厌恶强者的冷酷,也为弱者的愚昧悲哀;这些所谓的强弱、贫富等外在关系常常是偶然而非智慧的产物,脆弱无比,也即是说,人类的建制(establishment)初看之下都是基于流沙堆之上;只有通过细致考察这些建制,扫清笼罩人类社会的沙尘,我们

---

① Rousseau,1979:185.
② Rousseau,1979:185.
③ 要指出一点,卢梭对现存文明社会的批判,不意味着对社会的全盘否定,即便是涂尔干这样的"社会"主义者,也曾批评"社会今天的样子,当然是一个怪物"。事实上,卢梭不仅肯定了人类青年期作为生产集体的社会的积极作用,更肯定了作为一般的社会的道德功能,他在《社会契约论》(日内瓦手稿第二章)中写道,社会是一个道德整体,它所具有的特殊性质不同于构成其个体存在的那些性质,这种情况有点像化学合成物所具有的性质不能归于其各个元素的性质……就像在一个简单的集合体中一样,公共的善恶不仅是个体善恶的总和,而且存在于将其统一起来的关系之中,它会比总和大得多。据以上论述,我们甚至可以说,卢梭是最早意识到社会秩序的独特性(自成一体)的西方近世思想家之一。参见卢梭,2003b:218;涂尔干,2006a:59—60。

才能看清社会大厦不可动摇的地基,学会尊重它的基础。①

如果说《二论》是对原初社会与自然人的澄清,是对创世的澄清,那从《爱弥儿》、《新爱洛伊丝》、《政治经济学》到《社会契约论》就是一幅全面改造扭曲的文明社会的宏大路线图,在在学理层面彻底重塑心性秩序与社会体统,其中,《爱弥儿》便是现代人洗心革面的"救赎",在人心秩序中重新配置自然要素与社会要素的分量。② 可以说,14岁的爱弥儿正面临一次人生大转折,在经历了"拟自然的教育"之后,他要进行一场人为设计的"社会旅行",在导师的引领与"人为隔离"下,冷眼旁观文明社会的诸要素,重估一切事物的真正价值,解构流沙般的社会等级秩序与评价体系。

卢梭认为,就既有的文明社会而言,公众舆论对技艺与物品的评价往往与它们的实际效用正好相反。③ 在现实定价机制中,往往最有用的技艺与物品,价格最低廉,因为每个人都必需的东西,必然是穷人也能买得起的,否则社会就会动荡不安;反过来说,这些东西也不能凸显王侯巨贾的地位,不能作为社会等级秩序的区隔符号。恰恰是那些百无一用的技艺与物品常常是"价值连城",例如钻石、珠宝、名牌产品、各类艺术品等,它们成为区分社会等级的符号标志。从生产机制上说,王侯将相、资本家、艺术家等在既有社会等级秩序中的高位者,在卢梭时代就利用沙龙、舞会等形式,在现代则是利用品牌广告、媒体宣传等形式,自觉、不自觉的"共谋"再生产社会的评价体系,以维持他们的地位。这些无用之物的价格(price)可以证明王侯巨贾的与众不同(distinct),满足了他们俯视众生的虚荣心,"它们的**应然价值**(merit)就在舆论之中,其价格本身就构成了应然价值"④。

卢梭的教育原则决定了他要想方设法隔离孩子,不让爱弥儿注意到舆论价格与真实效用之间的不协调,更不能在基于物的效用的评价体系与舆论虚妄的评价体系之间陷入迷茫。更何况,此时的孩子还不明白别人的地位、社会

---

① Rousseau,1997a:128.
② 卢梭的学说在理论层面上是彻底的革命,但在实践层面不是,因为各类人群、各个国家的朽化程度不同,可改造性也不一样,如卢梭所言,法国之流的国家根本无需革命,让它自行消亡就是了。详见本书第一章第三节第四目的讨论。
③ Rousseau,1979:186.
④ Rousseau,1979:186.

的法则,更不能充分把握他与同类的关系,所以正确的做法应当是,暂时隐藏"虚伪"的社会秩序,先教导孩子认识事物的本来所是,"让他根据事物与自己的效用、安全、自我保全、良好的存在状态显而易见的关系,评价一切自然物体与人造物"①,立足自然之镜映照社会(例如,与个人而言,铁比黄金更有价值);待他成年之后,再逐步告诉他事物在大众眼中的所是,到那时他就能分辨真理与舆论(opinion),超凡脱俗,领袖群伦。②

这里,卢梭以斩钉截铁的反对态度回答了柏拉图提出的政治哲学问题:真理/哲学家、政治家是否要向既有的舆论(opinion)/精神错乱者、庸人(madmen、vulgar)低头?③ 他认为,睿智的人(wise man)若心怀叵测,想利用精神错乱者的疯狂达到愚弄他们的目的,那他们最终也可能沦落为"偏见的奴隶"、"愚蠢氓众的玩物"。即是说,一个健康的政治体是不能向病态的舆论妥协的;这是一个真理与舆论、智者与俗人、"政治家"/"阴谋家"的非此即彼的问题,没有中间地带。

(三) 重新设定社会诸要素的价值: 技艺、交换、分工、货币、政府、法律、社交

卢梭对这场"社会旅行"始终保持着战战兢兢、如履薄冰的心态。试想要在社会之中隐藏社会本身,谈何容易! 卢梭安排的游历顺序是先生产领域,后社会交往领域,因为前者更容易隐藏人世的关系。他写道,"你要极其小心,保证你的学生的心智远离一切他不能理解的社会关系的概念,当知识的链条迫使你向他说明人与人的相互依赖时,不要从人世的面向(moral side)讲解",④而是要以爱弥儿能理解的"物的关系",说明现代社会基本要素的用处。

1. 对技艺(art)的评价: 用途与独立性

卢梭明言,爱弥儿进入社会的第一站应当是"全神贯注于令人互益的工业与机械技艺"⑤,因为这里的社会色彩最淡。卢梭认为,技艺评价的标准只有两项:用途与独立性;"用途最广泛、最不可或缺的技艺应该得到最高的尊重;

---

① Rousseau, 1979: 187.
② 爱弥儿必然是"公民时代的政治家"或"平民哲学王"。
③ Rousseau, 1979: 186 - 187.
④ Rousseau, 1979: 185.
⑤ Rousseau, 1979: 186.

最不依赖其他技艺的技艺,也应该得到尊重,因为它最自由、最独立"[1],其深层的意思是,劳动者对其他人的依赖及其所需的社会交往程度最小,陷入社会漩涡的几率也相应减少。相较之下,卢梭此时更重视后一项标准。他写道:"有一种较为自然、较为公正的次序,人们可以根据各种技术之间的必然关系进行排列,最独立的技艺便是最好的技艺,最依赖其他技艺的技艺则最不好。"[2]卢梭认为,按他的价值标准评价文明社会的诸种技艺,前三位最值得尊重技艺应当是农业、冶铁与木工;至于那些基于复杂分工的精密技艺之于人类其实没那么高的价值,而且常常是对人的奴役。[3]

2. 交换、分工、货币、政府、法律

交换是社会持续的必然条件。爱弥儿10岁时的马耳他瓜事件已经让他感受到了交换的好处,树立了简单的交换观念,但要真正认识到交换的必然性,他还需要明白两件事[4]:首先,在一个财产分配既定的文明社会中,一个缺乏生产资料(财产)的后来者不可能单靠自己的劳动获得全部的必需品,他必然要通过交换。其次,如前所言,爱弥儿在生活与学习过程中都尽可能自己制造所需的工具,但因个人禀赋与能力的差异,总有些必需的东西做不了,做不好;而爱弥儿的学习经历则告诉他,若每人各专一业,相互交换,则各方共赢。诚然卢梭对过度分工是持批判态度的,认为它造成了人与人的过度依赖,甚至形成整个分工体系对人的异化,"为了磨练一门独特的技艺,他们受制于其他无数的技艺,每个工人都需要整个城市"[5],但他也承认分工的高效功能,而爱弥儿自己制造工具的经历也使他很容易理解这一点。

交换的稳定开展需要三个相互关联的必要条件:第一,物与物之间要有共同的衡量尺度。由于在爱弥儿的世界里,交换的目的是为了获得对方物品的"使用价值",但由于不同物体的使用价值无法具体换算,所以为了方便交换,就需要在物与物之间形成某种约定俗成的等价关系(conventional equality),一种共同的评价尺度,一种能化质为量、夷平具体使用价值的中介,

---

[1] Rousseau,1979:188.
[2] Rousseau,1979:188.
[3] Rousseau,1979:188.
[4] Rousseau,1979:193.
[5] Rousseau,1979:188.

即货币(马克思所谓的"一般等价物");①第二,货币要真正成为普遍的交换中介,要求交换双方不存在强制支配关系,有约定俗成的平等(conventional equality),更准确地说,一种关于排他性财产处置权的否定性平等;第三,不论是约定俗成的人世平等,还是货币的中介地位,都需要实定权利(positive right:人为的正当)的保障,需要明确的规则与权威的仲裁,即法律与政府(国王)。②

笔者认为,卢梭对货币的讨论似乎过于简略了。若按前文,这里也应该有一幕戏剧,阐释"物物交换"的不便与货币的用途。事实上,卢梭对上述社会基本要素的讨论都是寥寥数语,仅止步于告诉孩子事物的用途,一则未经人事的爱弥儿不懂,二则此时也没必要懂,三则与他个人对社会的厌恶有关,不愿爱弥儿过多卷入市民社会的经济生活。

3. 解构"发高烧"(delirium)的社交世界:从以必需品为基础的物的关系观察

到14岁时,卢梭终于要带着爱弥儿进入"最可怕"的社交界。鉴于这一社会之旅的重要性与危险性,他精心设计了一幕分上下半场的戏剧。

上半场:导师带着爱弥儿到一位富翁家参加一次盛筵,这次盛筵可谓山珍海味、红罗飒纚、宾朋满座、珠光宝气。对深谙巴黎社交生活的卢梭来说,社交场的魔力与危害是刻骨铭心的,所以他需要密切注意爱弥儿的变化。正当爱弥儿心醉魂迷之时,他凑到爱弥儿耳边轻声说道:"你估计,眼前这一桌菜要经过多少人之手?"③上半场戏剧的转折点随之到来。这一句话犹如一盆冰水,迅速冷却了爱弥儿"极度兴奋的幻觉状态(vapors of delirium)"④。喧嚣的人群变成了无声的背景,爱弥儿独自神游到九霄云外,回归到自己的行动轨迹,试图用他所能理解的"物的关系",重新思考评判眼前的一切;爱弥儿此时自然要向导师寻求问题的答案,导师则要拒绝回答,让爱弥儿保持冷静思考、冷眼旁观的状态,不再陷入其中,同时让他带着问题进入下半场。

---

① 18世纪后期,金银依然是最流行的一般等价物,纸币尚未似今天这般占据主导地位。卢梭虽然也意识到货币本身只是一个抽象的数额、抽象的符号,但他似乎还没有意识到,这一毫无使用价值的抽象符号要扬弃一切有使用价值的物体,演化为一种本身毫无使用价值、却衡量一切使用价值的绝对抽象符号,即纸币。纸币取代金银是资本主义席卷全球的必然结果。
② 关于这三点的讨论,参见 Rousseau, 1979:189。
③ Rousseau, 1979:190.
④ Rousseau, 1979:190.

下半场：导师带着运动之后饥肠辘辘的爱弥儿吃了一顿简单的乡野晚餐。导师的目的是让爱弥儿根据生存必需品与自由活动这两项自我保全的内容，对两次吃饭做一比较。首先，于爱弥儿简单的生理需要而言，两顿饭的效用是差不多的；其次，盛宴的种种礼节降低甚至去除了山珍海味的快乐感；第三，卢梭上半场的问题，也让爱弥儿想到一顿盛筵"可能需要 2000 万人长时劳作"，这与之前树立的"不损害别人"的道德观念相冲突，容易使之产生愧疚感，饮食也就如同嚼蜡了；而乡野晚餐则是一家人自己的劳动成果，作为客人的爱弥儿可以尽情享用。合而言之，爱弥儿当然更钟爱乡野晚餐。①

经过这上下半场戏剧的教育，爱弥儿也与卢梭一样对社交世界的种种充满了轻视与厌恶，更不会与启蒙时代的巴黎文人一样，为了成为社交达人而阿谀钻营。这幕戏剧告诉读者，巴黎式社交世界从此与爱弥儿的人生绝缘了，诸如品位、排场、身份、地位等社交世界形成的海市蜃楼般的评价体系也随之烟消云散。

五、职业（occupation）：还"合作社会"的债、避"等级社会"的恶

（一）劳动："社会人不可豁免的义务"

"每个人都必须生存"②，都要使用自己的"力"确保物理身体的保全，这是首要的自然法则；所以爱弥儿一知道何为生命，首先就要教导他如何维持生存。③ 不过，虽然自然人与道德人都是力的使用，但规则有所不同。在自然状态中，人与人、人与物的关系没有必须遵从的既定规则，生存竞争止步于短时的力的较量。在文明状态中，面对的是既定的人与人的权利规定，人与物的排他性隶属关系，爱弥儿不可能再像自然人凭借力量寻求与争抢食物，而卢梭也不主张对既有的财产分布实行彻底的革命，所以他唯一的选择就是参与给定的社会生产活动，即劳动与职业生活。

这看似简单合理的逻辑演绎还涉及另一个关乎社会稳定的根本问题：爱

---

① Rousseau，1979：190.
② Rousseau，1979：193.
③ Rousseau，1979：194.

弥儿作为一无所有的后来者(穷人)是必须参与劳动的,那么已经占有财产的富人是否也有必要劳动?就此问题,若按纯粹的自然原理,似乎不能推导出已经占有足够生存资料的富人还必须参加劳动的理由;换而言之,自我保全的自然原理不能成为文明社会的人都必须劳动的理由。至此,卢梭终于不得不向15岁的爱弥儿全面开启道德世界的大门,为人的行动力学系统注入道德要素。

卢梭辩称,遗世独立的人不亏欠任何人,可以有任意生活的正当权利;① 但生活在社会之中的人,不论他是谁,给予社会的财产就只有他本身,换句话说,他必然要依赖他人,因而亏欠社会的债(debt),亏欠"作为生产集体"的**合作社会**的债,因为作为生产集体的社会大大提升了个人自我保全的能力与便利性,而偿还债务的唯一途径就是为作为生产总体的社会进行劳动。②③ 而且,一个人占有的其他财产越多,意味着他享用了更多其他人的劳动成果,因而他此对社会的债务也越多。劳动所得如此,继承所得更是如此,因为"每一个人的债都是自己亏欠的,只能自己还……用一个人对社会的贡献来豁免另一个人的债务是不公正的"④,所以他完全没有豁免劳动的理由。至于让渡财产的人,也只能说他减少了亏欠社会的债务,而不能免除必要的劳动。据此卢梭宣称:"劳动是社会人不可豁免的义务。凡是无所事事的公民,不论贫富、强弱,都是一个无赖。"⑤

(二)选择职业的大原则:不为既有的社会等级秩序所累

既然市民社会的劳动与交换是现代人的必然命运,爱弥儿就需要选择一项适合他的职业。在职业选择的问题上,卢梭十分坚决地延续与彰显了其教育的基本原理:现代人的职业应当确保一个人,面对一切社会巨变与命运跌

---

① 卢梭本人在《一个孤独的散步者的梦》(第六次)中明言,自己是一个遗世独立的无用者。Rousseau,2000:55-56.
② 《圣经·罗马书》(14—15):无论是希利尼人、化外人,聪明人,愚拙人,我都欠他们的债;所以情愿尽我的力量,将福音也传给你们在罗马的人。
③ Rousseau,1979:195.
④ Rousseau,1979:195.
⑤ Rousseau,1979:195. 其实,按卢梭自己的思路,爱弥儿是不能理解这一系列铿锵有力的理据的,因为他对社会的理解还停留在效用观的社会,他所遇到的人也只是遇到园主罗伯特这类特殊、具体的人,所以还不能准确把握"债务"这种市民社会的概念,更谈不上理解普遍的、抽象的社会概念。

宕,都能依然故我,遵循自己的行动轨迹。卢梭之所以特别在职业问题上强调这一点,是因为18世纪后半叶的政治与社会革命已经是山雨欲来风满楼,而个人的命运也难免为时代洪流所裹挟,他写道:"贵族变成平民,富人变成穷人,君主变成臣民……危机与革命的年代正在逼近。"① 社会总体秩序的流动性意味着现代人的教育不能再像古时那样以某种既定的社会位置(station)为目标(例如柏拉图《共和国》的哲学王、军士、百工)。对一个现代人来说,只有当他对社会位置的逝去不患得患失、对命运的波澜等闲视之,他才能活得精彩(well-being;快乐)。所以,现代人的教育及其职业选择,都应当是围绕人本身而展开,而不是以非人的地位、出身、名声、财产等外在社会要素为依归。

要再次强调一点,爱弥儿的简单生存需求与健全的劳动能力,意味着他在社会中实现身体的自我保全是轻而易举的;所以,他的劳动与职业不只是为了糊口,更是履行一个社会人的义务;选择职业主要要考虑的问题是确保爱弥儿不过分依赖"作为流动的财富分配、社会交往与舆论评价"的**等级社会**,不为功名利禄所累,保持一种独立人格的光荣(glory)。② 卢梭之所以一而再、再而三强调这一点,根源即是他的巴黎生活。在他看来,18世纪中叶巴黎那些所谓"体面的"(decent)艺术家与文人,根本不是依靠技艺本身,而是依靠一种子虚乌有的"名声",而要获得这种名声,就必须整日混迹于巴黎的社交界,找到专职吹嘘者与提供庇护的权贵,阿谀奉承,曲意逢迎,仰人鼻息;所以说,艺术、文学之类的行业,看似体面风光,其实卑贱至极。③

(三) 木工:爱弥儿的职业

一言以蔽之,卢梭对爱弥儿职业的预期是"在隐居的生活中,做一个诚实的人,挣得自己的面包"④。有鉴于此,手艺(manual labor)确实是上上之选,既可以谋生,又对社会有贡献,同时最少受到命运与舆论评价的影响,对分工合作与生产资料的依赖也微乎其微。相较之下,农业就要束缚于不能挪动、却可能被抢的土地。所以卢梭称手艺为是"一切谋生职业中,最接近自然状态

---

① Rousseau, 1979:194.
② "为光荣而工作"的表述,Rousseau,1979:196。
③ Rousseau, 1979:196 - 197.
④ Rousseau, 1979:197.

的"①。至于如何选择一门体面的手艺,还要综合考虑以下几点②:

1. 于社会有用,且符合爱弥儿的效用观,"应该是荒岛的鲁滨孙能养活自己的手艺"。
2. 无背离人性的要求;拒绝刽子手乃至铁匠之类的职业,因为卢梭"不希望爱弥儿在熔炉旁一副独眼巨人的样子"③。
3. 性别,男女应各有分工,爱弥儿的职业应当能充分使用其强健的体能。
4. 年龄,能发挥年轻人的体力与创造力。
5. 清洁卫生,于身体无毒害,无损健康。
6. 不需要长期远离家庭外出工作。
7. 拒绝日复一日的机械劳动,这容易扼杀人的灵性。
8. 最重要的是,尊重爱好,发扬天赋;注意不要弄混真正的天赋与偶然的模仿,更不要为一时的热情所蒙蔽。卢梭以一个无绘画天赋的人学画的例子说明勤能补拙是有限度的。

最终,木工成为了导师与学生的共同选择,清洁卫生、有用、可以在家里做、身体可以充分运动、需要精湛的技术与勤劳、劳动产品以效用为基础以及也不乏优雅与品位。④ 需要指出的是,选择木工作为职业对爱弥儿不是一件要痛苦抉择的事情,而是一件水到渠成的事情,因为之前的教育已经为此奠定了坚实的基础,"这时爱弥儿的学徒生活已经完成了一大半"⑤,他熟悉各种手艺工具,余下的问题无非是选择其一,通过专业学习达到与老工人一样的熟练水准。

(四) 弟子(disciple):游于艺、据于德

考虑到爱弥儿之前已经得到充分的技艺训练,他的木匠学徒生涯(apprenticeship)的重点已经不是手艺,而是要求习得一种独特的存在方式,

---

① Rousseau, 1979: 195.
② 以下几点参见 Rousseau, 1979: 197-202。
③ 卢梭对铁匠的这种轻视也流露了他个人对"品位"(Rank)潜在的重视,对典雅与美观的追求;西欧的思想家多少都有类似的问题。
④ 注意,木工的选择是卢梭对爱弥儿的判断,并不是说所有人都要选择这个职业,正如卢梭所言,如果你的学生确实有研究思辨科学的天赋,他也可以从事制造数学器械、望远镜之类的手艺。关键是不需要深度嵌入分工系统,不需要依赖舆论的评价。Rousseau, 1979: 201.
⑤ Rousseau, 1979: 199.

"我们不仅学做工,更是学做人……我们不是学徒,而是弟子"。[1] 为此,卢梭有如下设计:

首先,导师与爱弥儿共同学艺。若回想爱弥儿的人生历程,我们发现,他不仅没有父母,除导师之外,也没有其他朋友,而且很少参与竞争性的事务,到15岁职业训练阶段依然如是。卢梭之所以这么做,一则是为了避免受到社会不良风气的传染,二则避免爱弥儿产生嫉妒、虚荣与争强好胜的心理,"他唯一的竞争对手是过去的自己"[2],如确有需要,导师可以充当学习激励的伙伴与抵挡舆论的堡垒。此时,导师就很有必要为年轻的爱弥儿批判舆论长期以来对手艺的不公评价,告诉他一切与人有用的职业都应当得到尊重,告诉他"一个人如果以当众手拿斧头、身围皮裙干活为耻,那他便是舆论的奴隶"[3]。

其次,要求爱弥儿每周学习一两个整天,与师傅共同起居,把木匠"个体户式"的工作习惯融入自己的生活风格;同时导师又要求他不忽略学习其他手艺,一来职场不是生活的全部,二来多几门手艺更能抵御风险,游刃有余。[4]

第三,在实践中夯实之前的效用价值观。导师要引导爱弥儿明白,作品的好坏,能不能得到公众的尊重,应当根据作品本身的成色,而不是它的作者是谁,不要让爱弥儿陷入对虚无缥缈的头衔虚名的追求,"要让他静静地制作他的大师之作,而绝不被人称作是大师"[5]。

六、小结:寄居社会的自然人或"城市中的野蛮人"[6]

经历了这一阶段的教育之后,爱弥儿达到了这样一种境地:

1. 他的需要有限,只关注对自我保全有用的东西;

2. 他以物的效用价值观评价自己周围的一切,他的世界里只有人与物的关系及以物的形态出现的人与人的关系,而"没有人与人的道德关系",生产与交换都是为了获得物的使用价值。相应地,对待客体的认真程度与客体之于

---

[1] Rousseau,1979:201.
[2] Rousseau,1979:184.
[3] Rousseau,1979:200.
[4] Rousseau,1979:201.
[5] Rousseau,1979:201.
[6] Rousseau,1979:205.

他的效用成正比,"越有用,越认真";①

3. 他的体力、感觉判断力都已经完全发育且训练有素;更重要的是,他的心智形成了一种普遍的认知图式或者说科学的学习方法,能有效获取学识,因此不论在森林中,还是在城市中,他都能依靠自身力量、按自己的方式一以贯之地生存;

4. 他只关注自己,不关注、不伤害别人,也不需要别人考虑他,"他不要求任何人任何东西,也觉得自己不亏欠任何人,他在人类社会中独处,只依靠自己"②。

所以,读者诸君若遇到一个爱弥儿,你会发现他经常呈现这样一种状态,"一方面,爱弥儿对众人的评价漠不关心,也没有激情的躁动,他呈现出一副无所用心的样子;另一方面,他喜欢在自己天地里琢磨与思考事情。"③一句话,他已经完成了个人德性的修行,"达到了他那个年纪的完满状态"④。

---

① Rousseau,1979:207.
② Rousseau,1979:208.
③ Rousseau,1979:202.
④ Rousseau,1979:208.

思考：个人的正当权利与社会的正义

如卢梭所言，正义是一种人世的"良好秩序"。它首先要求每个个体维护自我的正当权利及其限度（义务），其次是践行来自"同情心"、"爱"与"良知"（conscience）的社会义务。就前者而言，囿于自然系统的道德教育的总体意图，是让爱弥儿确立自我的权利观念，并用"拟自然"的反作用力原则，用物理的痛感与道德的痛感（愧疚），让他强烈感觉到追求自我保全、维护自身权利的限度，以实现"我之正当权利"与"不损害别人"的平衡，即"获得自己的好，同时尽可能不伤害别人"的个人德性。[①] 上文论述了卢梭如何用一种"拟自然"的方式，既塑造了爱弥儿作为一个文明社会"道德存在"的一半内容，同时也为塑造他另一半"社会人"内容提供了一个价值尺度，或者说为卢梭的社会改造工程确定了人心秩序，以节制自我保全过度的"社会化扩张"，拯救败坏的家庭生活、残酷的阶级压迫、发烧的社交世界与扭曲的政治秩序。

一、尊重劳动，节制财产对人性的异化，节制社会的贫富分化

卢梭在《二论》中指出，自然状态的食物分配是基于人的需要与能力。在人类青年期，财物的分配是遵照在群体共有的情况下兼顾需要与功绩的原则，但他也明确表示，"纵使分配正义在文明社会中是可行的，它也一定与自然状态的严格平等有出入"[②]。《论政治经济学》这篇短文就此问题作了进一步阐

[①] Rousseau, 1979: 104.
[②] Rousseau, 1997a: 221-222.

释,认为在都从事劳动的前提下,财产不平等若只是源自体力、技艺(art)与智慧等自然差别,那自然差别有多大,就应该承认相应的不平等。即是说,国家没有调节财产实现"均富"的责任与义务。至于那些国家应当在"法"的意义上保持均等的福利分配的主张,卢梭认为,这是国家这个人造的"公共人格"僭越了自身的主权限度;侵入了个人特殊的自由领域,即通过正当劳动形成的"财产权"。①

毫无疑问,上述讨论意味着国家有义务严厉打击非法收入,全面节制源自非劳动的财富,例如遗产;但除此之外,对基于劳动的贫富分化是否就无需干预? 答案是否定的。事实上,从《论不平等》(1754)、《论政治经济》(1755②)、《新爱洛伊斯》(1761)一直到《爱弥儿》(1762)与《社会契约论》(1762),卢梭一直在宣扬与完善他的"有限财产权"及其相应的正义学说。

卢梭在儿童期教育的末尾安排了一场伏笔性的戏剧,一段与导师的对话③预示了爱弥儿全新的人生旅程:

爱弥儿:"您是富人……既然富人也是人,也就有为社会劳动的义务,那您为社会做了什么?"

导师:"爱弥儿,问得好。我答应你,当你能就自己为社会做了什么给出满意答案时,我也向你给出我的答案。在此之前,我会用我的剩余时间与物品照顾你和穷人,而且每周做一张桌子或长椅,以免自己无益于他人。"

作为生产领域的劳动者的爱弥儿已经意识到自己一贫如洗的状况,意识到自己与导师的贫富差别(difference),认识到存在一种有别于自然平等的不平等,之前隐而不彰的市民社会的贫富分化开始进入爱弥儿的视界。这是爱弥儿第一次思考人与人之间的关系,他终于不再以纯粹物的视角看待世界,他开始意识到自己不只是必然的物理世界的一分子,更是社会世界的个体,他要用之前导师教导的规则重新审视导师以及他们之间的关系,审视自己与周围的一切,于是,在他眼中,个人也从无差别的(indifferent)自然人(简单生产者)逐渐转变为有差别的(different)社会人(有产者与无产者)。

---

① 卢梭,2003b: 37—38。
② 《二论》出版于 1755 年,《论政治经济学》的写作应当在 1755—1756 年之间。Victor Gourevitch 在 *The Social Contract and other later political writings* 的"编者导言"中考证了这一点。Rousseau, 1997b: ix.
③ Rousseau, 1979: 202 - 203.

问题在于，一方面，当社会舆论主导的评价机制刺激人的"尊己抑他心"（amour-propre），促使他不顾一切去占有舆论尊崇的财富形式，以获得众人的赞赏目光；另一方面，避免死亡是人最强烈的自然本性，所以当一个人衣食无着、走投无路时，就可能、也可以采取一切办法来维持生命①。就现实而言，人不论贫富，都难免沾染其中一种状态。这极有可能引发贫富阶层之间的倾轧与敌视，实际上是一切人与人的战争状态。这是一个健康的社会所不能承受的，也是卢梭要极力避免的。

在卢梭看来，当且仅当财产的不平等危及到公民的道德平等时，即，经济的不平等导致不同阶层之间形成一种必然压迫时，贫穷的阶级沦落到无法维持"身体的再生产"时，国家才有干预的正当性。需要指出，国家干预不是为了某个特殊的阶级，而是从政治体"全体的善"（whole goodness）出发，确保全体不会分裂为"不相等的两个部分"：无产阶级与资产阶级。②

就其现实意义而言，卢梭的"法治国家"，即，平等公民组成的政治体，与"自然人"形成的政治-经济秩序（市民社会）是一对互为节制的矛盾体；在"财富不平等"没有威胁到"自然自由"时，国家是不否定市民社会的"不平等"的。不得不说，托克维尔在这一点上准确捕捉到了卢梭思想的紧张，即，"自然人"的自由与公民的平等之间的紧张关系。这正是卢梭的人世平衡体系中最难处理的两个要素。

卢梭解决这一难题的方法不是政治与社会革命，而是情感与道德教育，仰仗公正的法律与淳朴的民风。的确，用国家法律的形式调节市民社会的分化不失为一种可行的办法，卢梭本人也主张通过收入所得税、遗产税等税种来确保诸种经济势力之间的底线均衡，避免经济奴役与道德不平等。③ 但相较之下，卢梭更注重《新爱洛伊斯》式的道德教化，即同情心、爱与良知，事实上，道德秩序本身就是国家意志（法律）的社会基础。卢梭的道德教化的核心是普遍的同情心、爱与良知，它们是尊重生命、自由与劳动、确立财产的社会属性的人性基础，是引导穷人尊重既有财富分配、节制富人的无度剥削的有效途径。更重要的是，对贫穷者（痛苦者）的普遍同情与爱，在社会的意义上，缓和了贫富

---

① Rousseau，1979：193.
② 卢梭，2003b：46。
③ Rousseau，1997b：23-38.

分化产生的怨恨,为慈善等社会调节方式提供了心理基础。在政治的意义上,是对以"自然构成"(natural constitution)为基础的类意识的肯定,夯实了公民政治体的社会厚度(民风:mores),确立了法律意义的公民抽象平等的人性基础,是国家各项缩小差距的再分配政策的内在理据。

二、尊重名望,节制社交世界的"名声"对人的异化

社会人的"自我内容"不只有财产(利),还有周围人的评价,即"名"。从道理上说,德性是名望的源泉,唯有名副其实的评价才值得尊重,但在现实生活中,人往往为虚名所累。名声刺激的人心炽热状态并不逊色于利益,它可以让人为了获得舆论所认可的"虚名"而你死我活,二者对人性的异化没有实质差别,实际上,如卢梭的后辈法国社会学家布迪厄所说的那样,名声(文化资本)与利益(经济资本)等诸种"资本"的载体都有自身的再生产机制,而且互相之间争夺社会的主导权,所以它们都是卢梭的人性改造工程要克服的要素。当然,人到中老年的卢梭似乎觉得,以财产(资本)为价值基础的市民社会对人性的改造更具决定性作用或者说更具普遍意义,是他所要塑造的普遍人格必须克服的第一要素。相较之下,他早年深恶痛绝的巴黎社交世界的"名声"反倒没那么讨厌了。

三、尊重自然的性激情,节制社会激发的性想象

名利固然容易诱使人进入炽热状态,使人脱离自己的运动轨迹,扭曲人与人相处的规则,但还有一种自然欲望,若任其败坏可能更甚其他,即性。坦白说,卢梭对青年爱弥儿的"两性教育"问题比较忧虑,以至于行文有些反复拖沓,其基本观点可归纳如下:

首先,性激情有自然正当性(natural right)。卢梭承认,对异性的欲望(desire),从反方向说,即是被刺激产生的相应激情(passion)是大自然的安排。这就意味着,以清教为代表的禁欲主义是"试图控制自然,扭曲上帝的作品"[①],这是反自然的。

---

① Rousseau, 1979:212.

第二,自然神意要求人节欲。大自然既然把隐秘快乐的器官与令人作呕的排泄器官配置在一起,就是教导人类要节制性欲,"成年人是出于庄重,孩子是出于洁净"①。

第三,过度的性激情来自社会,且败坏人的品德、耗尽人的血气(vigor:生命力)。的确,青春期充沛的力量蕴含的躁动,特别是对异性的欲望导致的性想象是一种潜在的危险。在卢梭看来,未成年人在巴黎等肉欲泛滥的大城市("纵欲主义")中过早接触到似懂非懂的性观念,结果首先是败坏身体,"想象提前唤醒了感官……促使感官提前活跃,这必然先是耗尽、弱化个人,而后是削弱整个人类"②,更严重的是,对异性的激情与占有欲能抑制道德的律令,引发残酷的争端。所以,16岁的爱弥儿依然要远离大城市,若因某些必然性要留在城市生活,"也要仔细挑选他们的社交圈、职业与娱乐活动"③。需要指出,卢梭在批判社会风气败坏青年的性激情这一点上耗费了大量的篇幅④。笔者认为,这固然与性激情对人的强力诱导有关,更与卢梭本人近乎扭曲的性习惯有关,他在《忏悔录》中承认,青年时期的手淫习惯与对性行为的癖好严重损伤了他的身体。

第四,回归乡村。卢梭用乡村的例子说明,淳朴的民风能让身处其中的人的性想象力保持着长期平和、宁静的状态,他们的血气与性情也晚熟。如其所言,唯有在粗旷、淳朴的人群生活过的人,才知道快乐的无知竟然能一直保持儿童的纯真无邪到成年。⑤

既然外界的环境与教育可以延缓或加速自然的作用力,那么要想让青年人形成尽可能充沛的生命力,就应当用教育的方式延缓之。如卢梭所言,要保持孩子的纯真到成年,好的途径就只有一种,即周围所有的人都尊重与爱这种纯真⑥;但这几乎不可能,特别是16岁之后个体必然要经历社会化的教育。卢梭的方法是16岁之前的性教育依然采取以往的孤岛教育,其要点主要如下:

1. 不要羞于启齿,闪烁其辞,不要有发笑之类的行为,以免引起孩子的好奇心,令其以为背后有什么重大秘密;

---

① Rousseau,1979:217.
② Rousseau,1979:215.
③ Rousseau,1979:231.
④ 《爱弥儿》中译本286—306页(英文本211—222页)都在不厌其烦地谈论这个问题;第四卷其他地方也随处可见。
⑤ Rousseau,1979:215注释,216.
⑥ Rousseau,1979:217.

2. 对孩子问题的回答必须朴实、庄重、简短、一贯、坚决、诚恳、坦率；

3. 言语表达粗一点没有关系，要避免的是色情淫秽。① 用卢梭的话说，"简单告诉他一切事情，他就不会怀疑还有什么事情瞒着他。把粗话与不悦的观念结合起来，就可以窒息最初的想象火花。不要去禁止孩子说某些话，产生某些观念，而是要让他在无意识中就厌恶想到它们"②；

4. 仅用"脏"或"污秽"还不足以遏制他的好奇心与激情，还必须借助其他更有力的要素；考虑到孩子还不懂得道德世界的律令，卢梭沿用了之前拟自然的方法：痛。就"孩子是从哪里来的？"这类常见的儿童问题，卢梭设计了如下一段对话③：

孩子："妈妈，孩子是怎么来的？"（这个小孩之前撒尿时曾带出一个小硬物，弄破了尿道，痛得要命）。

母亲："孩子是妈妈从肚子里尿出来的，痛得很，有时候痛得要命。"

"痛得要命"必然能刺激孩子想到一些自己经历的疼痛及受苦的样子，这足以浇灭其想象力，抑制其好奇心，丧失了追究类似的问题的动力，其理想的结果是，孩子一想到类似的事情，就毛骨悚然，不愿多想哪怕一秒钟，以至于听到他人谈及都犹如烫汤。

至于 16 岁之后，则主要倚重对恋人的爱（爱弥儿与苏菲）与夫妻相互敬重的德性（于丽与伏尔玛先生）节制自然的性冲动。对爱弥儿青年"自然人"来说，性本能的倾向是一种无差别的指向，健康的异性即可，"一个没有审美观的男人，所有的女人都一样好"；然而自然的性激情与男女的爱情是两码事，爱情非但与自然无关，而且能扬弃自然，以彼此珍重的情感"规范、节制自然倾向"④。

四、承认人的偏爱是自然的，"人为"铸造以普遍的爱为社会德性的基础

人的教育或者说社会德性的教育中最棘手的问题，莫过于如何设定人与

---

① "凡是脸红的人都已经有犯罪感了。真正的纯真无邪是不知道何为羞耻的。"Rousseau，1979：217。亦参照《圣经·创世记》(2：25)：当时夫妻二人，赤身露体，并不羞耻。

② Rousseau，1979：217.

③ Rousseau，1979：218.

④ Rousseau，1979：214.

人的关系,进而构建一个社会与政治共同体？据涂尔干关于社会团结的分类,本部分所说的前三点主要是一种否定性的团结,确保个人不受社会的宰制及个人不侵害他人的权益,究其本质而言,是一种以个人主义为基础的市民社会的团结;但否定性团结于社会而言是不充分的,一个社会还需要以集体意识为基础的共同体团结,一种肯定性的团结。

从社会学的角度来说,绝大多数社会团体都能或多或少促进社会的团结(反社会的极端团体都能从反方向促进),卢梭的晚辈涂尔干就主张构建一个多层次的肯定性社会团结体系,后者试图以正确的财产观为市民社会的基础观念,以合意契约为日常经济与社会生活的规则与仪式,以职业团体、公民国家为社会的骨架组织形式,节制与润滑19世纪晚期分崩离析的市民社会否定性团结。[①] 但卢梭的方案却截然不同;他对个人自然自由近乎执拗的尊崇与对社会力量的过分恐惧,决定了社会要素在卢梭的思想体系的权重要少得多,组织形式要少得多。因为在卢梭看来,这些要素对个人自然自由向公民自由的完成与升华常常起到负面作用;若考虑到卢梭试图培养一种具备简单的、一以贯之的力学行动体系的理想人格,就不难理解他对家庭、行业协会、政党等地方性的中间团体对人性偏狭性的负面作用的担忧。卢梭在《论政治经济》中写道:

> 特殊团体的意志通常有两层关系,于结社的成员来说,它是一个普遍意志(general will;公意),于大社会来说,则是一种特殊意志。情况常常是,特殊意志于小团体是正义的,于大社会是罪恶的。一个特定的人可能是一个虔敬的牧师,或勇敢的战士,或热忱的律师,却是一个坏的公民。一个特定的决议对小团体或许有益,对大社会可能祸害无穷。的确,既然小团体总是隶属于大社会,人们就应当优先遵从大社会,公民的义务应当优先于议员的种种义务,人的义务应当优先于公民的义务。[②]

[①] 潘建雷,2014。
[②] Rousseau, 1997b: 7.

由此可见,确如列维-斯特劳斯所言,卢梭要坚决废除共同体内部的派系(party)①;他对特殊社会关系的一贯否定,是为了避免在公民共同体分裂为狭隘的利益派系(party),所以整部《社会契约论》都不见地域组织、行业组织与政治党派(party)等现代政治社会常见的中间群体(secondary group)。

政治体结构的重组,同时意味着人心秩序的改造,而问题也正在于此。因为按照自然的原理,一个人产生的第一种情感是爱自己,其次是爱与之亲近的人,更准确地说,是爱父母、乳母等周围帮助他解决生存必然性的人。② 进而,社会关系与社会团体的"亲疏有别"就有一定的自然基础,既然如此,那从个人直接过渡到普遍的共同体是否是反自然的,自然的情感与卢梭的"理想国"(理想的普遍共同体)是否矛盾?

笔者认为是的。但也正是通过这一点,我们才能进一步明白爱弥儿作为"孤儿"的深层用意。作为一个无父无母的"孤儿",爱弥儿可以做到没有任何特殊的社会关系(导师除外),周围所有与之共同生产、相互交换的人,都是无差别的生产合作者或交换者,换句话说,他具备对他人一视同仁的社会条件。

实际上,卢梭的人性教育从一开始就试图克服爱的"偏狭性"(partiality),引导一种普遍的同情心。这与自然状态中的"母子同情"截然不同。③ 卢梭明白,让爱弥儿从一个只爱自己变成一个"普遍爱他人"的人,其间的跨度十分大,但他坚决主张,首先要确立对以"自然构成"(natural constitution)为基础的类意识(人类)的肯定,对作为政治主体"人民"的积极情感④,才能为普世共同体夯实社会厚度(民风:mores),为公民政治体的法律平等奠定人性基础;待人的普遍性确立之后,才能有效克服特殊社会团体(家庭与市民社会)的偏狭性,从而把它们纳入公民德性的框架之中,形成一个均衡的人心秩序与政治体构成。

五、人的教育:用同情心、爱与良知节制自我保全的社会化扩张

卢梭在《社会契约论》开篇说到,他的国家理想是"正义"与"效用"的结合、

---

① Levi-Strauss, 1985:288.
② Rousseau, 1979:213.
③ 这一点即可反驳怀特关于卢梭的全部学说都是自然的展开与实现的观点。
④ 卢梭在《爱弥儿》第四卷第一次提到"人民",Rousseau,1979:223。

自然秩序与公民秩序的结合。① 根据上文所述,卢梭笔下的爱弥儿的效用观十分简单,16 岁之前主要是围绕身体的健康成长,名、利被导师人为遮蔽;16 岁之后一个心性相对安定的青年爱弥儿,除了在市民社会中实现身体的自我保全之外,还需要组建一个和睦的家庭、参与一个公民政治体,同时抵御来自人世名利场的诱惑。

说到底,卢梭是要为个人的自然单纯性(natural simplicity)留一片天地,远离名利场的社会风气,确保人不过度卷入异化的社会风气与炽热心态,为舆论推崇的价值(虚幻的好)所宰制。在他看来,"社会"最理想的状态是合作生产、公平分配的简约体系、和睦的家庭、平等公民构成的法治国与和平的世界共同体的统一体。这一切都取决于对爱弥儿社会属性的雕琢,即普遍的同情心、爱与良知的培养,"他需要从一个积极的、思考的个体存在,提升为一个有爱的、富有感情的社会存在,用情感完善理性以成为一个整全的人"②③。

---

① Rousseau,1997b:41.
② Rousseau,1979:203.
③ 本书的姊妹篇《公民德性、简约社会与道德法治国——卢梭的社会与国家学说》将处理这一系列问题。

参考文献

卢梭的中英文著作

1959/1963,《论科学与艺术》,何兆武译,商务印书馆(第一版与修订版)

1978,《爱弥儿》,李平沤译,商务印书馆

1986,《忏悔录》,黎星(第一部),范希衡译(第二部),商务印书馆

1994,《新爱洛漪丝》,伊信译,商务印书馆

1995,《卢梭散文选》,李平沤译,百花文艺出版社

1997,《漫步遐想录》,徐继曾译,人民文学出版社

2003a,《论语言的起源》,洪涛译,上海人民出版社

2003b,《社会契约论》,何兆武译,商务印书馆

2007a,《论人与人之间不平等的起因与基础》,李平沤译,商务印书馆

2007b,《卢梭评判让-雅克》,袁树仁译,上海人民出版社

1937, *Citizen of Geneva*, selected and edited by Charles W. Hendel, Oxford University Press

1979, *Emile or On Education*, translated by Allan Bloom, Basic Books

1997a, *The discourses and other early political writings*, edited and translated by Victor Gourevitch, 中国政法大学出版社(影印本)

1997b, *The social contract and other later political writings*, edited and translated by Victor Gourevitch, 中国政法大学出版社(影印本)

Collected Writings of Rousseau (Vol. 1 – 12), edited by Roger D. Masters and Christopher Kelly, Dartmouth College Press:

1990, *Rousseau, Judge of Jean-Jacques: Dialogues* (vol. 1)

1992, *Discourse on the sciences and arts (first discourse) and Polemics* (vol. 2)

1992, *Discourse on the origins of inequality (second discourse); Polemics and Political economy* (vol. 3)

1994, *Social contract; Discourse on the virtue most necessary for a hero; Political fragments and Geneva manuscript* (vol. 4)

1995, *The confessions and Correspondence, including the letters to Malesherbes* (vol. 5)

1997c, *Julie or The new Heloise* (vol. 6)

1998, *Essay on the origin of languages and writings related to music*（vol. 7）
2000, *The reveries of the solitary walker*; *Botanical writings and Letter to Franquières*（vol. 8）
2001, *Letter to Beaumont*, *letters written from the mountain and related writings*（vol. 9）
2004, *Letter to D'Alembert and writings for the theater*（vol. 10）
2005, *The plan for perpetual peace*, *On the government of Poland and other writings on history and politics*（vol. 11）
2006, *Autobiographical*, *scientific*, *religious*, *moral and literary writings*（vol. 12）

其他参考文献：
埃德蒙·柏克,2001,《自由与传统》,蒋庆等译,商务印书馆
奥古斯丁,2007,《上帝之城：驳异教徒》(上),吴飞译,上海三联书店
奥古斯丁,2008,《上帝之城：驳异教徒》(中),吴飞译,上海三联书店
保尔·霍尔巴赫,1972,《袖珍神学》,单志澄、周以宁译,商务印书馆
崇明,2003,《卢梭社会理论的宗教渊源初探》,载于《现代政治与自然》,上海人民出版社
狄德罗,1983,《狄德罗哲学选集》,江天骥、陈修斋、王太庆译,商务印书馆
笛福,1959,《鲁滨孙漂流记》,徐霞村译,人民文学出版社
服尔德,1955,《老实人,附天真汉》,傅雷译,人民文学出版社
伏尔泰,1991,《哲学辞典》,王燕生译,商务印书馆
伏尔泰,2005,《哲学通信》,高达观等译,上海世纪出版集团
伏尔泰,1997,《伏尔泰哲理美文集》,李瑜青、尤奇琰编,安徽文艺出版社
哈贝马斯,2003,《在事实与规范之间》,童世骏译,生活·读书·新知三联书店
赫胥黎,1971,《人类在自然界的位置》,《人类在自然界的位置》翻译组译,科学出版社
霍尔巴赫,1994,《自然政治论》,陈太先等译,商务印书馆
霍尔巴赫,1999,《自然体系》,管士滨译,商务印书馆
吉尔丁,2006,《设计论证》,尚建新、王凌云译,华夏出版社
卡尔·贝克尔,2001,《18世纪哲学家的天城》,何兆武译,生活·读书·新知三联书店
卡尔·洛维特,2006,《从黑格尔到尼采》,李秋零译,生活·读书·新知三联书店
卡西尔,2002,《卢梭·康德·歌德》,刘东译,生活·读书·新知三联书店
卡西尔,2004,《人论》,甘阳译,上海译文出版社
卡西勒,2009,《卢梭问题》,彼得·盖伊编,王春华译,凤凰出版传媒集团译林出版社
康德,1996年,《人类历史起源臆测》,载于《历史理性批判文集》,何兆武译,商务印书馆
康德,2005年,《实用人类学》,邓晓芒译,上海世纪出版集团
柯拉柯夫斯基,1997,《宗教：如果没有上帝》,杨德友译,生活·读书·新知三联书店
列奥·施特劳斯,2006,《自然权利与历史》,彭刚译,生活·读书·新知三联书店
列奥·施特劳斯、约瑟夫·克罗波西(主编),1993,《政治哲学史》,李天然等译,河北人民出版社
列维·斯特劳斯,2006,《结构人类学》(2),张组建译,中国人民大学出版社
洛克,1984,《政府论》,瞿菊农、叶启芳译,商务印书馆

洛克 2005,《教育漫话》,徐大建译,上海人民出版社
马克思,1972,《马克思恩格斯选集》(第一卷、第二卷),人民出版社
马特斯,2013,《卢梭的政治哲学》,胡兴建等译,华东师范大学出版社
麦金太尔,2003,《伦理学简史》,龚群译,商务印书馆
蒙田,2006,《雷蒙·塞邦赞》,马振骋译,生活·读书·新知三联书店
蒙田,1996,《蒙田随笔全集》,潘丽珍等译,译林出版社
孟德斯鸠,1962,《论法的精神》,张雁深译,商务印书馆
孟德斯鸠,2006,《波斯人信札》,梁守锵译,商务印书馆
牛顿,2001,《牛顿自然哲学著作选》,塞耶编,王福山等译校,上海世纪出版集团、上海译文出版社
牛顿,2006,《自然哲学之数学原理》,王克迪译,袁江洋校,北京大学出版社
欧文·白璧德,2003,《卢梭与浪漫主义》,孙宜学译,河北教育出版社
帕斯卡尔,1985,《思想录》,何兆武译,商务印书馆
潘建雷,2014《深度分工条件下的社会团结如何可能——涂尔干论现代社会的建设方案》,《社会理论学报》(秋季号)
普拉特纳等,2008,《卢梭的自然状态——〈论不平等的起源〉释义》,尚建新,余灵灵译,华夏出版社
让·鲁瓦,2005,《启蒙思想与恶的问题》,吕继群译,载于《启蒙的反思》,哈佛燕京学社编,江苏教育出版社
让·斯塔罗宾斯基,2005,《卢梭的〈论人类不平等的起源与基础〉》,载于《卢梭的苏格拉底主义》,华夏出版社
乔治·索雷尔,2003,《进步的幻象》,吕文江译,上海人民出版社
涂尔干,2003,《乱伦禁忌及其起源》,上海人民出版社
涂尔干,2006a,《孟德斯鸠与卢梭》,李鲁宁等译,上海人民出版社
涂尔干,2006b,《道德教育》,陈光金等译,上海人民出版社
托克维尔,1992,《旧制度与大革命》,冯棠译,商务印书馆
韦伯,1997,《民族国家与经济政策》,甘阳等译,生活·读书·新知三联书店
韦伯,2005,《学术与政治》,冯克利译,生活·读书·新知三联书店
韦伯,2005,《经济、诸社会领域及权力》,李强译,生活·读书·新知三联书店
吴飞,2007,《自杀与美好生活》,上海三联书店
夏洞奇,2007,《尘世的权威:奥古斯丁的社会政治思想》,上海三联书店
吴增定,2003,《有朽者的不朽:现代政治哲学的历史意识》,载于《现代政治与自然》,上海人民出版社
吴增定,2005,《尼采与柏拉图主义》,世纪出版集团 上海人民出版社
雨果,2002,《笑面人》,《雨果文集》(第六卷),郑永慧译,人民文学出版社
朱熹撰,1983,《四书章句集注》,中华书局

Ernst Cassirer, 1989, *The question of Jean-Jacques Rousseau*, edited and translated by Peter Gay, Yale University Press
Ernest Hunter Wright, 1929, *The Meaning of Rousseau*, Oxford University Press

Ferguson, 2003, *An Essay on the History of Civil Society*, 中国政法大学出版社(影印本)

Gustave Lanson, 2006, *The unity of Jean-Jacques Rousseau's thought*, in *Jean-Jacques Rousseau: Critical assessments of leading political philosophers*, Routledge Press

Hobbes, 2003, Leviathan, 中国政法大学出版社(影印本)

Jean Starobinski, 2006, *The antidote in the posion: the thought of Jean-Jacques Rousseau*, in *Jean-Jacques Rousseau: Critical assessments of leading political philosophers*, Routledge Press

John Locke, 1989, *Some Thoughts concerning Education*, edited by John W. and Jean S. Yolton, Clarendon Press

John Locke, 2003, *Two Treatises of Government*, 中国政法大学出版社(影印版)

John, 1980, *Second Treatise of Government*, edited by C. B. Macpherson, Hackett Publishing Company

Judith N. Shklar, 1969, *Men and Citizens*, Cambridge University Press

Leo Strauss, 1965, *Natural Right and History*, Chicago: University of Chicago Press

Leo Strauss, 2006, *On the Intention of Rousseau*, in *Jean-Jacques Rousseau: Critical assessments of leading political philosophers*, Routledge Press

Levi-Strauss, 1985, *The view from afar*, translated by Joachim Neugroschel and Phoebe Hoss, Basil Blackwell

Pascal, 1950, *Pascal's pensees*, with an English translation, brief notes and introduction by H. F. Stewart, New York: Pantheon

Roger Masters, 1968, *The political philosophy of Rousseau*, Princeton University Press

图书在版编目(CIP)数据

为现代社会而拯救自然:卢梭的"自然学说"释义/潘建雷著.—上海:上海三联书店,2018.10
ISBN 978-7-5426-6381-8

Ⅰ.①为… Ⅱ.①潘… Ⅲ.①卢梭(Rousseau,Jean Jacques 1712—1778)—哲学思想—研究 Ⅳ.①B565.26

中国版本图书馆CIP数据核字(2018)第138721号

为现代社会而拯救自然:卢梭的"自然学说"释义

著　　者 / 潘建雷

责任编辑 / 黄　韬
装帧设计 / 徐　徐
监　　制 / 姚　军
责任校对 / 张大伟

出版发行 / 上海三联书店
　　　　　 (200030)中国上海市漕溪北路331号A座6楼
邮购电话 / 021-22895540
印　　刷 / 常熟市文化印刷有限公司

版　　次 / 2018年10月第1版
印　　次 / 2018年10月第1次印刷
开　　本 / 710×1000　1/16
字　　数 / 230千字
印　　张 / 15
书　　号 / ISBN 978-7-5426-6381-8/B·594
定　　价 / 58.00元

敬启读者,如发现本书有印装质量问题,请与印刷厂联系 0512-52219025